俞朝翎◎著

干就对了

业绩增长
九大关键

中信出版集团 | 北京

图书在版编目（CIP）数据

干就对了：业绩增长九大关键 / 俞朝翎著 . -- 北京：中信出版社，2020.11（2025.9重印）
ISBN 978-7-5217-2255-0

Ⅰ . ①干… Ⅱ . ①俞… Ⅲ . ①企业管理－通俗读物
Ⅳ . ① F272-49

中国版本图书馆 CIP 数据核字 (2020) 第 181074 号

干就对了：业绩增长九大关键
著者：　俞朝翎
出版发行：中信出版集团股份有限公司
（北京市朝阳区东三环北路 27 号嘉铭中心　邮编　100020）
承印者：　北京通州皇家印刷厂

开本：787mm×1092mm　1/16　印张：19.5　字数：254 千字
版次：2020 年 11 月第 1 版　印次：2025 年 9 月第 23 次印刷
书号：ISBN 978–7–5217–2255–0
定价：69.00 元

服务热线：400–600–8099
投稿邮箱：author@citicpub.com

赞誉

梁宁　得到 App 课程《产品思维三十讲》主理人

我推荐俞朝翎先生的这本书，原因有三。

第一，俞朝翎先生是谁？我们管他叫俞头。俞头曾经是阿里巴巴中供铁军的主帅。互联网行业的人，几乎没有人不知道阿里的中供铁军，因为这个团队就是阿里巴巴起家的团队。从最初的每天赚一元钱开始，到每天纳税 100 万元，仅用了三四年时间，依靠的就是这支队伍的销售能力。此外，中供铁军还向外输送了很多超级人才，比如滴滴创始人程维、美团前首席运营官干嘉伟、同程旅游创始人吴志祥等，他们身上都有很清晰的中供铁军烙印。

第二，这本书讲什么？如何发展公司业务，如何管理销售团队，几乎是所有管理者的痛。俞头作为中供铁军最早的一批员工，参与并见证了中供铁军的发展，是中供铁军业务发展、管理制度、人才培养和文化价值观的重要决策者。他的业务管理方法是对一场场硬仗的经验总结。

第三，我希望你通过这本书感知什么？组织就是把个人变成整体，我希望你能感受到阿里的组织能力。书中有逻辑，有规则，更有温度。俞头和我说过一句话——视人为人，就是把人真正作为一个人对待。这说起来容易，但做到真的很难。组织是人的组织，我希望读者不仅注意俞头讲的管理原理，还要感受字里行间对人性的关注。这两者合在一起，才是一个铁军主帅的管理经验和阿里精神。

邓康明　福道诚壹董事长、阿里巴巴原首席人才官

俞头带领的中供铁军是阿里充满战斗力的一支队伍。在阿里的发展历程中，这支队伍，出现金，出人才，出制度，出文化。可以说，没有中供铁军，就没有今天的阿里巴巴。锻造这样一支队伍，少不了体系化的制度和优秀的管理者，俞头则是其中的佼佼者。在他身上，我见到了最纯粹的“阿里味”和阿里精神。他在 1999 年进入阿里巴巴，一路从底层的销售人员做到全国总经理，成为铁军主帅。中供的很多制度、文化、管理体系都是他亲手搭建的。如果要完整地还原中供铁军的管理体系和阿里巴巴文化价值观的精髓，我相信他一定是这份工作的绝佳人选。而这些管理体系和文化精髓也是很多公司发展所必需的。所以我相信他的分享一定会对各位管理者或者想成为管理者的人大有裨益。

卢洋　湖畔大学副校长

俞头是我的老同事、老战友，我们曾一起并肩作战，一同见证、参与了阿里的发展。后来，我们又先后进入教育行业。缘分真的妙不可言。在湖畔大学，我们经常讲到企业的使命愿景、核心文化和底层逻辑。我觉得任何一家想要茁壮发展的公司都应该探寻自己的底层和核心，有了它们，我们在向外扩张的过程中才不会迷失方向。说到阿里的核心和底层，不得不说马云口中最具“阿里味”的中供。中供是阿里最早赢利的业务，也是阿里文化和管理体系的发源地，要学习阿里的经验，一定要了解中供。中供的经验对于谋求更大发展的公司来说，具有极大的借鉴意义。俞头作为中供极其重要的参与者、建设者，对中供、阿里的理解可以说十分全面、真实、纯粹。他在这本书里讲了很多阿里原汁原味的管理逻辑和核心文化，对管理者会有一定的借鉴价值。

程浩　远望资本合伙人、迅雷创始人

相信很多人和我一样对阿里的组织能力非常好奇和向往。之前，我虽然对阿里的组织能力有一些了解，但是不够系统，而且知其然，不知其所以然。例如，为什么中国的互联网公司里只有阿里的干部可以任意调动，阿里为什么会有组织部，政委到底是干什么的。一年前，我带着这些问题听了俞头的分享，茅塞顿开。今天，非常高兴看到俞头的新书。书里不仅介绍了阿里组织建设的全貌，还说明了这个系统背后的逻辑，这样读者才能根据自己公司的实际情况因地制宜，建设自己的管理体系。

张继学　新潮传媒创始人

新潮是中国电梯媒体数字化的变革者，而俞头则是新潮创业路上的良师益友。我们跟俞头相识已久，后来还有幸邀请他担任新潮传媒的顾问，长期陪伴我们成长。他不仅给了我们很多简洁、高效、易落地的管理工具，还通过一次次 Review，让我们逐渐领会管理的本质，认识什么是“识人心，懂人性”，如何做到人事合一。最终，我们的业务每年都在翻倍增长。俞头在这本书里通过方法论输入、场景代入的形式系统概括了自己的核心管理思想和方法论，对于管理者来说，这绝对是一本不可多得的好书。

吴晓波　财经作家，890 新商学、蓝狮子出版创始人

俞朝翎作为阿里中供铁军原全国总经理，不仅带领铁军创造了超常规的业绩增长神话，还亲手搭建了很多管理体系与制度。这本新书是他对自己二十多年的管理经验的首次系统化总结，对于团队管理、业务增长方面的难题，他往往能一针见血地点出其中的症结，并给出有效的解决方法。相信他的这本新书会给很多管理者、创业者带来启发。

目录

自 序

所有管理者和投资者都希望业绩持续增长，要想让业绩持续增长，需要一连串管理动作。

因为进入教育行业，很多人叫我俞老师，但我更喜欢别人叫我“俞头”：一方面，“俞头”更亲切，能拉近彼此的距离；另一方面，我觉得自己并不是一位老师，因为在跟学员互动的过程中收获最大的是我，每一次教学，我都能从学员那里收获不同的启发和反思。

我的职业生涯说起来其实很简单，有 13 年是在阿里巴巴度过的。1999 年，我加入阿里巴巴，从销售员开始，到销售管理者，再到大政委，一直到中供全国总经理。一路走来，看起来平平淡淡，其实我经历了很多曲折。

离开阿里后，我投身企业教育行业。因为在阿里，我们提倡教学相长，每个管理者都被要求做一个好老师。在这个过程中，我发现自己对教育很感兴趣。我认为，把自己和其他实践者的经验传递给更多需要的人是我人生最重要的一项使命和事业。

进入教育行业后，我发现原本在阿里看似简单的事情，对很多中小企业来说可能是一个大问题，比如如何招聘合适的人、如何抓业务的执行进度、如何做价值观的考核与落实等。我服务过的一家公司就因为招聘了一个地区负责人，付出了数百万元的试错成本。这种案例比比皆是。成功也许无法复制，但失败却是可以避免的。因此，我一直在想如何帮助企业躲过这些深坑，看清这些很基础的问题，不能让小问题，毁掉好公司。

这些年，我通过创立创业酵母和酵母商学院，陆陆续续服务了上千家企业。我一边把阿里的内容梳理成体系分享给学员，一边在跟学员互动的过程中不断吸收他们的案例、经验、教训，不断获得一些新的启发和反思。在这样不断输入和输出的过程中，我的理念也在不断迭代。庚子年新春，因为疫情，我有了很多时间进行沉淀，写成了这本书。

很多处于发展阶段的企业通常在业务管理上面临以下三个问题。

1. 缺乏自我沉淀，没有形成自己的管理逻辑和方法。管理方法千万种，阿里有阿里的管理方法，华为有华为的管理方法，这些都很好，但只有适合自己的才是最好的，因为每家公司都有自己独特的业务场景和文化基因。要形成自己的逻辑，就需要企业内部有一套机制，能够将经验总结、沉淀下来，形成企业管理的底层逻辑，并传授给新的管理者。我们在实际场景中发现，同样的问题会在不同的时间、不同的人身上再次出现，而一套成熟的总结沉淀机制可以规避这个问题。通过总结沉淀，随着业务量的增多，企业积累的经验也会同步增多，组织能力更会水涨船高，最终形成一个完整的体系。阿里的组织建设也是这样一点一滴积累沉淀下来的，最终才形成今天这个体系。

2. 缺乏抓手思维，在做管理的时候没有着力点，靠体力管理。什么是靠体力？就是依靠个人体能解决问题，比如业务员通过加大拜访量触达更多客户提升业绩，或者管理者通过一对一辅导帮助员工成长。这种方式在工作量不饱和的时候还行得通，但随着企业的快速发展，业务量急剧上升，大量没有受过系统培训的员工临危受命成为管理者，或者原本只负责单一业务、十几个人的管理者一下子要负责多个业务甚至上百人，他遇到的问题会一下子增加好几倍，这时候无论是 996（早上 9 点上班，晚上 9 点下班，一周工作 6 天），还是 007（0 点上班，0 点下班，一周工作 7 天），都是杯水车薪。

要解决这个问题，就需要高效的方法和着力点。有时，效率的提升就像面前有一层纸，捅不破一团迷雾，捅破了柳暗花明，好的方法则是捅破这层纸的针。要找到好的方法，一要向外寻，学习他人的方法论；二要向内求，内部注重经验总结。

3. 只管事，不管人。市面上有很多不错的管理方法、技能和工具，但落实的时候往往不能收获预期效果。或者管理者的好想法、好策略最终落实失败。这些就是忽视了人的问题导致的。人的问题具体包括“人的能力”和“人的心态”两个方面。“人的能力”问题很好理解，就是人员的能力支撑不了想法或工具落实。因为不同的战略想法和工具需要的组织能力、人的能力是不一样的，忽略人的能力谈战略和管理，连纸上谈兵都不如。“人的心态”问题不一定好理解，大多数人可能会忽略。比如管理者在年底冲刺时布置完任务，有的员工很兴奋，状态很饱满，但有的员工很淡然，还是按照平常的过程量执行，无论管理者用什么激励方法或者制度，都不管用。其实，这是因为布置的任务没有扣动员工的心灵扳机，也就是说，员工觉得这个任务是管理者的任务，不是自己的任务，跟自己没有多大关系。其实，人只有在为自己努力时，才能发挥最大的能动性。因此，要想通过员工拿结果，就需要扣动员工的心灵扳机，进行个性化激励，将员工的目标和公司的目标挂钩。

我想通过这本书告诉大家阿里当时的管理逻辑是什么，阿里文化是怎么沉淀的，有哪些具体的方法论，方法论在落实的时候如何做到人事合一。围绕这个思路，我从管理的三重境界讲起，分析了目标策略、组织搭建、业务执行、团队管理和文化落实，基本串联了企业发展的主要因素。

本书名为《干就对了》，核心就在“干”这个字上。“干”代表着干脆、利落，蕴含无所畏惧、齐心协力、勇往直前、一定要赢的精神。对于业务管理来说，最重要的不是工具，不是技能，而是心态。团队成员和整个组织在面对困境时敢不敢逢敌必亮剑，这是最重要的。我们注重工作习惯、工作流程、工作技能等，就是为了激发这样的心态，这就是我在书中提到的业务管理三大黄金法则之一——“状态 > 习惯 > 流程、技能 > 工具”。

我想通过书名表达两个意思：一是管理者在管理过程中一定要重视团队成员的心态，心态建设好了，很多问题自然而然就解决了；二是管理者要有“干”的精神，做到躬身入局，因为管理者在蹲下来时最有力量。

当然，本书的内容只是当时的感悟与心得，因此，大家在阅读本书的时候应该通过学习过去的经验，总结其中的规律，然后结合自己的实际情况灵活运用。

1

学心法：

管理者必备的素养

管理是通过别人拿结果，这个过程就像用筷子夹取食物。通常来说，婴儿刚开始用筷子的时候，会极不适应这个工具，不仅不能夹到食物，还可能反被筷子所伤，所以会扔掉筷子直接用手去抓。在家长的指导下，通过不断练习，婴儿最终还是学会了如何正确使用筷子，能用筷子快速取得食物。这个阶段对应到管理者身上，可以说就已经合格了。

随着员工越来越多，筷子也会越来越长，对于管理技巧的要求也越来越高，这逼着管理者必须多加学习。到了需要多层级管理的时候，就好比用一双筷子控制另一双筷子夹取食物。这时，管理者就需要彻底升级自己的管理方式。管理方式的改变首先要从改变认知开始，作为全书开篇，本章先分享团队管理者必须意识到的三个思维认知。它们是管理者的“筷子”，会在后续章节中不断被应用。

01 视人为人：管理方法不管用，是因为没有管到“心”

很多管理者问我：“很多公司实践过的成功方法论，很不错。我花了很多钱去学习，但为什么拿回公司实践时，不仅没有效果，还会引起员工的反感呢？”理论的实践效果不明显，多是以下三个原因。

1. 在学习方法论时，没有分析相关公司的实际情况，没有分析方法论与相关公司的实际情况之间的关联。方法论的落实需要相应的土壤，每家公司的实际情况都不一样，如果我们没有考虑公司的实际情况，直接复制方法论，方法论就容易水土不服，不能落实。所以在学习其他公司的方法论时，也要分析相关公司的实际情况，分析公司情况与方法论之间的关联，即相关公司是在什么情况下使用这种方法论的。

2. 只学习了其中的一点，忽略了背后体系化的面。这一点，其实是第一个原因中的细节补充，但是因为它比较常见，所以就单独把它拿出来了。公司运营中的很多方法、制度都不是孤立存在的，任何制度的落实都需要有其他配套制度。比如第 6 章会讲到的“金银铜牌制度”，这个制度看起来只是简单的激励制度，但实际上很多公司都用不好，原因在于它们只学了金银铜牌的激励，但没有学到配套的主管岗位设置和财务体系。因此，在落实的时候可能会产生负面影响，或者应用之后虽然公司的营业额上来了，但是利润却下来了。还有很多公司会学习阿里的文化价值观，自己也去分析自己的使命、愿景，但在落实的时候却没有应用阿里的绩效管理制度。实际上，不被考核的价值观是很难落实的。所以我们在学习方法论的时候也要看一看这个制度有没有相应的配套制度。

3. 没有掌握方法论落实的心法。团队是由一个个的人组成的，所以经营团队就是经营人心。而人是有温度、有情感的，需要被温暖，温暖才能让人有活力。要想提升员工的积极性，让员工愿意绽放自我，组织必须拥有足够的温度。强悍的个体未必能成就强悍的组织，但平凡的个体可能成就伟大的组织，这背后就是“心”的力量。所以管理一定不能是死板、冷冰冰的规章制度，必须是一个温暖的东西。即使正确的方法，也需要与人心结合，用温暖的方式来表达。这其实是很多管理者都会忽略的细节。

阿里的强大就在于它的组织一直是温暖的，它将一个个平凡人的心凝聚在一起，最后做成了非凡之事。

心法为什么重要呢？因为只有心对了，事情才能做对。在阿里，我们有个“三力模型”——心力、脑力、体力。在公司层面，心力是组织文化，包括公司的使命愿景、管理理念和言行举止，回答的是组织为什么存在，组织的未来是什么，员工的行为规范是什么，什么事可以做，什么事是一定不能做的。脑力是组织能力，包括价值观、人才理念和核心能力识别，回答的是组织的思维观念是什么。体力则是组织治理，包括互动体系、组织架构和利益分配体系，回答的是组织具体的运转方式是什么。

对应到人，心力就是一个人做事的意愿度和行为理念，脑力就是做事的策略方法，体力就是具体的行为习惯。三力之中最重要的是心力，心力之于人就像燃油之于内燃机一样，心力被激发就像燃油被点燃一样，人就会焕发强大的动力，再加上正确的方法和行为习惯，产出就会很高。而这些“燃油”是每个人与生俱来的，只不过只有极少数人是“自燃型”的，这些人自己就可以激发内心的动力，大多数人需要别人帮忙点一把火，管理者要做的就是帮员工找到点燃心力的导火索。在业务管理中，一个人的脑力、体力往往是看得见、摸得着，容易被培训提升的，但心力却往往容易被忽略。

我之前带团队时，有一段时间任务非常多。在诸多任务中，有一个特别紧急重要的任务，完成得好，公司未来几个月的收入会大幅提升。于是，我就把这个任务交给了团队中的一位小伙伴，并组成临时项目小组，让他带领其他人完成这个任务。在此过程中，我也给他定进度目标，到关键时间节点也会询问项目进度，并通过他的反馈，了解到项目在按之前规划的进度开展。过了一段时间，到了项目收尾时，我就很高兴地开始准备项目的收尾工作。

这时，我突然发现，虽然这个项目的整体进度完成了，但还有很多细节没有完成。我问他："为什么相关细节没有完成？为什么还有这么多问题？"

他跟我说了很多客观原因，如项目太复杂，没想到这个项目会有这么多问题；临时小组的组员不能按时完成分配的任务；合作商之前有很多细节没有沟通，导致后期出现大量返工。

想必很多管理者在日常管理中都听过类似的原因。这些原因都是客观原因，是看起来无法解决的实际问题。所以我需要对他提出的表层问题进行深度剖析，了解真正的原因。于是我就采用 Review（阿里的复盘方式，在第 6 章会深入讲解）的方式，根据他提出的客观原因一条条地剖析背后的细节："这么多问题为什么不提前反映？当你发现小组成员不能按时完成任务时，你多久会催一次？这些注意事项为什么不一开始就跟合作商确认清楚，一定要到问题发生的时候才去确定？你知不知道这个项目对我们很重要？"

在 Review 的理想情况下，他会根据我的提问回答深层的原因，比如"我觉得，晚一两天他们可以完成这些任务。如果两天催一次组员，组员会拿其他工作作为推辞"等。但他却回答了一句让人无语的话，"我的能力不足"。

为什么这句话让人无语？因为当他说出具体原因的时候，管理者是有办法帮助他的。但他说自己的能力不足，其实是在逃避责任，拒绝别人的帮助。对于这种情况，最好的处理方法只能是把他换掉。

因为这个问题比较严重，所以我就忍不住发火了："你能力不足，让我怎么办？把你换掉？"我以比较严厉的语气批评了他一顿。在批评过程中，这个平时抗压能力还不错的员工突然崩溃了，哭了起来。

在业务执行的过程中，诸如员工不能按照进度规划完成任务细节，是很常见的事情。哪怕我们使用了各种管理方法，也无法规避这类问题。接下来，我就结合这个案例从心法的角度分析一下背后的原因和如何解决这类问题。

大家想一想，为什么我在过程中使用了定目标、追过程、拿结果这样合理的方法，但最终并没有得到想要的结果，反而在沟通过程中产生了负面影响？

原因就在于，在使用管理方法的时候，我没有考虑员工的情绪状态，也没有考虑员工在这一过程中的情绪变化。

因此，管理者一定要记住以下三点。

1. 员工不是工具，他是一个活生生的人，作为人他就会有自己的想法、喜好和诉求，所以我们不能用我们自己的想法和喜好理解员工。

2. 人都有情绪，特别是会有负面情绪。当员工的负面情绪无法化解时，所有的流程、方法、管理手段都是无效的。

3. 只有当员工内心认可我们、信任我们时，我们的管理方法才能行之有效。

后来我又分析了一下这个案例，案例中的这位员工之所以崩溃，其实是长期负面情绪积压导致的。一开始接到任务时他就有些抗拒，“我已经很忙了，公司里这么多人，为什么还要把工作压在我身上？”在过程中，“虽然找了几位小伙伴来帮忙，但是并不能帮太多忙，反而还要分散精力去做协调”，并且“任务十分烦琐，超出意料”，不断加重了负面情绪。种种情绪积压在一起，让他越来越抗拒项目，产生逆反心理。这时，如果没有解决他在心态和情绪上的问题，而用冷冰冰的管理方法去追进度，无异于在伤口上撒盐，只能加重他的负面情绪。最后，到了追究责任时，领导又认为责任都在他身上，情绪瞬间就崩溃了。要想帮他提升效率，必须先帮他解决情绪问题，情绪问题解决了，管理方法才会起作用。这就是心法的重要性。

那么如何将心法应用于管理呢？很重要的就是要从“识人心，懂人性”开始。

人心是一个人的意愿、感情、思想活动。人性是人在社会环境中，为人处世的心理属性。人心、人性分别决定了一个人对待一件事的本源认知和行为反应。如果我们在管理时，不了解员工的心理情况和行为反应，那我们的管理方法在个别辅导过程中，是不可能做到因人而异的。如何在管理过程中做到识人心、懂人性呢？有三个重点，即客户第一、洞察人心、体悟人性。

客户第一

在经营企业的过程中，管理者一定要想明白一个问题：“谁是我们的客户？”想必很多人会回答：“谁给钱，谁就是客户。”但作为管理者，我们必须改变一个认知，我们的客户不仅仅是给我们钱的人，我们的员工也是我们的客户，因为我们只有通过员工才能拿到好的结果。如果员工不认同我们，不买我们的账，我们的目标自然完不成。同样，如果管理者不尊重员工，没有平等对待员工，员工自然会有负面情绪。他们在面对客户时，怎么可能有积极的心态呢？很多时候，价值观落实失败，就是这种内部与外部的断裂导致的。所以在阿里的价值观考核中，“客户第一”的价值观也同样适用于内部。管理者如果不尊重员工，辱骂员工，给员工脸色看，在“客户第一”的价值观考核中，他会直接被判零分。

洞察人心

一千个读者，就有一千个哈姆雷特，就是因为每个人的心都不一样，也就是每个人的思维方式、价值认知、兴趣爱好、内心需求都不一样。所以将同样的管理方法运用到不同人的身上，也会有不同的效果。我们在做管理时，一定要学会洞察人心，洞察员工的内心独白、工作的原动力、最需要什么——是收入、学习，还是成就感？只有当员工在工作过程中不断获得到自己想要的东西时，他才会不断努力。管理者不要期望员工单纯为公司而战、为上级而战，这怎么可能？人只有为自己而战时，才是最有动力、最有积极性的。管理者要做的就是发现员工工作的原动力，了解他为什么而战，并把他的目标和组织目标结合在一起，让两者挂钩。当组织目标和个人目标一致，上下同欲时，才能产生强大的推动力（关于如何找到结合点，我们在第 5 章会详细讲解）。

回到前文的案例，当时，我要想完成那个项目，提高公司的收入，必须通过员工才能把这件事情完成。所以，我必须用对待客户的心态对待员工。做过销售的人应该都知道，要让客户购买我们的产品，我们就要说明产品的重要性，说明产品对客户有什么好处，要为客户了解产品、购买产品提供便捷的服务。

所以在布置任务的时候，我要说清楚项目的重要性和意义，让员工明白事情的重要性和紧迫性，以及通过这个项目可以收获什么。任务下达后，我需要了解员工当前的状态，遇到了哪些阻力，需要管理者以及团队提供什么支持。

除了关注项目进度之外，管理者还要关注员工的情绪变化和需求，比如这段时间有没有遇到什么问题，需要公司提供什么帮助，心态是不是积极。

如果员工不理解任务的重要性，心态上就会放松，可能会把时间放在其他工作上面，项目进度就会放缓。如果在执行时只关注进度，没有关注员工的情绪变化和当前遇到的问题，员工就会觉得自己在孤军奋战，内心会不够温暖，当遇到棘手的问题时，就容易产生负面情绪。

在阿里，我们要求每位管理者每周与下属进行深入沟通，了解其最近一段时间的工作情况、心理状态和需要的帮助，及时解决员工的情绪问题，让员工感受到组织的温暖，明白在他背后有强大的团队，而不是孤军奋战。

当那个员工突然哭泣时，我意识到，这段时间因为特殊情况，我们之间缺乏深入沟通，我对于他的真实情况了解得不够，存在一些我不知道的事情。于是我递给他一包纸巾，给他倒了一杯水。其实，当别人情绪激动时，过多的言语反而会起反作用，此时，无声胜有声。过了两分钟，他的情绪稳定了，我们才开始沟通。一开始，他批评我："老板，我觉得你的用人方法不对。这么多人，为什么工作都交给我，什么都让我干，我的精力有限……组员们不仅不能给我相应的支持，还会分散我的精力，影响我的进度……这是一个全新的项目，很复杂，平时连个可以商量的人都没有。"这时他所说的问题其实跟一开始说的那些客观原因已经很不一样了，更接近问题的本质。当说到这种程度时，作为管理者，我才有办法帮他解决问题。

围绕这几点，我说："布置这么多工作任务，是为了锻炼你。因为你现在在某些方面很不错，很有创意，但是整体能力还不够强，也缺乏一些实际场景。所以我希望通过这些实际的项目把你的这些闪光点穿起来，并且补齐你缺少的实际场景，提升你的能力。特别是这个复杂的项目，当组员们不能按时完成任务时，我们也要看看是不是我们的管理方法需要提升。我们的检查频率如何，有没有跟组员讲明白事情的意义，了不了解他们的状态，是不是也会像你一样有一些情绪问题。如果这些都做到了，他们还不能按时完成，你可以跟我说，我会帮你确立一些制度。"

这位员工工作的原动力很大一部分源于想学习更多的东西。在这个项目中，他虽然感觉很痛苦，但确实学到了很多东西。听我这么一说，他认可了这个项目的意义，然后说："我没去找你，是我觉得这会耽误你的时间，我不想因为这些事情打扰你。他们不能及时完成任务，我把我的完成了就会处理他们的任务。"

这句话包含两个心态，一是他害怕影响上级的工作，二是他更习惯自己来做。我说："在这个项目里，我们要考虑时间问题，如果无法按时完成，错失时机，所有的工作就白费了。同时，你要学会改变你的管理习惯，也就是要学会通过别人拿结果，而不是全部自己干。作为这个项目的管理者，你也要学会提升组员的能力，如果再遇到这样的项目，就会容易得多。当然，在这个项目中，我也是你的组员，你可以调动我的力量，因为我们的共同目标都是更好地完成这个项目。”

像这样层层深入的对话大概进行了一个小时，这里就不深入展开了。对话的核心是解决他的情绪问题。当对话结束时，他内心的负面情绪已经一扫而空，困扰他的问题也解决了，整个人的状态也就不一样了。紧接着，我们就根据这段时间的状态总结了一个更高效的工作方式，并重新确定了一个时间进度表。在执行过程中，我也加大了支持力度。很快，项目就取得了重大进展，最终圆满结束。

总结一下，管理者在管理过程中不能只盯进度要结果，把员工当工具，这样是拿不到我们想要的结果的。人的心态、情绪是影响工作的重要因素，所以当我们使用管理工具时，一定要注意员工和自己的心态。如果出现方法都对但结果就是不行的情况，我们就要看看员工的心态是不是出了问题，要及时给予开导，帮他们解决心理问题，再进行技能辅导，这样的效果往往比较好。业务执行不到位，很多时候都是人的心态出了问题。

体悟人性

人性是指人类在社会环境中为人处世的心理属性，它决定了一个人对待一些事情的本源反应。

比如多数人在做汇报时只愿意汇报好的一面，报喜不报忧，不愿意暴露问题。所以在项目执行过程中，管理者在追进度时得到的数据都是好的数据，不好的部分被隐藏了，一直到项目收尾时，它们才暴露出来。在追责时，人们总是不自觉地找客观原因，找借口，逃避责任。所以当我问他为什么执行有问题时，他会找很多客观原因。这些其实就是人性使然，没有经过长期训练，顺着人性就会做出这样的行为。

首先，身为管理者要了解这些人性使然的现象。其次，管理者要做到

“山不过来，我过去”。我们要主动迈出一步，主动检查、分析细节，发现背后的原因。最后，员工的真实反馈是可以被训练的。当发现员工有这些自然反应时，我们就要通过制度和大量的训练，改变员工的反应机制。再汇报工作时，他们就可以克服这些人性的弱点，并真实地反映问题。

本节笔记

管理方法无法落实的原因：

没有将方法论与公司的实际情况结合

学习方法论时没有做到点面结合

没有掌握方法论落实时的心法

心法的重要性：

心力：组织文化（使命愿景、管理理念、言行举止）

脑力：组织能力（价值观、人才理念、核心能力识别）

体力：组织治理（互动体系、组织架构、利益分配体系）

如何应用心法：

客户第一

洞察人心

体悟人性

02 管理要义：管理要通过别人拿结果

我见过一家公司，该公司有一个部门，差不多有 12 个人，其中有 5 个是销售。部门负责人是业务出身，业务做得非常好，在区域内有一定的知名度。有一年，公司给这个部门分配了 2 000 万元的指标，比上一年高了将近一倍。部门经理在接到任务后，开始召开销售会议，将目标往下分解。下面的销售组主管听到新目标之后很震惊，直接说："这怎么能完成？太高了，我可不行。"

听到主管这么说，经理并没有生气，反而一副"早就知道你会这么说"的样子，微笑着说："怎么完不成？别忘了我在后面支持你！"

于是经理开始分解目标，4 个销售每人 200 万元，销售主管分到 600 万元，剩下的 600 万元留给自己。主管的 600 万元里经理会提供 300 万元的客户资源，也就相当于经理自己背了 900 万元，主管只负责 300 万元的开拓和 300 万元的客户资源就可以了。主管算了一下，好像当年的目标跟上一年没什么变化，反而可以拿到很多优质的客户资源，不用那么费心地开拓新客户了，于是就松了一口气，轻轻松松回去工作了。

由于那家公司是 B2B（企业对企业商业模式）型的企业，客户续签率很高，所以主管跟销售员的任务很轻易就能完成。但经理需要把原有的很多客户资源交给主管，所以一方面要自己做单，开拓新的客户；另一方面要为主管对接客户资源，监督主管的进度，解决他的疑难问题。除此之外，经理还要管理团队其余人员的工作，几乎每天连吃午饭的时间都没有，身体日渐消瘦。年中的时候，经理突发胃病住进了医院，一住就是三个月，业绩自然完不成。最终，该部门在公司年终考评中排在最后一名，取消全员奖金，员工也对经理有很大怨气，经常在背后腹诽经理，其中也包括那位主管。

这是业务场景中比较常见的一个现象，管理者承担了团队的主要业绩，把风险集中到自己身上，自己成为团队最大的业务员。类似的现象还有很多，比如当管理者看见员工在签单过程中，只要效率低一点，就会觉得员工连那么简单的单子都搞不定，于是直接把袖子一撸，自己把单子很快签了下来。有一些不成熟的管理者，还会批评员工："你真笨，这么简单的事情都做不好。"这会让团队成员倍受打击，慢慢就会产生挫败感和依赖感，以后遇到难题就会第一时间想交给老板处理，于是所有的事情就会集中到管理者手上。最终，管理者每天累得要死，但整体业绩却上不去。

这些都是管理过程中比较常见的现象。很多管理者，过去都是专业明星，在阿里，我们称之为P序列。这些人在自己所在的领域做得非常好，于是被提升至管理岗位（M序列）。公司希望将他的能力复制到更多的员工身上，让整个团队都变成精英。

在从P到M的角色转变过程中，虽然对外的称呼变了，但有些人内心对自我的角色认知和获取结果的行为方式却没有发生变化，还认为自己是结果的产出者，而不是结果产出的激发者和管理者，即通过激发下属的潜能创造价值，以及在执行过程中，通过抓住细节的本质推动业务正常运作。

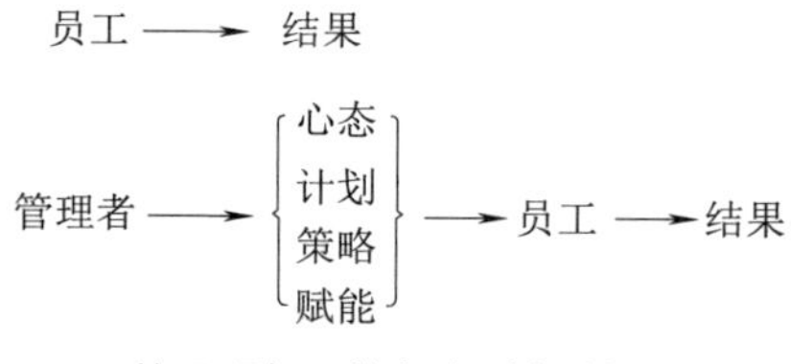

从P到M的角色认知转变

短期来看，这种方法的效果比较好，能取得不错的结果，但这是以牺牲管理者的体力为代价的，没有锻炼团队的能力和自己的管理能力。当业绩指标再上涨时，整个团队就可能垮了。而且由于员工缺乏训练，无论是能力、收入，还是成就感，都不能得到满足，最终只能离开这个团队。

所以管理者一定不能把所有工作都揽到自己身上，要学会带领团队获取结果。

那么如何带领团队获取好结果呢？

拒绝短期快感，学会延迟满足

很多管理者之所以喜欢自己直接获取结果，是因为过去在做业务时直接获取结果可以获得快感和自我满足感。当获取结果时，他们会有“我真厉害”的内心独白和自我陶醉。特别是当他遇到管理问题，被团队弄得焦头烂额时，更会如此，想通过获取结果的快感对冲管理带来的烦恼。这种行为其实非常不好，因为做管理很重要的是让团队成员成长起来，让他们都能站在最耀眼的舞台上。

请大家记住，我们带的是团队，不是助手，带助手和带团队完全是两码事。我们需要考虑团队的成长，而不是自己一时的快乐。这就需要改变我们的满足感来源，要把我们的快感来源从“自己获得结果”转化为“团队可以得到好的结果”上。这样当团队得到好的结果时，自己就会获得快感。如何做到呢？就是要多跟员工沟通，发现他们在当前遇到了哪些棘手的问题。我们要通过引导、训练、赋能帮他们解决这些问题。当他们的问题被解决、能力得到提升时，其实我们也会获得快感。当整个团队的能力都提升了，业绩创下新高时，我们的满足感会完全不一样。

不要按照管理者的标准要求员工

很多管理者在带团队时会说：“这么简单的事，你们看我这么轻松就能完成，你们为什么做不好？”其实组员心里也会想：“如果我能做好，你的位置就是我的了。”

当管理者这么说时，实际上他忽略了一个事实，就是他在做管理工作之前，经历了大量的业务训练，训练出很多肌肉反应。当他面对业务时，会关注很多细节和注意事项。但员工没有经历那么多的训练，不知道这些细节和注意事项，处理起来自然不够顺畅。

因此，管理者在培养下属时必须将在肌肉记忆中的、那些认为理所当然的事，像剥洋葱一样展示给员工。这样员工就会明白这件事应该怎么做，为什么要这样做，背后的原因是什么，在过程中有哪些细节和注意事项。经过不断练习，他们最终就能掌握这些技能。

举个业务方面的例子，在拜访客户时，为什么业务明星都很顺利，而普通销售却感觉很难？我们来分析一下。

客户愿意签单，是因为他们信任我们，那么如何让客户信任我们呢？大家可以观察销售明星和普通销售在跟客户沟通时的表现，两者可能会有以下区别，虽然产品、话术都一样，但销售大拿知道在什么时候改变语气以便拉近和客户的关系，什么时候需要加重语调突出重点，什么时候转换话题聊一些别的事，而不是全程都在谈业务。他的表达是有感情的，这是经过长期训练形成的自然反应。普通销售可能会机械地说销售话术，介绍产品，这些是没有情感的。特别是现在很多公司开始通过微信进行销售，有些销售则经常以群发的方式营销，同样的话术分发给很多人，没有别的动作。有的销售则会在群发的同时说说这个信息跟我们的关系，也会关注客户的日常生活。大家想一想，哪种表达方式会让客户更舒服。看起来很简单的事，其实都需要销售人员在一次次拜访客户时刻意加以训练。

学会甩掉身上的“猴子”，做解决问题的教练

“猴子”是管理学中的一个术语，意思就是双方谈话结束后的下一个行动，即管理者和下属在处理问题时所持的态度。比如老板提出一个问题，让大家分头思考解决路径，那思考解决路径的动作就是一只“猴子”。

很多管理者在管理时会遇到这样一个场景，即员工在工作中遇到问题，就会跑来问：“老大，我们遇到了一个问题，你看怎么解决？”这时，有的管理者就会回答：“问题提得不错，稍等一会儿我找你，给你一个解决方案。”然后管理者就思考如何解决问题，员工只要等你回答就可以了。这时，“猴子”就到了你的身上。当你只有四五个员工时，可能这种方式还能行得通，

但如果人一多，有十几个人，每个人每天把一只“猴子”甩给你，你就疯了。即便事情干成了，员工在这个过程中也不会成长。如果干不成，他们还会把责任甩给你：“老板让我这么干的，我只是执行而已，出错了不关我的事。”

管理者应如何甩掉身上的“猴子”呢？其实可以这么做，同样的场景，当员工向你提出问题，希望得到你的解决方案时，你要反过来把问题抛给他：“嗯，这是个好问题。那么当你提出这些问题时，你是怎么想的呢？你有没有什么好的想法呢？”有些员工，其实是有想法的，只是不敢说，因为害怕自己的想法不成熟，会在老板面前出丑。所以这时你要给他信心，让他把想法表达出来。你可以告诉他：“今天你把想法说出来会有人帮你改进。你不把这些想法说出来，其实是解决不了问题的。”

在阿里“独孤九剑”中有一条叫作“教学相长”，也就是说，很多时候，这些解决问题的思路，你说出来了，错得越多，自己的提高就越大，对于每个细节的打磨会越来越好。所以遇到这样的问题，我们一定要告诉员工，最好带着解决方案问问题。当大家都养成这样的良好习惯时，双方都会很高效，同时，这也是正确辅导员工的一种方式。

不过度插手员工的工作，大爱就要学会放手

很多企业都在提倡管理者要“爱”员工，所以很多管理者平时很关心员工。其实，爱是分成小爱和大爱的。什么是小爱？像我们开头提到的那位部门经理，当主管觉得目标太高完不成时，他的第一反应不是帮主管解决策略和技能问题，而是直接把他的任务放到自己身上。这样看似是对员工好，短期内员工也会觉得老板不错，但这种行为其实不利于员工的长期成长。又如员工在做日常任务的时候，管理者过于关注，过多地追问细节，发现稍微有一点不符合自己处理方式的动作就会立马制止员工。这样做，员工其实会很尴尬。他会觉得你不信任他，觉得他连这点事也做不好。这会让员工产生惰性，以后在做事时会想，反正老板永远会检查，会提供帮助，自己不用太操心。于是，他在工作时就会越来越随意，能力和激情

也会逐渐下降，这非常不利于他的长期成长。

管理者的爱一定要是大爱，要对员工的长期成长负责。要做到大爱，就要学会授权。有些事要把选择权留给员工，要让员工学会做选择，并承担选择带来的影响。不要担心员工无法做好，如果这次不能放手让他去做，下次遇到问题，他还是无法解决。一个人的成长是需要不断经历，在经历中不断碰壁、不断反思、不断总结的。所以撞南墙的事儿，一定要让他自己去撞一下。撞了之后，他就明白了。有一些话，他不会认为你说的是对的，只有实践之后，他才会知道这件事情的深刻意义在哪儿。在阿里，我们在新员工培训的时候采用过一种方式，即上午培训，下午实地见客户，就是让员工实践，他才会知道培训的内容是有用的。

当然有一些原则性、会触犯高压线的事情，是不能让员工撞南墙的，比如收受贿赂、夸大产品价值、恶意抢单等。在阿里，这些事一经发现，员工会被立马开除。管理者在授权时一定要注意这一点（关于高压线的设置，我们会在第 7 章进行详细表述）。

做好培训体系

作为管理者，最重要的工作就是培训、辅导我们的员工。培训一个成熟的员工往往比签好几个客户重要。我们对培训工作的用心程度会决定这个团队未来的成长速度和能力上限。只有员工的能力提升了，我们才会更轻松。

培训内容可以分成以下三种。

其一，关于公司介绍的培训，主要以公司的历史渊源、战略规划、产品体系为主。一个员工如果连公司的历史发展、未来规划、主营业务都不清楚，那这家公司就太失败了。

其二，技能的培训，这个又分成通用技能和专业技能，主要是为了提升员工的效率。

其三，很重要但又经常被忽略的是关于价值观的培训。如果不做价值观培训，公司内部就无法做到认知同频，整体的协作效率就会下降，员工就不知道在公司哪些事是可以做的，哪些事是不可以做的，在做业务时很容易做了不可以做的事，这会对公司产生极大的负面影响。

当然，培训是一个庞大的体系，我会在后续章节更详细地讲解。

本节笔记

管理者如何通过别人拿结果：

拒绝短期快感，学会延迟满足

不要按照管理者的标准要求员工

学会甩掉身上的“猴子”，做解决问题的教练

不过度插手员工的工作，大爱就要学会放手

做好培训体系

03 管理进阶：管理要使众人行

管理有三重境界，其中最差的就是凡事自己承担，优秀的管理者会通过别人获得结果，最高级的管理者则是使众人行。“识人心，懂人性”是管理不断进阶的基础。前两节，我分别讲了如何识人心、懂人性，如何通过别人获得结果。本节，我就来讲讲管理的最高境界，即如何将管理力提升至领导力，管理者如何使众人行。

管理的三重境界

什么是领导力呢？在如今的商业环境里，高度的不确定性充斥着整个商业环境，我们的市场、产品、用户、对手每时每刻都在变化，在剧烈的变化中单纯依靠管理能力，见招拆招，带团队正确地做事已经无法杀出重围。团队领导者越来越需要在快速变化的环境中找到正确的方向，并把方向和希望传递给团队，带领团队不断创造胜利，杀出重围。这种能力就是领导力。关于领导力，我的解释就是要带领团队，通过打一场场的胜仗，从现在的地方，到达还没有去过的、美好的地方。

那么，如何建立领导力？我在多年的管理工作中总结了一些经验。首先，要想建立领导力，就要避开三个常见的误区。

1. 领导力与职位并不是强关联关系。很多人认为当了领导之后自然就会具备领导力，其实不然。领导力作为个人的一种能力，是跟人相关而非跟职位相关的。在现实中，有一些管理者往往利用自己的管理权限强迫别人按自己的想法去执行。虽然这些人看起来有很大的官威，但这种行为并不是领导力。

相反，在组织里，我们会发现有某一部分人并不具备管理权限，但别人却愿意帮助他们，愿意接受他们的任务安排，甚至不同部门的人也愿意配合他们。之所以这样，就是因为这些人具备领导力，大家认为这些人的思路、解决方案通常是对的，跟着他们走可以得到更好的结果。这其实就是领导力的体现，即可以带领团队拿到好的结果。

2. 领导力必须以管理力作为基础。很多人认为领导力和管理力没有关系，而且领导力比管理力高级，所以有些人对领导力的学习趋之若鹜，而对管理基础的学习则弃之如敝屣。其实管理力是领导力的基础，没有扎实的管理基础，很难建立有效的领导力。扎实的管理基础是指什么呢？通常从团队角度来讲就是搭班子、带队伍、建文化。从业务角度来讲就是定目标、追过程、拿结果，这正是本书要讲的内容。

领导力核心的一点就是共启愿景，也就是制定一个符合团队大多数人利益的发展章程，这就需要领导者对员工的心理感同身受，要识人心、懂人性。事实上，绝大多数创业者都具备一定的领导潜能，他们可以描绘出美好的创业蓝图，可以吸引别人在创业初期就加入。很多创业企业死在半路上的主要原因就是创业者的管理能力过于薄弱，无法把蓝图变成现实。很多管理者在描绘美好愿景的时候会被别人嘲笑为在画大饼，是传销，包括早年的阿里也被如此对待过，但不同点在于阿里画出来的“饼”最终全部变成现实。一个真正有领导力的人是可以把“大饼”变成现实的，而变成现实的这个过程就需要依靠管理基础。

3. 领导者并不是无拘无束的，越高层级的领导者就越要如履薄冰。水能载舟，亦能覆舟。领导者的权力是群众赋予的，如果不知道敬畏，胡作非为，团队就会离心离德，大家就会不再听从你的领导，甚至反对你。所以领导者的人品、价值观一定要正，要学会敬畏，严格要求自己，千万不能做了领导以后作威作福，上下两副嘴脸是万万不可取的。

说完误区，接下来讲讲如何建立领导力。我总结了五个法则：内心要有大爱，要使众人行，要以身作则，要让团队看到美好的未来，要带领团队不断进取。

1. 心中一定要有大爱。大爱是所有领导行为的总纲。在阿里有一句关于领导力的土话，即领导者之所以能成为领导者，不是因为肌肉，不是因为拳头，而是因为心中有爱。这句话有三重含义。

其一，利他。大爱是所有领导行为的起源和初心，真正的领导力一定建立在利他的基础上。很多人讲使命和愿景，那什么样的使命、愿景是正确的呢？阿里的使命是什么？让天下没有难做的生意。西贝的使命是创造喜悦人生。华为的使命是丰富人们的沟通和生活。这些其实都是大爱。所以，只有以大爱为基础的使命、愿景才是正确的。使命对了，我们根据使命、愿景确立的战略、组织、产品、业务，所做的一切才是正确的。有些黑色产业，虽然赢利模式、组织协调做得都很好，能吸引一大批人加入，但我们不能说它们的负责人拥有领导力，因为它们的初心是通过损害他人的利益满足自己的欲望，而非造福他人。

其二，力量。大爱是领导行为的总纲，也是面临艰难抉择时的衡量准则和心理力量。领导区别于管理的一个点在于管理是正确地做事，而领导则是做正确的事。这中间的差异就在于领导者需要不断做出正确抉择，有抉择就要有取舍，有取舍就会有巨大的纠结、犹豫和心痛。这个时候就需要一个评判标准和强大的心理力量，让我们能做出正确的抉择，做正确的事。

有一个广为人知的案例，就是海尔砸冰箱的事件。20 世纪 80 年代，张瑞敏出任海尔前身青岛电冰箱总厂厂长的时候，有一次接到了用户的反映，说买的冰箱质量不合格。于是，张瑞敏就带队突击检查仓库中的冰箱，现场发现有 76 台不合格。那个时代还是卖方市场，只要有产品就不愁卖，可以说纸糊的冰箱都能卖出去。所以有的干部就提出，把这些冰箱降价卖掉，或者作为员工福利发给大家。但张瑞敏却做出了一个惊人举动，他把所有员工都叫来，并拿起了大锤，当着所有人的面，让冰箱出问题环节的负责人亲手把那些冰箱砸了。要知道当时的海尔负债将近 2 000 万元，工资都快发不出来了，而一台冰箱可以抵一个工人两年的工资。无论是负责人，还是其他员工，心里都很痛，都在求情，哪怕降职停薪也行。但张瑞敏对大家说："今天如果我们不砸这些冰箱，明天就会有人来砸我们的厂子。"于是，铁锤一下又一下砸向那些问题冰箱，同时也砸进了所有员工的内心，唤起了大家的质量意识。三年后，海尔获得了中国冰箱史上第一个质量金奖。那时，张瑞敏内心有没有挣扎？肯定有，只不过在抉择之前，他选择了长期利益。事实也证明张瑞敏是正确的。作为领导者一定会这样，经常在长期利益和短期利益之间进行抉择，比如要开掉一个曾经一起打天下，但现在阻碍公司向前发展的人，比如要舍弃一条有特殊意义的产品线。 这个时候的痛苦是巨大的，如果领导者内心没有足够的力量，是很难做出这样艰难的决定的。

其三，良药。大爱是最宽阔的海洋，是培养团队的良药。经营团队就是经营人心，要激发人正向、积极、善意的一面。如何激发呢？有个很重要的词，叫以心换心，意思就是管理者要用自己的心换取团队的心。人是感性的，人心也是相通的，我们怎样用自己的心对待别人，别人就会用怎样的心对待我们。所以我们要想让员工认可公司，愿意与团队一起奋斗，就必须更多地关心员工，关心他们有没有获得成长，是不是开心。如果我们用这样的一颗心对待团队，那么团队也会这样回馈我们。

我曾经带领过一个下属，由于他以前的工作单位内部斗争比较激烈，所以他的内心就有很深的戒备，不愿意对外人敞开心扉，别人对他做什么动作他都会小心翼翼，害怕别人是来伤害他的。我们觉得这位员工内心是善良的，虽然他对别人有所戒备，但并不会伤害别人，所以我就与同事一起用行动帮助他从那样的状态走出来。通过一次次的团建、裸心会，一次次的工作协同，共同作战，最终我们的热情融化了这位员工心外的那层冰，慢慢地对我们敞开了心扉，愿意跟我们一起掏心掏肺，一起讲段子，聊八卦，整个人的状态也不一样了。

2. 要使众人行，带领团队打一场又一场的胜仗。所有管理者必须知道一点，即我们的员工为什么要跟着我们，他们来我们这里想要什么。特别是在我们的待遇不如一些大公司的时候，这是所有管理者都要思考的一点。

事实上，员工之所以愿意跟着我们，是因为他们相信跟着我们能获得他们想要的结果，比如收入、荣誉感、成长，可能是现在可以获得，也可能是未来某个时间点可以获得。这就需要我们在一场场胜利的战役中，证明我们能够带领他们拿到相应的结果。绝大多数人都是因为先看见再相信，需要看见结果才选择信任我们。通过不断带领大家拿到结果，向大家证明我们的能力，最后就会变成因为相信，所以看见，也就是因为他们对我们的信任，所以会跟随我们，一起拿到结果。

我在前面提到，中供铁军后期，员工在接到高目标时的第一反应是执行，而不是觉得完不成，原因就在于前期我们每个看似不可能完成的目标都完成了。这个过程在整个集团中也一样，比如阿里的愿景，是活 102 年，“我们不追求大，不追求强，我们追求成为一家活 102 年的好公司，到 2036 年服务 20 亿消费者，创造一亿个就业机会，帮助 1 000 万家中小企业赢利”。这个目标很宏大，但所有阿里人并没有疑虑，反而都很兴奋，愿意为之不断努力，创造奇迹。为什么大家会如此相信？因为在前 19 年当中，阿里提出的目标都实现了。这就是我们说的，因为相信，所以看见。

3. 要以身作则，即做好团队的精神领袖、学习的标杆。领导者是团队里的明星，我们的一举一动都会因备受团队关注而放大。所以政策下达，特别是在价值观建立过程中，领导者的身体力行往往比口头传达更有用。

比如我们在价值观里提倡“客户第一”，要尊重客户，如何做到呢？对客户的尊重首先要体现在称谓上，有些管理者在盘点客户的时候，会给客户贴一些标签，比如“土包子、土皇帝”，在做营销关单动作的时候称之为“杀猪”。当管理者这么说的时候，员工听在耳里，心里就会对客户很随意，肯定做不到客户第一。

早期支付宝有一次出现了一个漏洞，给客户造成了100万元的损失。当时支付宝的负责人是彭蕾，在100万元的客户巨大损失面前，彭蕾当即做出的决断就是赔，客户损失100万元就赔100万元，因为客户第一。其实，如果当时彭蕾说不赔，也不会出什么事。但是只要这么干了，且不管外面怎么说，单从组织内部来看，下面的员工看到了就会有样学样，以后哪怕数额再小也不会再坚持客户第一，支付宝的价值观就一定建立不起来。彭蕾的选择就给员工做出了榜样，员工以后在大是大非面前就能做出正确的决断。在赔完钱之后，彭蕾带团队做了一件事，讨论如何避免这样的事情再次发生。大家怀着巨大的愧疚之情进行复盘，从此以后，类似的漏洞再也没出现过。所以，彭蕾既总结了宝贵经验，又树立了价值观，大家可以想想，这100万元是不是花得值。

4. 要让团队看到美好的未来。我们经常谈论战略，而最成功的战略，就是要描绘一个能激发人心、让大家为之兴奋的目标。所以领导区别于管理的一个地方，就在于我们是用使命驱动的，而不是用制度驱动的。卓越的领导者最关键的任务是共启愿景，找到团队共同的美好未来。

谷歌的创始人拉里·佩奇曾说：“我们不怕微软、苹果来挖我们的科学家，因为我们可以给员工更高的工资，以便留住他们，但如果是NASA（美国国家航空航天局）来挖我们的科学家，我们就一点办法也没有了，哪怕NASA的薪水只有我们的20%。”因为NASA的使命是：探索宇宙，寻找太阳系外行星，期望发现可能孕育生命的“另一个地球”。这个目标对于高级科学家们来说太有诱惑力了。这就是美好未来的重要性。

5. 要带领团队不断进取。一个团队的成功需要团队成员不断学习进取，不断尝试和冒险，挑战现状，成就未来。这就需要领导者本身要有不断进取的精神，因为领导者的视野有多高，团队就能走多远。在阿里，我们也有一句土话，叫作今天最好的表现是明天最低的要求。

同样，作为领导者，除了能够在顺境中不断创造高业绩之外，还要在逆境中带领团队成功破局。越是遇到问题，越是艰难时刻，越考验一个人的领导力。

大概在 2004 年，我所负责的一个区域里，有一个主要行业一方面受前几年市场利润的吸引，从业者激增，产品价格被拉下来了。与此同时，欧美市场突然对这个行业进行了限制，市场订单量急速下降，整个行业遭受巨大冲击。相对应地，资本方也减少了在阿里巴巴的投入，给我们的业绩增长造成了很大影响，销售人心惶惶。作为管理者，这个时候一定要冷静。当了解了市场情况后，我立即召集所有销售，给大家打镇静剂，让大家一定不能慌，分析我们当前的情况与出路，然后快速行动，双管齐下。一边着力开拓新业务，一边深入该行业的客户，帮助客户解决问题。因为坚信“客户第一”，在客户遇到危机的时候，我们不能放弃客户。通过大量的走访，寻求专家对当前市场环境进行分析和协调公司的支持，很快我们就帮客户找到了一个解决出路——只要把生产线稍微改一下，就可以生产一种新的产品，而这种产品正是当前国际市场的紧俏产品。通过这样的动作，只用了 4 个多月，整个市场恢复了，客户的生产、交易、现金流都回到正常状态，我们的业绩自然也回升了。通过这次危机，一方面，我们的客户对阿里的信任更深厚了，另一方面，我们的员工也得到了成长。后来，这个区域走出的很多管理者都成长为集团高管。

本节笔记

建立领导力，需要树立的三个意识：

领导力与职位并不是强关联关系

领导力必须以管理力作为基础

领导者并不是无拘无束的

建立领导力的 5 个法则：

心中一定要有大爱，大爱是所有领导行为的总纲（有三重含义）

- 其一，利他。大爱是所有领导行为的起源和初心，真正的领导力一定建立在利他的基础上
- 其二，力量。大爱是领导行为的总纲，也是面临艰难抉择时的衡量准则和心理力量
- 其三，良药。大爱是最宽阔的海洋，是培养团队的良药

要使众人行，带领团队打一场又一场的胜仗

要以身作则，即做好团队的精神领袖、学习的标杆

要让团队看到美好的未来

要带领团队不断进取

2

定目标：

方向与策略对了，路才好走

目标是企业业务执行的起点，定好目标是所有管理者的基本功，但在实际业务中很多管理者并不知道如何定一个好目标，或者只有一个总目标，不会做目标的具体分解，以及只会定目标，但不知道如何实施。所以本章我将从目标的制定与分解开始，过渡到业务策略和业务模式的制定，为大家分享如何做好企业业务执行的顶层设计。

01 合理定目标，别被目标打脸

定目标是业务管理中最核心的环节之一。拿一个游戏来举例，比如今天天气很好，我会让三组学员想一些关于天气的形容词写在纸上，如“清新的空气”“蓝蓝的天空”等。写之前，我会给每个小组定不同的目标。第一组人均写 5 个，第二组人均写 15 个，第三组不设限，越多越好。倒计时开始后，各组各自发挥。

第一组的目标比较低，所以不到三分钟就完成了，他们看到其他组还在奋笔疾书，就很高兴。有的人就停下了笔，东瞅瞅西看看，感叹岁月静好。有的人重新审视自己的作品，涂涂抹抹，把质量不好的擦掉重写，或者尝试多写几个。

第二组的目标比较高，所以每个人都很认真，低着头全神贯注，冥思苦想，全程都没有时间观察其他人。

第三组由于没有明确的目标，爱写多少写多少，自由发挥，所以当其他人绞尽脑汁想的时候，第三组淡定自若，十分安逸，写到什么地步就到什么地步，无所谓。

5 分钟到了，各组汇报完成情况。

第一组人均完成 7 个，超额完成。第二组人均完成 12.4 个。第三组人均完成 7.75 个。这类游戏我试过很多次，最终结果都差不多。大家可以思考一下其中的逻辑。为什么同样的时间、同样的任务，结果会有这么大差别。这就是目标的作用，目标能极大地影响人的心态、策略和执行路径。

公司目标分类

越往上越要激励人心（↑）

时间维度	任务	关键	层级维度	职责
使命愿景	看十年	企业的定位，生存的目标，承担的责任	公司目标	做正确的事
战略目标	定三年	可执行，具有持续性，在于取舍	首席执行官	
年度目标	干一年	具体指标，策略，组织建设，变化	副总裁/总监	
季度目标		分阶段的策略落地，月度目标的完成	经理	正确地做事
月度目标		实施计划，过程监控	主管	
周/日目标		简单，具体，过程可追溯	员工	

发展路径（↑）

越往下越具体可执行（↓）

公司内不同层级的目标及关键点

什么是目标？目标就是我们对未来要去的地方或要达到的目的的设想。大到国家，小到公司与个人，都有目标。对公司来说，大的目标有使命、愿景，小的目标有周目标、日目标。只有有了目标，我们才能知道往哪里前进，前进多少，组织力量才能真正聚合在一起，而不是一盘散沙。所以作为业务管理者，定目标是最核心的工作之一，而作为业务管理课，我们谈到的目标则以业务目标为主。当然，这个方法也适用于其他部门。

现实中，企业在定业务目标的过程中往往会出现几个问题：第一，不知道如何定一个合理的目标，很多都是老板拍一下脑袋或者稍微根据历史的达成情况按照乘以 1.2、1.3 的系数往上加；第二，只知道定一个总体目标，但没有分解为子目标，最终为了达成业务目标而忽视其他重要因素，比如人均产能的提升、老客户的转化率等，这些都是业绩持续增长的重要因素，如果忽视了这些，就会造成业绩增长乏力。

那么，如何确立一个合理的目标体系？我从做基础业务员给自己定目标开始，到指挥年收入 40 亿元的整个中供铁军定团队目标，再到做咨询培训帮助他人定目标，在这个过程中，我总结了关于定目标的一些经验和方法论。首先，定目标分为定团队目标和定个人目标。本章主要讲如何定团队目标，我们会在第 5 章讲如何确定个人目标。

确定团队目标分为三个部分：合理定目标的 4 个法则，科学的目标体系，目标的分解。

合理定目标的4个法则

法则一：今天最好的表现是明天最低的要求。这是一句阿里土话，也是阿里价值观新六脉神剑的一条，它代表着目标的下限。在业绩里的实际应用就是每个月都要保持 10% 的增长率。中供铁军从零做到百亿，就是这么一步步走过来的。这个底线也在倒逼我们不断改变策略，提升技能，让我们不断成长。

杰克 · 韦尔奇在《赢》一书中介绍了他在管理通用电气的职业生涯中，是如何实现每一个季度都取得双位数增长的。通用电气的体量那么大，但杰克 · 韦尔奇做到了。

法则二：目标是跳一跳才能够得着的。大家看我们开头提到的写形容词的案例，为什么定 5 个目标的小组很轻松就完成了，而定 15 个目标的那个组绞尽脑汁也没完成？这就说明目标要跳一跳才能完成。什么是跳一跳才能够得着？目标必须具备挑战性，不能一抬手就够着了。容易达成的目标会让人丧失激情，安于现状。就像第一组只有 5 个词的目标，很容易就写完了，写完之后大家就很悠闲了。但又不能太高，全力蹦起来也够不着，太高的目标会让人觉得无望，容易丧失执行的信心。那具体要定多少？这是一个需要亲身感受的工作，需要身在一线的各位管理者根据自己团队的士气和对市场的感知来定。

法则三：先拍脑袋，之后用数据证明并修正。我们前面讲过很多人是通过拍脑袋定目标的，其实拍脑袋没有错，但拍完之后要用数据修正。怎么拍脑袋？有一个词叫“手感”，手感的意思是在做业务的过程中，根据我们的经验、直觉判断，觉得这个事情应该拿捏得重一点儿还是轻一点儿，这就叫作手感。

为什么需要手感呢？通常我们做目标预测比较常见的是财务和数据部门做的预测，员工会根据前几年的业务历史数据、目前的市场变化、竞争对手等因素，把这些信息整合起来，最后确立一个合理的目标。但财务做的预测跟现场端通常不一样。为什么呢？因为他忽略了一个重要因素——团队中人的因素。领导过业务团队的人应该知道，人的士气、精神状态对业务起决定性作用，这往往是财务部门不能预测的。这就需要管理者对团队的士气、精神状态，还有友商端、客户端的状态有一定了解并做出市场端的判断，这就是手感。所谓手感就是管理者通过长期陪伴积累的判断。管理者在定目标时一定要先看员工端、客户端、友商端的状态，根据手感定一个目标，然后再进行数据分析，看看目标的合理性，确定到底是太激进了，还是过于保守了。比如，有时我会在财务报给我的目标上加100 万元作为我的团队目标，因为在上个阶段的执行过程中，我的团队的士气、默契度均有所上升，客户对我们的信任也逐渐增加，所以我预判会有更好的结果。这些并不是财务能预测出来的。

因此，先拍脑袋定目标，后期要用数据证明拍脑袋的数字是准确的。如果两者之间有差异，就要想想中间到底有什么问题，要想办法解决它。

法则四：总体目标必须是每个人的目标的总和。因为只有目标一致，心才会一致，才能力出一孔。但在现实中，往往不是这样，很多时候，整个公司定了 1 亿元的目标，下放给总裁或者副总裁是 1.2 亿元，副总裁下放给各个区域就是 1.3 亿元，最后下放到销售身上加起来就有 1.5 亿元。这样就有了保险系数，万一哪个部门没完成，总体上还是可能完成的。这看起来逻辑没问题，但经过我们的实践，发现这种方法并不好。很可能我们的目标完成了，但员工的目标没完成，这就会有以下两个场景。

第一个场景：部门目标完成了，拿到奖金了，但给不给员工发奖金？理论上不应该发，因为员工的目标没完成。但员工会怎么想呢？辛辛苦苦努力工作，到最后老板的奖金拿得盆满钵满，自己一毛钱没落着，就会有极大的怨气，心想："说好的有难同当，有福同享，上下同欲，结果干活的是我们，获取结果的是我们，拿奖金的却是你们，说好的兄弟齐心呢？都是骗子。”如此一来，我们在团队中的信任就丧失了。

我参加过一家公司的年会。年会上，总裁宣布当年 1 亿元的目标完成了，负责销售的副总裁上台领奖，他笑容满面。基层的主管和销售也热情鼓掌，因为他们是拿提成的，业绩做得多，提成也不少。但中间经理那一层就炸锅了，因为他们的目标是 1.3 亿元，累死累活干了 1.2 亿元，连奖金都没有。当时，他们在看副总裁的时候眼神里满是愤怒。结果第二年副总裁在布置任务的时候，经理们都造反了。

第二个场景：在过程中，当管理者的目标完成之后，员工还没完成，这个时候管理者还能像之前那样卖力吗？还会全力支持员工吗？从人性上讲大多数人是不会继续努力的。这个时候，即便管理者手里有更多的资源，恐怕也不愿意拿出来给员工，员工自然难以完成个人目标，整个团队自然也不可能创造更高的业绩。

所以我们在定目标的时候要做到总体目标必须是每个人目标的总和，只有相等了，我们才能上下同欲，让管理者与员工为了同一个目标努力。当发现哪些部门或员工出了问题，可能完不成任务，所有人才会一起帮忙解决。这样一来，我们的业绩上去了，团队的感情也培养了。

科学的目标体系

讲完定目标的方法，就到了定目标的阶段，很多公司只有一个目标，但在阿里，我们共有 5 个目标。

（1）基础目标，这是一定要完成的。

（2）跳一跳才能完成的目标。当然这个目标的激励也会比基础目标高得多。比如基础目标是 1 500 万元，完成可以拿到一倍的奖金；跳一跳的目标是 2 000 万元，完成可以拿到两倍以上的奖金。通过这种方式可以刺激团队更上一层楼。

（3）预测目标。这是月度目标，通过对资源的盘点预测我们这个月的目标是多少。等到下个月月初的时候，我们根据实际完成情况跟预测目标之间的差额进行复盘，总结我们有哪些好经验、需要改进的地方有哪些。

（4）PK（对决）目标。PK 文化是阿里业绩不断增长的重要因素之一，通过部门之间、小组之间、员工之间不断 PK，不断冲刺，把业绩一次次带往新高。所以我们在目标体系上有一个 PK 目标。也就是在制定目标的时候，可以选一个 PK 对手，比如广东大区挑战浙江大区。通过不断 PK，最终双方都能拿到不错的结果。

（5）最后一个很重要，但却是绝大多数公司都没有的目标——借假修真的目标，也被称为隐性目标。什么是假，就是我们业绩的各种数据、结果，这些是假的，因为市场在变，业务也在变。那不变的是什么，真的是什么呢？组织里的人才是真的。所谓借假修真，就是我们要通过一次次业绩增长，把我们的团队凝聚力、人才能力、组织能力、文化价值观磨炼出来。只有这些真的东西出来了，我们的组织才能长久发展。很多公司在某段时间内，可能业绩会增长得很好，但走着走着就突然上不去甚至崩溃了。这就是因为人才能力、组织能力、文化价值观这些真的东西没有修炼出来。有人曾说阿里真正的产品就是阿里的人，能人辈出，良将如潮，这是有道理的，因为阿里真正修炼的就是这些真的东西。

以上五个目标构成了目标体系。当目标体系制定完了，就可以布置下去了吗？很多公司好像都是这样做的，但实际上并不是，这里还有一个动作——目标的分解。因为作为一家公司来说，要想长期发展，目标不止一个。如果我们只定一个总目标，下属为了完成这个目标很可能就会忽视其他因素。比如只维护几个大客户，忽视整体市场的占有率，或者把资源都砸在容易出成绩的几个员工身上，让其他员工自生自灭。所以当我们定了总目标之后，还要往下分解，这一步也是借假修真的一个应用。

目标的分解

怎么分解目标呢？大多数企业运用的是加减法，比如一年的目标是一亿元，拆分到12个月里每个月就是800多万元。或者按照区域分，浙江、广东、上海、北京4个区，4个区加起来的业绩就是总业绩。这就是加减法，是最基础的分解方式。但我们除了用加减法，还应该用乘法。因为没有乘法的话，战略是不够清晰的。目标是战略的体现，定目标的时候，要把公司的战略体现在目标里。如何体现呢？我分享给大家4个公式。

总业绩＝人数 × 人均产能　　公式一

这个公式背后就是战略的抉择，是通过人海战术达到总目标，还是通过提高人均产能来达到总目标？对应的是公司对人才培养的战略。比如业绩增加5 000万元，通常我们的第一反应就是加人，人多好办事，这就是人海战术。比如每个人50万元年产值，多加100人就能多干5 000万元。另一种方式就是精兵策略，本来50万元人均年产值，我们通过技术培训、软硬件技术设备把人均年产值增加到100万元，这样也能完成目标。但无论采用哪种方式，对应的都要有更细的子目标。多加100人，最直接的目标就是招聘，每个季度招多少人。人招到了谁来带，内部有没有足够的主管？这时，又得有主管的培养目标。在精兵策略里，要明确加强人均产能培训的目标和技术应用的目标。只有把这些目标列出来，才能谈得上战略可落实、目标可执行，才可以为业绩的快速扩张打下坚实的基础。

总业绩＝客户数 × 客单价 ×SKU（存货单位）　　公式二

这个公式意味着小客户加起来也能完成总金额，大客户加起来也能完成总金额。那我们是主攻大客户，还是小客户呢？这也是战略选择。大客户的优势是品牌效应，小客户的优势是市场占有率和稳定性。但这里要注意的一点是，总客户数要保持在一定数量以上。我服务过的一家企业，它的收入主要源于4家大客户，占据了整体营收的90%，且4家客户都是同一行业。试想，当这个行业受到不可抗力的影响，整个行业停摆，遭受巨大损失时，这家企业还能正常运转吗？

同时，客户又分为新签客户和续签客户，很多公司定目标的时候没有定新签客户和续签客户的比例，但在阿里，我们很强调这一比例。这里面是一个人性问题。工作两三年的人，通常更愿意联系老客户，为什么呢？因为从业务层面来讲，新客户的开发要比老客户难 6 倍。但一直依靠老客户，时间长了，人就会丧失拓新能力，战斗力也会下降。所以我们在制定目标的时候，除了总目标，还会明确新老客户的比例。这也是“识人心，懂人性”的一个应用。

新客户业绩 = 拜访量 × 转化率 × 心态　　　　公式三

如何在产品不变的情况下，提高新客户的业绩？这就要从拜访量、转化率和员工心态着手。如何着手是个比较复杂的工作，我会在第 6 章中详细讲解。

保证新客户量并不代表不管老客户了，我们还是十分看重老客户和续签率的，因为老客户复购，说明它们对我们的产品、服务满意。这很重要。

老客户业绩 = 老客户数 × 续签率 × 客单价　　　　公式四

续签率就是我们服务的结果。

以上就是如何定目标的内容：合理定目标的 4 个法则，科学的目标体系，目标的分解。最后，再讲一个目标制定的应用场景。有一个词叫“部门墙”，指部门之间相互扯皮，推卸责任，没有协作。这个现象其实很正常，因为屁股决定脑袋，各个部门的领导者要对自己的部门负责。如何解决这个问题？从目标设定出发有个词叫作“互设 KPI（关键绩效指标）”，也就是说可以把 B 部门的目标完成情况设定进 A 部门的目标，只有 B 部门完成了目标，A 部门对应的目标才能完成。通过互设 KPI，合作部门就可以知道互相的工作是什么，战略是什么，这样就可以在一定程度上解决部门墙的问题。

本节笔记

合理定目标的4个法则：

今天最好的表现是明天最低的要求

目标要跳一跳才能够得着

先拍脑袋，之后用数据证明并修正

总体目标必须是每个人的目标的总和

科学的目标体系：

静态目标

- 基础目标——一定要完成
- 跳一跳才能完成的目标

预测目标——月度要完成

PK目标——把业绩带往新高

隐性目标——借假修真

目标分解：

总业绩 = 人数 × 人均产能

总业绩 = 客户数 × 客单价 ×SKU

新客户业绩 = 拜访量 × 转化率 × 心态

老客户业绩 = 老客户数 × 续签率 × 客单价

02 谋定而后动，围绕目标选对执行策略

俗话说，条条大路通罗马。这个“罗马”就是我们的目标。当我们知道自己要去的地方在哪儿的时候，接下来我们就要决定我们走哪条路，也就是我们的策略。很多管理者都定过执行策略，策略无论大小其实都是有讲究的。通过什么方法来定，定的时候有哪些影响因素，定出来的策略适不适合市场环境，目前的组织能力是否能支撑策略落实，这些都很重要。实际中，很多策略执行到一半，人们才发现执行不下去了，就是在制定策略的时候没有考虑组织能力和市场环境等问题。本节就跟大家一起探讨如何制定业务策略。

在制定业务策略时，其实有很多工具可以使用。我跟大家分享一种简单却行之有效的工具——策略制定的三位一体图。三位一体，是哪三位？即想做、可做与能做，三者互有交集。三者交集的地方被称为“该做”，也就是我们的业务执行策略。我做管理这么多年里，这个工具给了我很大的帮助。

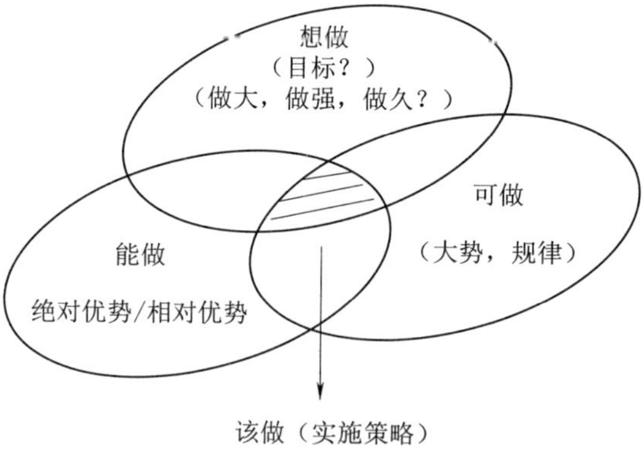

策略制定的三位一体图

什么是想做？字面意思不难理解，就是我们想要的是什么。这是我们的战略意图。其中很重要的是我们的目标是什么，因为有了目标才会有对应的执行策略，不同的目标需要不同的打法，对组织的要求也不同。

比如阿里当年有个目标是每天纳税100万元，这对团队的要求是什么？显而易见，不仅要有营收，还要有利润。所以当我们定了这个目标的时候，我们很清楚打法一定是面向企业端的，因为在那个年代只有面向企业端，才能快速产生收入。比如拼多多、美团、滴滴，它们在很长一段时间里都是亏损的，但估值很高，因为它们的目标是提升客户数，占据市场份额，只要客户数在飞涨，它们的估值就会在，所以在拉新上的投入就很大。

这是想做的第一大原则，即明确战略意图，先想明白你的目标和目标背后真正想要的东西是什么，有了这个才能有对应的打法。所以我们无论是在接受目标，还是在布置目标的时候一定要沟通目标背后真正想要的东西，如果要客户数，是要大客户，还是小客户，是要客户增长、市场占有率，还是要利润。

曾经有位老板，他拥有一家盈利不错且很稳定的工厂，同时也投资了很多公司，通过运营不同的市场品牌，收入也不错。有次他就问我："俞头，接下来我是按照这样让各个品牌继续各自为政发展下去呢，还是把品牌收回来，集团化运营呢？"我就跟他说："怎么样都行，关键是你要想明白自己想要什么，是想要做生意赚钱，还是想成就一番事业。如果赚点钱就可以了，各自为政也很好，因为每个品牌都有合伙人打理具体事务，不需要你太操心，就有很多收入。但你要是想成就一番事业，拥有很高的知名度，那就需要收一收，集中一些力量，未必要集团化运营，但控制力度还是要加强。"

想做的第二个要清晰的是客户定位，就是我们的客户到底是谁。只有明确地知道客户是谁、长什么样，我们的策略才会有针对性。所有人都是我们的客户，这是一个极其错误的认知。虽然很多企业会做客户画像，但会用很多形容词或者假设理论。什么是形容词呢？比如有些面向企业端的企业会说它们的客户是中型企业。对于什么是中型企业，很多员工在做客户拓展的时候是没概念的，不知道该怎么找这些企业，以及找到的企业到底算不算它们的客户。什么是假设理论，比如在培训行业，理论上所有的公司管理者都是我们的客户，但实际上真的是这样吗？

客户画像一定要有取舍，并用场景化的语言表述。比如中型企业，就可以说年营收在 3 000 万元到两亿元之间的企业，人数在 150 ～ 1 500 人，融资轮次在 B 轮到 E 轮。做画像的时候可以多选几个条件，条件越多客户画像就越清晰，策略制定也会越清晰，公司其他的业务动作也会更明晰。

以上是关于想做需要思考的点，但做业务就像谈恋爱，讲究看对眼，不能一厢情愿，所以我们还要分析市场环境，看看市场环境里有没有什么机会能跟我们想做的事对上眼。这就有了第二点——可做。想做是分析组织的意图，可做就是分析外部的市场环境和机会。

可做首先需要人性判断，大到战略规划，小到确定价格，都基于人性判断。其实，很多管理者在制定目标的时候都容易忽略人性。什么是基于人性的判断？比如人们不希望把时间花在低价值的事情上，所以我们才发明了很多提升效率的东西，比如洗衣机、扫地机等家用电器，还催生了像外卖、闪送这些新的商业模式。比如大多数人喜欢轻松、娱乐化的内容，所以出现了很多用讲段子的方式讲解类似法律、经济、哲学等比较深奥难懂的知识的创作者。

我有个做户外运动的学员，一开始他的公司提出希望通过跑步影响城市人的生活方式，刚开始做得还不错，但到了一定规模之后就遇到了瓶颈，还找不到原因。后来在我的管理课上，当我讲到战略、策略制定都要顺人性时，他豁然开朗了。因为对于大多数人来说，健身、跑步还是个痛苦的事情，很难长期坚持。于是他的公司就把策略改成“好玩，让中国人更好玩，带领更多人体验户外新玩法”。无论是产品线、客户群，还是执行策略，一下子都扩大了很多，业绩瓶颈也因此被打破。大家在做策略的时候要分析客户的人性，不能逆人性而为。

可做的第二部分是市场环境的动态分析。这部分主要是分析市场环境适不适合长期生存和发展，有哪些风口和机会。

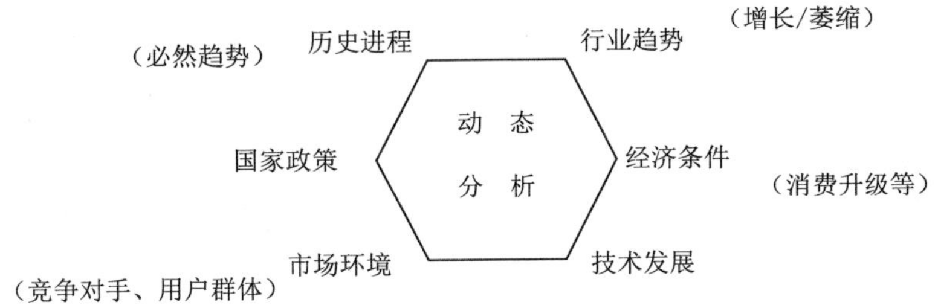

市场环境的动态分析

其一，历史进程的必然趋势。历史的车轮是不可阻挡的，我们只能顺着历史长河而行。历史也是有规律可循的。所以在这个过程中，我们需要非常清晰地知道历史的进程和规律到底是什么。我们为什么要看 10 年，定 3 年，干 1 年，背后的逻辑就在这里，管理者定策略一定要有一个判断，然后整个组织、整个公司渐进式向那个方向前进，等那个风口一来，我们就飞起来了。很多公司看起来一夜成名，融资上亿，但实际上它们在这个产业方向上已经默默耕耘很多年，只不过现在风口到了就起飞了。所以还在路上的创业者也不要着急眼热，找准我们的方向，深度扎根，默默耕耘，总有一天我们也能一夜成名。

阿里在做外贸服务的时候，首先，我们相信随着时代发展，各国之间的壁垒会逐渐降低，国家之间的往来会越来越密切。其次，在当时的环境中，冷战结束，横亘在各国之间的铁幕被掀开，我们的改革开放又正如火如荼，国内民营经济发展得很快，很多产品在国际上比较有优势，外贸一定会是一个风口。

其二，国家政策。市场中有一只看得见的手和一只看不见的手。所谓看得见的手就是国家的政策调控。我们在做企业时一定要时刻注意国家政策，因为这是对未来的一种预判，一定要看《新闻联播》，因为里面的信息直接关系到我们所做的行业是国家禁止的行业还是大力发展的行业。21世纪初，国家将“投资、消费、出口”作为拉动经济的三驾马车，并出台了相关政策，这对于外贸以及外贸服务行业是一个利好政策。再比如汽车行业，将逐步淘汰燃油车，鼓励生产新能源汽车，所以现在很多企业都开始着力新能源汽车。可是还有人加大力度做燃油车，这类公司与国家政策相违背，肯定做不好。

其三，行业趋势。也就是说，行业的下一个浪潮是什么，下一个浪潮到底在哪里，也许是传统企业的转型，也许是人工智能的应用，行业趋势如果上升，我们就可以进行发展布局。比如新兴信息产业正在上升，我们就可以探索在这个上升浪潮里我们的机会在哪里，对于培训行业来说，线上教育会是一个需要尝试布局的领域。

其四，经济条件。为什么经济条件很重要？因为经济条件决定客户的消费观念。我们现在提倡的新消费，如新中产、消费升级，用户愿意为他们喜欢的产品多付费，本质上还是他们具备了足够的消费能力。对于阿里来说，改革开放以来，民营经济快速发展，很多民营企业有了不错的收入，这个时候它们才愿意并且有能力购买阿里的外贸产品。

其五，市场环境。我们要明白竞争对手和客户群体是什么样子。阿里的早期，国家出口总额非常高，外贸企业也非常多，而且中小企业占了70%左右，阿里当时服务的就是这批做出口外贸的中小企业，所以客户群体很庞大。而且外贸服务行业在当时还算是一个蓝海，只有三四家竞争公司，并且还以服务大型企业为主。

其六，技术发展。即明确有没有什么新技术可以用或者会对我们的行业现状产生冲击。现在短视频很火的一个原因就是4G的推广，移动网络速度大幅提升，让我们无论在哪里都可以在线看视频。

当我们了解上面6个模块以后，在定策略的时候就要想清楚，我们定的哪些策略是和这些相关的，我们在哪个地方做这些事情，这些都至关重要。

能做则是站在组织内部的角度来看策略制定，看看自己的组织实力够不够硬。首先是优势，即我们的优势在哪里。大家把握这 16 个字：人无我有，人有我优，人优我精，人精我特。通过层层递进分析我们的优势。其次是取舍，因为组织的力量是有限的，特别是初期，好钢要用到刀刃上。所以策略制定也要舍九取一，比如我们是要大客户，还是小客户，针对两种客户的策略是不一样的，对组织能力的要求也不一样。当然，当我们实在没有什么优势和差异化的时候，只能拼刺刀，拼我们的组织效率。千团大战的时候，大家的商业模式基本一致，最后美团获胜的一个重要原因就是组建了一批地推铁军，开拓商家的效率最高。

大家可以看看在能做方面我们有哪些优势和差异化会影响我们的策略。

最后我们把想做、可做、能做这三点想好，画在一张图上，三者的交集之处，就是我们该做的。这时，我们要明确目标和目标背后的意义，明确我们的产品策略、区域策略和销售策略。

制定业务策略，需要综合分析想做的目标、可做的市场环境和能做的优势，三者缺一不可。

本节笔记

策略制定的三位一体图：

想做：分析组织的想法意图

- 明确的战略意图
- 清晰的客户定位

可做：分析外部市场环境和机会

- 人性判断
- 市场环境的动态分析

历史进程的必然趋势

- 国家政策
- 行业趋势
- 经济条件
- 市场环境（竞争对手、用户群体）
- 技术发展

能做：站在组织内部角度看策略制定

- 分析组织优势（16字：人无我有，人有我优，人优我精，人精我特）
- 做出取舍

03 商业模式九法：让执行策略真正落实

当有了目标、策略之后，在具体执行之前，我们还要对业务执行的几个关键节点进行细化，以保证我们的业务顺畅推进。

业务执行中有哪几个关键节点呢？在商业模式中，有一个工具叫作商业画布（由亚历山大·奥斯瓦尔德提出），我们结合这个工具和一些实际案例解析一下商业模式。商业画布有 9 个模块，即客户分析、客户价值、核心优势、关键业务、收入来源、渠道路径、客户关系、重要的合作伙伴、成本结构。这 9 个模块是业务推进的重要支柱，有了这 9 个支柱我们的业务才能稳定推进。

客户分析

客户是谁，在哪儿，有什么特征，心理诉求是什么，这几个问题必须回答。只有准确知道这些，我们在执行业务的时候才能准确找到客户。上一节中提到很多公司也会做用户画像，但描绘得往往不清晰，要想进行清晰的分析定位，就需要一些条件帮我们找到精准客户，避免资源浪费。有 4 个方法供大家参考。

其一，地域细分，即了解我们的业务到底是在哪些地方开展，沿海还是内陆，北上广深还是五线外。作为业务负责人必须确定我们打的是哪些市场，集中力量单点突破。中供铁军当时选的是杭州，而不是北京，因为杭州的民营经济比北京发达得多，客户分布比较密集，并且有足够的资金可以投放广告。当然，现在依靠互联网技术可以让一些项目跨区域运营，那也要考虑行业细分，明确哪些垂直行业是我们的客户。

其二，人文细分，即了解用户的年龄结构。中供铁军当时的客户是

25 ～ 45 岁的人，为什么不是 45 岁以上的人？因为 45 岁以上的人接受新鲜事物比较慢，而互联网是当时最前沿新鲜的东西。

其三，心理细分，即明确用户有什么心理动机。我们当时选择有闯劲、有创新、有竞争意识，渴望赢的企业家，他们希望有更多的市场订单，渴望更高的利润，想做行业龙头。有些人是创二代，他们想超过父辈，我们认为这种人有“要性”，他们愿意花钱做广告，以换取更多的订单。

我们之所以没选择北上广，从心理上还有一个原因是信息流的不对称。核心城市是以大企业和国有企业为主，它们不缺信息来源。最需要帮助的是沿海的二三线城市，它们处于信息的边缘，渴望获得更多的信息，从而赚取更多的利润，所以更需要跟阿里合作。

其四，行为细分，即用户会有哪些行为动作。我们的很多外贸客户参加过广交会，做过外贸广告，还有的人做过高速公路边上的广告，或者自家工厂做的灯箱广告，这一切都说明他们有广告意识。只要他们做过这些，就代表他们想投入广告，我们就通过这些线索寻找客户。

通过这些细分，一方面我们知道客户在哪里，就容易触达；另一方面，拜访客户的话术就可以整理出来了，比如对于有竞争意识的客户，就用同行刺激法：“隔壁老王都上了，他的资产水平、销售水平、产品质量都不如您，您比他更牛，也试试吧。”如果是投放过传统广告的客户，我们会跟客户讲互联网广告是另外一条销售渠道，而这个渠道是他的绝大多数同行还不知道的新渠道，先上的话会有先发优势，建议尝试一下。我们也可以明确要招聘的销售或商务长什么样，因为客户长什么样，他们也得长什么样，在跑客户的过程也存在“一见钟情”的情况。其实，商业模式里的所有东西都是从上到下贯穿在一起的。

客户价值

想必很多人都理解客户价值，但这里有一个误区，需要大家注意，就是我们想提供的价值未必跟用户感受到的价值一致，这中间存在很多差异。

有个耳熟能详的故事——买椟还珠，相信大家都听过，故事中卖家想出售一颗宝贵的珠子，但最终客户感受到的价值却是放珠子的盒子。这中间就存在差异。所以我们在做业务的时候一定要想明白客户需要什么、我们能提供什么。

我服务过一个集团，这个集团有很多子公司，有做教育的、有做医疗的、有做家装的。我问公司高管，公司能为客户提供什么价值，然后他分别介绍每个子公司的业务，每个都说了十几分钟。我就问他："那整个集团为客户提供什么价值？"他瞬间就蒙了，他从来没想过这个问题。后来经过分析，我帮他归纳了一点，即"让家庭生活更幸福"，因为集团的所有项目都是以家庭为基本单位的。当明确了这一点之后，整个集团的主轴也就确定了，所有的对外宣传都可以围绕"家庭幸福"进行，让用户在看到"家庭幸福"时立即想到他们公司。

你认为的客户价值是不是客户真正需求的

感知价值＝提供价值×认知因子

感知价值公式

核心优势

什么叫作优势，优势就是要打造差异化。比如我们在碰到友商的时候会遵循销售的规律：一流卖理念，二流卖价值，三流卖产品。围绕这个逻辑我们要告诉客户这里的标准是什么。比如 2001 年中供铁军刚刚成立的时候，为了开拓市场，我们就跟友商做了一下对比。当时，我们最大的友商有两个优势，一是历史悠久，做了 20 年，二是它有一本杂志很受欢迎。作为刚涉足该行业的公司，我们怎么突出自己的优势呢？当时我们跟客户讲，虽然那家公司实力很强，但互联网公司最重要的是流量，于是我们拿出很多文件，从中可以看到全球所有顶级网站的流量。我们跟客户说，在互联网世界，比的不是杂志，而是谁的流量多。然后借用一句古话“店多隆市”，也就是说流量越大，海外买家就越多，就这样说服很多客户选择购买阿里的服务。

关键业务

不同业务线的定位是不同的，我们现在最核心的业务是什么？这是需要我们思考的，因为过多的业务线是需要我们付出精力的。

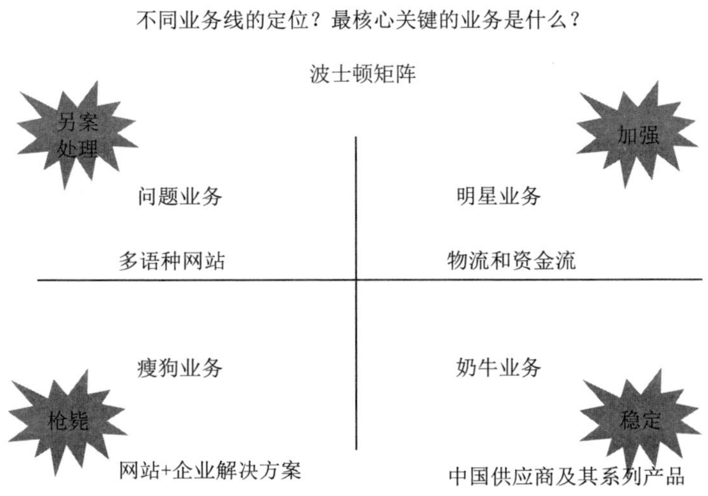

公司的业务分类

一般业务分成以下 4 类。

1. 明星业务，即未来收入可能最高，对此要加强力度。比如大家熟知的阿里云，在项目成立的前几年，每年都要投入大量资金，但始终看不到回报，项目组也经历了很多波折。一直等到四五年之后，阿里云才证明了它的意义，现在阿里云已经成长为阿里生态的重要组成部分之一。

2. 奶牛业务，就是能够稳定供应现金流的业务，对此需要持续投入精力，因为当下能否活下去很重要，对于早期的阿里来说，中供就是这样的奶牛业务，它用超强的赢利能力孵化养活了淘宝、支付宝等新业务。

3. 问题业务，即还看不到明确方向的业务。这一类业务需要公司另案处理，是继续投入资源，争取使其变成明星业务，还是将其变成瘦狗业务，直接放弃。在 21 世纪初，中供的模式已经成形。当时我们就想，也许开发一些日语、法语网站会方便海外买家询盘，于是就开发了很多个语种的网站。事实证明，这并没有带来成规模的订单，后来就把它们拿掉了。

4. 瘦狗业务。完全错误的业务需要立刻停止，比如当初中供做的物流海外仓、海外展厅，上线一两个月就直接拿掉了。

收入来源

做企业不是做慈善，最终我们要靠收入养活团队，所以我们一定要想明白我们的收入来自哪里。其中很关键的是我们产品的定价，一个好的定价策略能够大幅提升销量。如何定一个好价格，需要考虑营销目标、营销策略、竞争对手、组织情况和用户心理等多个因素。这里，我们讲一下客户心理与定价的关系。举个案例，当初中供铁军在卖网站排名的时候，第一名卖 12 万元，第二名卖 6 万元。大多数人都愿意买第二名，因为这样很划算。那么第一名什么时候很紧俏呢？就是当行业的龙头出现的时候，它们上来就会问第一名多少钱，它们只会做第一名。我们当年也有一个相应的话术："大家都知道美国总统是谁，但很少有人知道副总统是谁。"第一代表的是一种身份，也有极大的品牌价值和知名度。当买了第一名的客户在跟它们的客户交流的时候，可以拿我们的排名给客户看："你看，我们是行业第一名。"这就是客户心理与定价的关系。

当然，围绕定价与客户心理，我们也可以整理出相应的销售话术。对于不同价格区间、不同心理诉求的客户都要有相应的话术。

商业模式之所以重要，就是因为它会贯穿于业务全局，所以所有管理者都要想明白自己的商业模式，并且在员工执行业务的过程中不断迭代更新。

渠道路径

渠道的选择通常跟用户对产品的熟悉程度直接关联。比如产品的定价，中供铁军在 2003 年只有一款产品——中国供应商，定价分为 4 万元和 6 万元，还是比较贵的。客户不会轻易相信，必须面对面沟通。面对面的时候也有两个选择，一是直销，二是通过渠道加盟商。当时我们选的是直销，原因有三个：第一，我们要建立自己的护城河，只有直销才能建立门槛，别人不能轻易跨越；第二，当年我们的产品还是比较复杂的，有一些定制化的东西，不太适合交给渠道加盟商；第三，我们认为在自己还没有销售经验时是不适合开发渠道加盟商的，因为要想通过渠道加盟商获取结果，就要不断地对渠道加盟商进行培训赋能，帮助它们解决开拓客户时遇到的疑难问题。但是如果我们自己不跑一遍，都不知道客户可能遇到哪些问题，怎么对渠道加盟商进行培训赋能呢？

阿里的另外一个产品——诚信通，是做内贸服务的。它之所以选择电话营销，就是因为诚信通的客单价比较低，只有几千元，通过电话还是能获取客户的信任的。现在，互联网提供的工具更多了，像网络销售、社群、自媒体等，效率也更高了。采用哪种路径要根据用户习惯、组织自身和产品属性一起考虑。就产品来说，产品越简单、解释成本越低越容易被用户理解，越容易大规模复制，也越适合用渠道，比如日用品、烟酒。产品越复杂，需要跟客户解释的越多，越需要用直销。但也有很多特例，比如在培训行业，一些定制化的内训项目是可以采用渠道商进行销售的，但这就要求渠道商本身有一定的专业知识，双方的配合要十分紧密。总的来说，采取什么样的渠道合作方式还需要根据行业、组织习惯综合考虑。

客户关系

早期企业与客户的关系是以卖方为主，企业卖产品，客户掏钱购买，比如早期的汽车。后来市场上的产品越来越多了，客户选择的空间越来越大，为了让客户购买产品，企业就需要更多的个性化，以符合客户的心理，并且提供更好的服务，通过服务让客户付费。再到后来，两者就成了共生关系。像小米的用户，不仅会购买小米手机，还会参与小米手机研发，与小米一同打磨产品。所以小米手机上市时就有很多人抢购，因为这些手机是他们参与研发的。

重要的合作伙伴

也就是开展业务的时候哪些对象是可以帮助我们的，也许是渠道商，也许是政府，也许是市场中的 KOC（关键意见消费者），通过他们分别可以获得什么资源，这些我们要想好。

成本结构

成本结构里不仅仅是客户的购买成本，还有我们的成本。公司可以采用两类模式，一是人海战术，二是精英策略。人海战术就是在全国迅速铺开，团队迅速扩大，抢占市场。精英策略就是注意人员成本结构，人均产出要高。精英策略考虑的是管理成本，人海战术考虑的是时间成本。两者各有优劣，管理者要根据自身的情况和战略意图做决策。业务执行过程中很重要的是明确自己到底想要什么，这个问题想明白了，所有的执行体系才能铺开。

以上就是支撑业务落实的 9 个部分，作为企业管理者，要想让企业业务稳定落实必须认真研究这 9 个模块。

本节笔记

商业模式九法：

用户分析

- 地域细分
- 人文细分
- 心理细分
- 行为细分

客户价值

核心优势

关键业务

- 明星业务
- “奶牛”业务
- 问题业务
- 瘦狗业务

收入来源

渠道路径

客户关系

重要的合作伙伴

成本结构

- 人海战术：全国迅速铺开，团队迅速扩大，抢占市场——注重时间成本
- 精英策略：很注意人员成本结构，人均产出要高——注重管理成本

3

搭班子：

组织架构够敏捷，
业务才能跑得快

马云曾说，宁愿要三流的战略加上一流的组织，也不要一流的战略、三流的组织。也就是说，再好的战略方针，没有好的组织落实也得不到好的结果。

在企业的成长过程中，业务是边打边摸索、逐渐成熟起来的。但谈到组织架构，特别是初创公司的组织架构，却往往一团糟。这是因为组织架构需要体系化建设，其中有很多细节和方法，而大多数初创公司的高管团队并没有在这方面受过系统化培训。离开阿里后，我做过一段时间风险投资，投了很多商业模式不错的企业，但很遗憾，很多商业模式不错的企业，因为组织建设造成的瓶颈，做着做着就没了。这也是后来我决定投身企业培训的主要原因。

我希望借由走过的弯路、积累的成功经验，总结一些方法论和体系框架，帮助创业者解决组织建设难题。我们在第 2 章讲述了目标、策略与模式，从第 3 章到第 5 章，我们将分别讲述组织架构设计、人才盘点与招募、员工管理与绩效考核，希望可以帮大家解决组织建设问题。

01 符合业务的组织架构设计

公司创立初期人比较少，通常分工比较随意，大家各领一摊子事，有了新任务，领导觉得谁适合就直接交给他，没有什么部门架构、职能划分，授权汇报也是领导一手抓，有什么问题也是跟老板协商就行，简洁高效。随着组织成员和业务量渐渐增多，如果再用粗放式的管理，团队的权利和责任就会比较混乱，会影响效率。这时就需要设计组织架构，明确汇报关系和岗位职责，从而提升组织效率。关于组织架构设计，首先要知道两个原则。

1. 自上而下和自下而上要结合。酵母商学院把企业管理涉及的板块，以及这些板块彼此之间的联系归纳在一起，做了一张工具图，我们称之为酵母管理天地图。在图的左边有两个箭头代表企业运营的两个驱动力，一条自上而下的是使命驱动，代表企业的使命愿景，是企业创始人对未来的思考。在做组织设计的时候就需要考虑为了走到那一步，组织需要具备什么能力。另一条自下而上的是用户驱动，是我们的用户想要什么，反映到组织上就是为了满足用户的需求，组织要具备哪些东西。当然这里的用户，同样也包括我们内部的员工。企业管理中无论是定战略，还是做组织架构设计，都需要将这两大驱动力结合起来考虑。

如果只考虑使命驱动，只考虑自己想要的东西，脱离用户的需求，用户很可能就不买你的账。如果只考虑用户驱动，在市场短期利益面前没有自己的坚守，就会失去自己的能动性，容易被市场带偏。在商业中，永远不缺赚钱的机会，面对利益的诱惑，知道不做什么往往比知道要做什么更重要。这一点其实就是很多公司在业务多元化过程中走向消亡的重要原因之一。

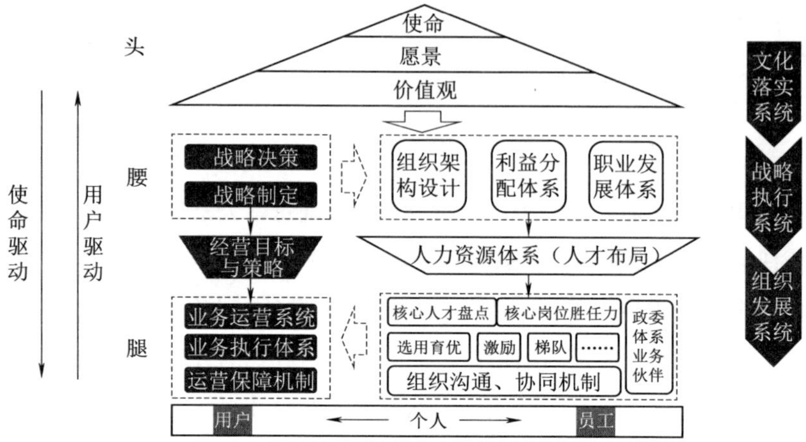

酵母管理天地图

改革开放之后，民营企业如浪花般涌现。在这些企业中有一家曾经辉煌至极，即太阳神集团。太阳神集团创立于 1988 年，1993 年，其营收已经突破 10 亿元。此时四大门户网站都还没诞生，更不用说阿里和腾讯了。这个业绩无异于今日的阿里和腾讯。但也许是快速增长的业绩给了高层太多的信心，太阳神开始进行快速的多元化进程。在两年的时间内，涉足房地产、石油、酒店、电子等 20 多个行业，并在全国进行大量的投资并购活动。在快速的行业扩张中，一方面资金、资源被摊薄，无法集中兵力；另一方面人才跟不上，在内部很多缺乏经验的人被强行提拔上来，造成管理混乱，又从外部招聘大量的新人，新老员工之间没有互相融合，内部陷入一片混乱。种种因素影响之下，自 1994 年开始，公司营收快速下降。到 1996 年，公司出现每年高达 1.5 亿元的连续亏损，原本前途无量的企业自此跌落神坛。

在自上而下和自下而上的结合上，阿里做得还是比较成功的。一方面，阿里的发展始终是围绕“让天下没有难做的生意”这一使命进行的，所以大家看阿里的主要业务——中供、诚信通、淘宝等产品都是围绕交易和企业服务场景进行的。另一方面，在具体落实的过程中，阿里又会从客户的需求和痛点出发，以“如何为客户创造价值，提升服务”为出发点。阿里会思考为了满足客户的需求，应该有什么业务，业务背后需要什么组织架构支撑。比如中供的诞生就是为了解决中小企业的外贸订单问题。中供的产品属性又决定我们必须采用直销模式。在发展过程中，我们发现企业在内贸上同样有需求，所以就有了另一款让生意更好做的产品——诚信通。诚信通的产品属性又决定了它必须采用电话营销。

自上而下和自下而上就如同太极里的阴阳，关键在于两者相辅相成，缺一不可。

2. 组织架构设计要保留弹性，也就是要跳出 KPI 做正确的事。很多企业在做组织设计的时候会有详细的制度条款，有严格的职权划分，明确划分某些工作只能由哪些部门来做，以及统一的指挥原则。我们称这种组织为刚性组织。这样设计的组织架构简单明了，在市场环境不变的情况下，效率也会比较高，因为所有流程都是标准的，只要按照流程走就可以了。但正因为都是固定的标准，一旦市场环境变化过快，组织就可能来不及反应。

21 世纪初，淘宝在跟 eBay（亿贝）打仗的时候，胜出的关键因素之一，就是我们在组织上充分授权，保留了更高的弹性。当市场端有新的需求和客户问题的时候，淘宝小二无须审批，可以立马做决定，解决问题，但是在 eBay 就需要走一套完整的流程。客服发现问题需要写成案例，通过邮件发送到美国总部，经过层层商讨决议审批，解决方案才能回传到国内，这个周期最快也需要一个星期。在效率的反差下，这场战争最终以 eBay 退出中国告终。

所以，在市场环境快速变化的时候，组织一定要保持弹性，不能把所有东西全部框死，这样才能适应市场的冲击力。

以上是组织设计的两个原则，即上下结合和保留弹性。那么，组织架构设计有哪些步骤呢？我将组织架构的设计过程归纳成五步，也就是组织架构设计五部曲：业务分析，组织设计，岗位设置，人才盘点，运营机制。

本节我们先来讲一下业务分析，即如何通过业务分析画出流程图。

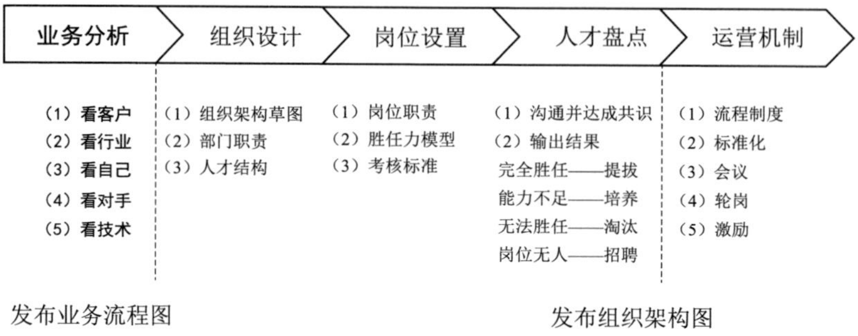

组织架构设计五部曲之业务分析

组织存在的目的在于完成业务，所以要做组织设计必须先画出业务流程图，这样才能让设计出来的组织架构匹配业务。要画业务流程图需要看五样东西：一看客户，二看行业，三看自己，四看对手，五看技术。我们称之为“业务五看”。

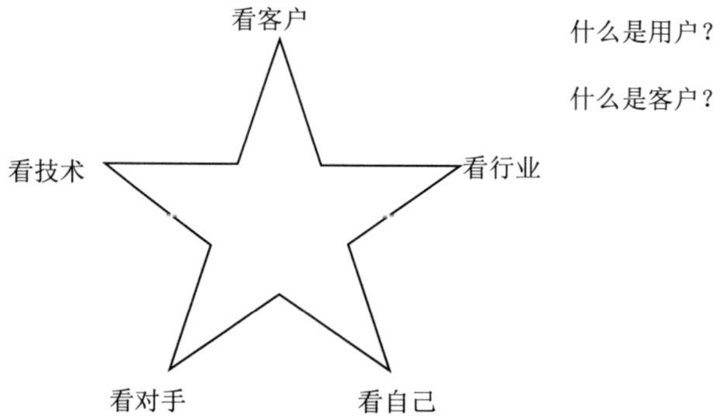

业务五看

第一，看客户。客户是所有业务的起点、中心和终点，如果离开客户需求谈组织设计，无异于盖房子不打地基，风一吹，房子就倒了。在看客户时有以下 4 个维度。

1. 客户是谁、客户画像是什么。在跟客户接触时，“一见钟情”同样存在。客户是什么样，我们的团队也要长什么样，特别是在前线。比如在户外行业，客户都比较爱玩，如果员工不够有趣，就会与客户产生隔阂。

2. 客户在哪里，怎么触达客户。关于客户在哪里，不仅要考虑线下的聚合，还要考虑线上的特点。比如客户喜欢逛哪些网站、论坛？喜欢看短视频，还是购物网站？在客户聚集的地方我们要有对应的部门负责接触客户。

3. 向客户提供什么服务，建立怎样的客户关系，是一次性买卖，还是长期陪伴，这背后的组织设计是不一样的。一次性买卖，环节比较少，流程比较简单，部门也比较少。长期陪伴需要的环节比较多，每个环节都需要对应的部门负责，流程与组织就比较复杂。

4. 反应，即如何在组织允许的前提下对客户要求做出高效的反应。因为现在来看，客户很容易获取市场信息，对产品的选择也更多，如果我们的反应不够快，就很容易丧失客户。在服务客户的过程中，决策反应的快慢决定了在这个过程当中客户的满意度。例如，我们在淘宝买东西，如果店铺客服过好久才回复我们的信息，那我们还会在这家店购物吗？

第二，看行业。跟定策略一样，我们在做组织架构的时候也需要进行动态分析，分析行业的发展趋势。比如市场红利的迁移，是往线上还是往线下？在一二线还是五线外？每一种情况，都需要相对应的组织能力作为支撑。关于如何做动态分析，我在第 2 章第 2 节已经详细讲解，这里不再赘述。

看完客户和行业，接着就要看自己。看自己分为两部分，一是产品形态，二是组织能力。

产品形态要注意以下三条。

1. 产品的标准化程度决定组织架构的横纵关联。如果产品是标准化的，那么组织架构的纵向关联就紧密，如很多流水线工厂的上下层级就比较紧密。如果产品是定制化的，组织里面不同部门的横向联系就必须紧密，因为定制化的产品需要不同部门深入合作才可以进行，这时候组织就需要扁平化。

2. 市场要求的响应速度决定组织的扁平化程度。响应速度要求越快，组织里的决策层级就越少，扁平化程度就越高。

3. 产品比拼的优势决定组织架构的复杂程度。如果优势是价值含量，如一些高科技公司，它的组织架构就比较复杂。如果优势是成本，那就越简单越好，越简单效率越高，成本优势越明显。

看自己里面除了看产品形态，还要看公司的组织能力，要注意以下两点。

1. 组织发展阶段。要明确你的企业现在处于什么阶段，是初创阶段，还是快速发展阶段或生存阶段。每个阶段的核心工作不一样，经营目标也不同，比如初创公司的核心是生存，所以组织架构上肯定是需要扁平化的，做决策以创始人为主，保证最高效率。当组织越来越大，分工越来越多时，组织架构就要按照职能进行明确分类，也会从中央集权逐渐向下授权。组织驱动力也会从管理者驱动变为“流程驱动”、“制度渠道驱动”和“文化愿景驱动”。

2. 资源现状和优势是什么。比如，公司现在工作量很大，但是创业初期，资金少，也就五六个人，组织架构里面只能一专多能，一个人负责很多事，这就是现状。所以，如果忽视资源现状和发展阶段去做组织设计纯粹是天方夜谭。初创阶段什么最重要？生存，在没有钱的时候，扁平化、纵深都没用，重要的是生存，拿钱。

第四，看对手。需要看对手的几个方面，他们的战略目标是什么，市场策略是什么，产品是什么，价格体系和占有率怎么样。当然最重要的是，我们要揣摩一下对手的创始人和团队的基因是什么。创始人是什么出身，喜好什么，当你们展开竞争的时候，他会怎样决策。这些是我们必须看到的，因为只有看到了，我们才能揣摩他在这些过程中有可能采取什么策略。很多大公司专门有这样的部门，比如阿里有商业智能部。这些部门专门研究竞争对手。关于商业智能部的具体职能我们在下一节会分析。

第五，看技术，我们要看未来的技术到底是什么。这非常重要，也就是说未来的技术决定了现在的产品方向，决定了我们现在要不要转型。比如我们有个学员，他的公司是生产客服机器人的，主要应用场景是淘宝店铺等网商。客户提的很多问题他的产品都能直接解答，有家企业通过使用他们的客服机器人，节省了50名左右的客服人力。当这样的技术被应用后，以后还需要招聘很多客服吗？

以上就是“业务五看”。分析完这五个问题，我们以客户为中心，以使命愿景为方向，在过程中充分考虑我们的组织能力、竞争对手和行业变化，就可以画业务流程图了。

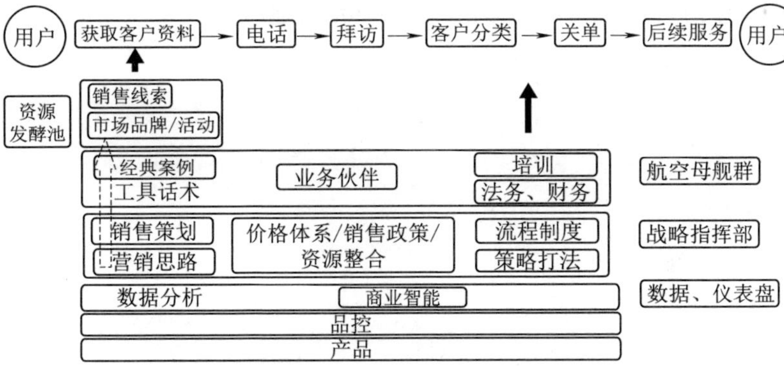

根据“业务五看”梳理出的中供铁军业务流程

这是一张简化版的中供业务流程图。这张图是怎么来的呢？结合“业务五看”为大家分析一下。

1. 看用户。这张图里我们以接触用户为始，持续服务为终，在更详细的版本里会标明从哪几个地方可以获取客户信息、如何根据客户类型有效拜访沟通。

2. 看自己。中供的产品是标化的产品，而且产品端是由单独的部门负责，部门之间也不需要太多协同。组织上，组织规模也比较小，还处于生存阶段，这就要求流程一定要简洁高效，保证效率最大化。所以最终大家可以看到业务流程的主轴一目了然，没有太多复杂的步骤（详细版本里也只是在这六个大步骤下进行细化）。只有简单，才可以保证资源的有效利用和效率的最大化。比如在做培训的时候，我们只需要对这六个步骤做深入研究和培训，不需要把资源投到太多地方。

3. 看对手和看技术。在这张图里两者是统一的，因为要分析对手就需要商业智能和数据分析，这些在 2000 年的时候还是比较新颖的技术。

所以最终我们就形成了以用户为主轴，全军赋能业务、高效简洁的业务流程。业务流程不仅仅是组织架构的基础，还是整个业务运营的基础。当有了业务流之后，无论是追过程，还是做培训、做赋能，我们都有了抓手。关于这一点，我们会在第 6 章详细讲述。

本节笔记

从业务出发制定组织架构：

组织架构设计的两个原则

- 自上而下和自下而上要结合——使命驱动和用户驱动相结合
- 保留弹性——要跳出 KPI 做正确的事

组织架构设计五部曲

- 业务分析
- 组织设计
- 岗位设置
- 人才盘点
- 运营机制

业务五看

- 第一，看客户
  - 客户是谁、客户画像是什么
  - 客户在哪里，怎样触达
  - 向客户提供什么服务，建立怎样的客户关系
  - 如何对客户要求做出高效的反应
- 第二，看行业
- 第三，看自己
  - 产品形态
    - 产品的标准化程度决定组织架构的横纵关联
      - 产品标准化，组织架构的纵向关系就紧密
      - 产品定制化，组织架构的横向关系就紧密
    - 市场要求的响应速度决定组织的扁平化程度

            - 响应速度越高，组织的决策层级就越少，组织的扁平化程度就越高
        - 产品比拼的优势决定组织架构的复杂程度
            - 比拼价值含量，组织架构就复杂
            - 比拼成本优势，组织架构就简单
    - 公司组织能力
        - 组织发展阶段
        - 资源现状和优势
- 第四，看对手
    - 战略目标
    - 市场策略
    - 产品
    - 价格体系
    - 占有率
    - 创始人和团队的基因、出身、爱好等
- 第五，看技术
    - 未来的技术决定了现在的产品方向

02 用大中台 武装业务前线

近些年有个词很火——“中台”。一时间，谈战略必谈定位，谈组织必谈中台，仿佛不知道中台就会被人鄙视。但当落实到具体操作上，如何搭建自己的中台、如何通过中台赋能业务，好像很少有人知道怎么做。所以本节我顺着组织架构五部曲往下，以中供铁军为案例，分享如何搭建业务中台，以及如何确定部门和部门职责。

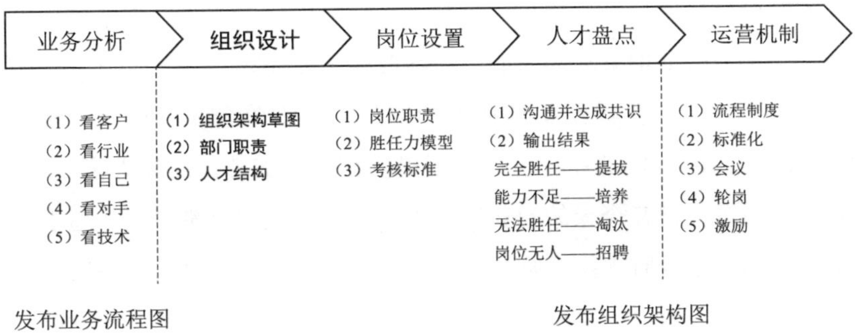

组织架构设计五部曲之组织设计

首先，什么是中台？中台起源于美军特种部队，随着世界格局的推演，以巷战、丛林战为主的小规模战斗取代了原本二战时期大规模的阵地战。特别是在伊拉克战争中，基地组织网络化组织、小规模的战斗方式让美军吃了大亏，单月阵亡超过千人，甚至超过跟正规军交战的损失。后来美军驻伊拉克联合特种作战部司令斯坦利·麦克里斯特尔做了深入分析，发现主要问题出在美军的组织结构上。美军组织结构太过庞大臃肿，内部层级森严，流程烦琐，彼此之间也欠缺信任。比如后方的情报局截获了主要情报，发现基地分子行踪，就申请无人机轰炸，但这需要冗长的审批流程，等审批流程走完后，基地分子早就撤走了。再比如前线截获加密信息，需要后方进行解密分析，但信息传输到后方却无人负责，石沉大海，等有人想起来之后，信息早就过时了。类似的案例比比皆是，这给美军造成了巨大损失。

所以要想取得胜利，在组织内部必须打破不同部门之间的壁垒，提升协作效率，执行操作时战斗团队要足够灵活，“聚则能战，散则不见”。而且军队内部要有足够的授权，以便及时调动强大的炮火支援。最终，中台概念应运而生。在中台概念下，参战单位从师团变成了以连排为单位的小规模部队，特别是特种部队。美军特种部队在作战时，一般以 10 人的特种作战小组在战斗的最前沿侦察，独立决策，一旦发现目标，迅速呼叫强大的航母群发射导弹、炮火对目标进行毁灭性打击。当应用了这种模式之后，美军一改前期被动的局面，最终改变了战局。

回到组织上，传统组织结构中把部门划分为前台和后台。前台一般就是销售部门，直接拿业务。后台则提供相应的支持，比如人事、财务、技术、产品等。但在今天的商业环境中，唯一不变的就是变化，追求稳定的后台部门很难及时支持面临急速变化的前台。组织不能及时响应，就会错失很多机会。所以一定要有一个部门站在前台和后台中间，作为前台和后台的缓冲带，可以把后台稳定的资源转化为前台可以使用的资源，这个部门就是中台。所谓中台，简单来说，就是可以将后台各式各样的资源转化为前台易于使用的武器弹药，从而帮助我们打赢这场以用户为中心的战争的平台。

2015 年，阿里 CEO（首席执行官）张勇正式从集团层面提出了“大中台、小前台”的中台战略，通过将原本分散到各个业务的支持部门，比如技术部门、数据部门集中到一起，大幅降低支持部门的重复投资建设。而原本分散的支持部门聚合在一起后可以进行快速的服务迭代，更高效地支撑前线。从此中台渐入国内企业家的视野。

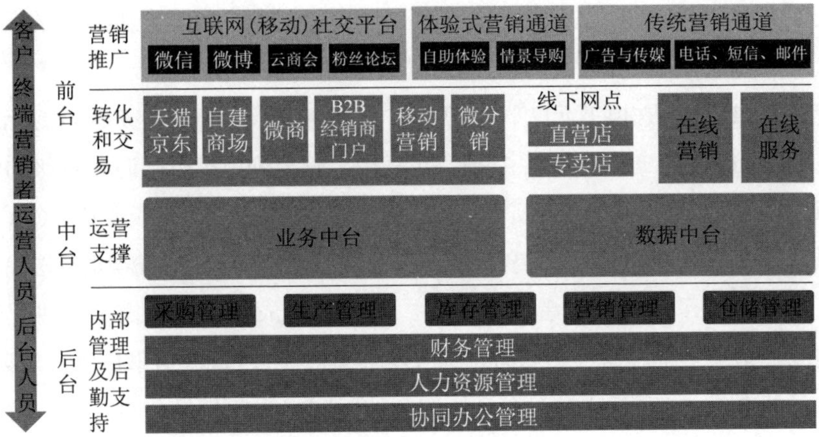

阿里中台战略图

虽然中台战略是2015年正式以集团层面提出，但在中供铁军内部很早就有了“中台”的雏形。当时我们所有的支持部门的职能都是围绕前线业务展开的，通过中后台部门的全力支持，极大地提升了业务部门的效率。

在中台的建设过程中有五个核心思想是需要大家注意的。

第一，客户第一。这是基础，也就是说，我们所有的努力都是以提高客户的体验服务为最终目的进行的，我们的行为习惯必须适应客户的行为习惯。

第二，赋能而非管控。这是原则，在中台建设的环节中会存在误解和博弈。所谓误解就是有些公司认为中台是高于前台的，中台把所有的规则、流程、制度制定好，前台只要照做就行。但这样做就违背了中台的初衷——提升前台的战斗力，因为最能感受到市场变化的是前台。所以中台的职责一定是赋能，而非管控。当然，中台一定要守住一些底线，不能让前线因为追求业绩而越界。这就是前台和中台的博弈——中台干预业务的界限到底在哪里？通常来说，中台要用整体视角做决策，比如要守住价值观的底线，以及公司整体的利润率、价格体系，不能因为局部利益打乱整体计划。

第三，前线要有授权，让听得见炮火的人做决定。中台建设的一个难点在于前线如何快速调动资源，这就需要对前线充分授权。我们根据前线的大小给予不同等级的授权。我们把公司资源划分成ABCD四个等级，比如在广告费用上，D级就是10万元以下的费用，C级是30万元以下，B级是50万元以下，50万元以上就是A级。在业务过程中主管无须审批可以调动D级的资源，经理可以直接调动C级资源，总监可以调动B级资源，A级资源则必须上报总经理。这些制度都必须提前设定好，随着业务执行的具体情况进行迭代。

同时为了避免管理者滥用职权，对公司造成损失，就需要一些配套制度。第一个制度叫“事后问责制”，虽然事前无须审批，但事后要有复盘，每月的Review里要针对上个月的资源使用和产出比例做复盘分析，发现问题及时纠正。第二个制度叫“价值观来托底”，通过价值观的落实避免管理者滥用职权。第三个制度叫“要有智能化看板”，这一制度也正是中台建设的第四个核心思想。

第四，总部要有看板，也就是整个公司要有一个智能化看板，能将公司所有的资源列在上面。通过看板可以清晰地看到哪些资源是空缺的，哪些资源是被占用的，哪些地区使用资源超标了。这样管理起来就能一目了然。这是内部看板，除此之外，还要有外部看板。也就是通过对市场数据的检测、分析及时感应市场变化，从而快速制定决策。在美团和饿了么的一次关键战役中，实际上饿了么刚刚发起活动，美团的中台就通过数据看板第一时间发现了市场异动，并紧急召集相关部门制定策略，配合一线快速实施，最终整个战役在一个小区域内就打完了，中台功不可没。

第五，善用双线汇报。在公司的事业线比较多的时候，有些职能就必须下沉到区域或者事业线。这时候就需要双线汇报，通常就是一条实线，一条虚线。实线可以理解为直接掌控，可以对下属做考核。虚线就是在某些业务上进行合作，接受虚线汇报上级的指挥。通常财务、法务、人事、品控这些关乎企业根本的要实线汇报到公司总部的中台，虚线汇报到区域或子事业线。一些需要紧跟市场变化的部门，像运营部门可以看公司情况实线汇报到区域，受区域直接管理，虚线汇报到总部，接受总部的监督与辅导。当然，当组织发展到更大的规模时甚至会出现三线汇报，那就不在本书的探讨范围了。

以上就是中台搭建的五个核心思想。接下来，我结合中供铁军某一时期的组织建设情况举例说明一下。

首先是前线部门。前线以 10 人为一个作战小组，每个小组配一名主管。10 个小组形成一个小区域，10 个小区域构成一个大区，大区汇报到总经理那里。部分市场大的大区可能会有 13 ～ 14 个小区域，管理上也会多一名大区副总经理，协助大区总经理。有了前线之后，接下来就要根据业务流程图陈列相应的功能，并建设提供工作支持的部门。

对应业务流程图。业务流程的开端很重要的是获取客户资料，有了资料之后，我们要通过打电话、上门拜访与客户建立联系，然后对客户进行分类并采取不同的策略。最后是签单和售后服务环节，所以为了推进业务流程的稳步进行，要有哪些部门进行支持呢？

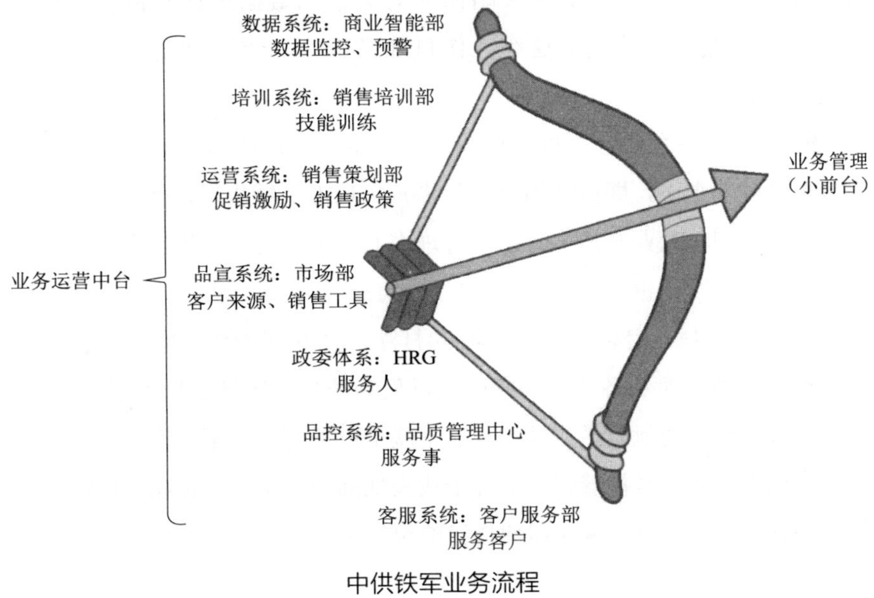

中供铁军业务流程

第一步，客户资料如何获取？这就需要市场部门获取销售线索。理顺这一点之后，市场部门的核心职责就清晰了，即通过自己的运营，为销售团队获取客户资料和提升公司品牌知名度提供支持，降低销售对于陌生客户的解释成本。

第二步，如果有了潜在客户资料，销售部门就要打电话开发客户，打电话就需要用到跟进工具和销售话术。这由哪个部门进行支持呢？答案是培训部门。

第三步，不同的客户进来以后就要对客户的数据进行分析。碰到大客户应该怎么跟进？小客户应该怎么跟进？什么样的拜访效率更高效快捷？这些都需要销售运营部提供支持。

第四步，到了拜访环节，在客户拜访的时候需要相关的流程制度、价格体系和销售政策，这就需要运营策划部整理。

当然，在所有的业务流程中，我们都要及时关注人的发展和团队思想文化建设。这个工作由谁来做？就是我们的业务合作伙伴——政委。除了人之外，制定业务策略需要对大量的数据进行分析，从而制定出理性、科学的策略。这个工作量非常庞大，该由谁支持？自然是商业智能部。

所以围绕整个业务流程和前线工作，中台部门的组织架构和彼此的汇报关系就清晰了，即围绕销售部门搭建市场部、销售培训部、销售运营部、政委部门、商业智能部、品质管理中心、后台总经理等。到这里，我们的组织架构草图也就出来了。

所以这就是一套以客户为中心的打法，全军赋能内部客户，也就是业务部门，通过对业务部门的赋能，以更高的效率服务我们外部的客户。这样对于客户来说就是最方便的。这个就是自下而上的组织设计。讲完了部门的由来，我们紧接着就针对几个代表性部门的部门职责和工作内容进行一些详细介绍，供大家在搭建自己的组织时参考。

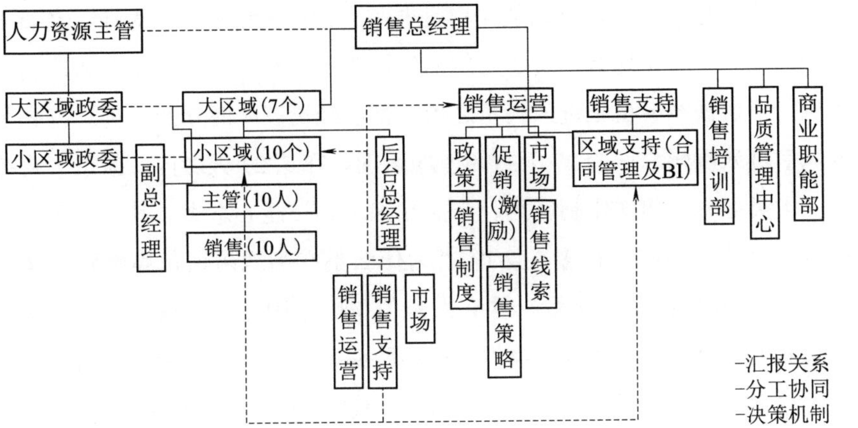

中供铁军业务架构

1. 商业智能部，也就是我们通常所说的数据部门。这个部门存在的使命就是为业务部门做正确的决策，部门定位就是为业务发展提供数据和商业分析支持，部门职责就是通过市场研究和业务分析，挖掘客户需求，发现业务运营过程中的问题和机会，为业务发展提供策略和决策依据。同时，针对前线的业务指标也会有相应的数据模型，能够不出办公室，就能知道全国所有业务的营收、市场活动、风控反馈等数据，可以说数据部门就是战争中行军打仗的数据仪表盘。

2. 销售培训部。顾名思义，这是为组织成员提供培训的部门。阿里的培训分为两大块。第一，M2 以下人员的培训，叫作 POD（People and Organization Development，人员与组织发展），主要以技能培训为主，比如销售技能和基层管理技能。第二，M2 以上是 OD（Organization Development，组织发展），研究的是整个组织的未来发展，组织中每一个人都很有能力，可是凑在一起不一定有能力，因为当每一个人都很有能力的时候，一个团队有可能出现好几个意见领袖，每一个人都很有主见、很有前瞻性，互相之间谁都不服谁。如何将这么一群非常牛的人整合在一起，在冲突中形成和谐，这就是 OD 的作用。

阿里发展到今天，培训的作用是非常大的，无论是百年大计、老员工回炉，还是主管论坛等，对于组织的发展都是很有帮助的。拿新入职员工为例，中供铁军新员工进入阿里之后，都会经历三个时期的培训。首先是入职后进入杭州总部的 27 天封闭专职培训。在这 27 天之内，新员工将接触三大类内容，即文化制度类、产品知识类、技能心态类，其中以文化类内容居多，占 40%。很多人会说："为什么不在当地培训？集中到总部成本太高。"从实践角度来看，这么做是值得的，因为我们只有保证文化价值观的上下统一，才能保证组织发展不跑偏。同时，我们会在培训期间加入各种考试和实战演练，不合格的员工会被淘汰。所以一整套培训下来，我们的新人才知道正确的服务理念和销售技能应该如何发挥。在老员工中，我们在入职的不同时间里也会有相应的培训。

3. 销售运营部。销售运营部主要承担三个职责。一是准备销售资料及工具。当新的产品出来时，销售运营部要结合市场和研发的建议，设计出能够突出产品价值、被客户轻易理解的产品资料，常见的有海报、公众号等。二是制定销售制度。在向客户售卖的时候，我们需要一系列促销政策、激励措施，这些工作都由销售运营部承担。三是提升销售效率。也就是说，销售运营部要通过对新工具的使用或者对成功经验的梳理提升全员的效率。新工具，比如新的 CRM（客户关系管理）系统和会议营销系统。成功经验的分享则是对顶级销售进行分析，总结他们的话术、行为、作息习惯，以及跟客户对话过程中的细节、技巧。这些东西其实是需要销售运营部进行总结、分析，然后进行全员推广的。

4. 品质管理中心。如果你买过商业保险，很有可能在买完后会有客服进行电话回访："您好，我们的合同第三款里的规定，您知道不知道？"这个步骤，就是公司的品质管理中心来确认业务人员有没有故意欺瞒客户的情况。在中供铁军，为了保证销售人员都能认真拜访客户，不做虚假拜访，伪造拜访记录糊弄公司，从而违反价值观，我们的品质管理中心会根据销售人员的 CRM 记录进行客户回访，以确定销售人员当天到底拜访了客户了没有，讲了什么。一旦客户反馈：“今天没有人来拜访我。”对应的销售人员就会被判定为“虚假拜访”，并立即离职，因为虚假拜访是我们的高压线之一。品质管理中心的这个动作就是防患于未然，避免销售人员为了业绩铤而走险触碰价值观高压线，伪造记录。所以品质管理中心的职责就是防范销售做违规和被客户严重投诉的事情，同时做好调研，基本上一个大区会配备一个品质管理人员。

5. 后台总经理。在业务推进的过程中，由于各大区的市场都会有差异，总部制定的资料、策略等不一定适应当地的实际情况，所以中台的某些功能就需要下沉到大区。在每个大区都需要有人根据总部的政策制定符合本区域的管理制度。这些人归谁管呢？后台总经理。后台总经理承接了总部后台的职能，负责根据本区域的具体情况，制定符合区域需要的政策，他向各大区总经理进行汇报，而他下面的运营部门则是双线汇报，实线汇报给后台总经理，受他直接管理，虚线汇报到总部的运营部门，受总部辅导、监督与支持。后台总经理不同于业务的区域经理的一个地方在于他要同时管几个部门，在这个过程中会提升他的多兵种指挥、协调能力，所以一般后台总经理是大区总经理的候选人。

当然还有一个非常重要的职位——政委，他对阿里的发展起到极其重要的作用，我在下一节会详细讲解。

本节笔记

搭建中台的五个核心思想：

客户第一

赋能而非管控

前线要有授权

总部要有看板

善用双线汇报

由业务流程环节推导出所需搭建的部门及相应职责（以中供中台为例）：

获取潜在客户资料→市场部→降低销售对于陌生客户的解释成本

联系、开发客户→培训部→进行客户跟进工具和销售话术的培训

客户数据分析→销售运营部→分析客户数据，提供不同客户的跟进策略，提高销售的拜访效率

客户拜访→销售运营部→整理客户拜访所需的相关流程制度、价格体系和销售政策等

政委→人的发展和团队思想文化建设

商业智能部→分析庞大数据并制定业务策略

中供中台的几个代表性部门：

智能商业部

销售培训部

销售运营部

品质管理中心

后台总经理

政委

03 解密 赋能业务的阿里政委体系

相信很多人都看过一部叫作《亮剑》的电视剧，剧中主角李云龙是团长，指挥战斗能力很强，能指挥团队取得很好的结果，但是属于野路子，无论是个人行为，还是团队管理风格，江湖气息都比较重，首长们对他都很头疼。直到另一个角色赵刚出现，情形才有所改变。赵刚是政委，负责军队的思想建设。而且他接受上一级领导，不需要听李云龙的命令，甚至可以批评李云龙。有了这样一个思想上的搭档之后，我们发现李云龙犯的错越来越少，而且觉悟越来越高，因为有人给他做思想工作。当人的思想对了，他做出来的事情就基本不会出错。

军队是这样，公司也一样。业务管理者作为业绩产出的第一责任人，在追业绩的时候，很容易忽略团队里有关人的工作，比如员工的个人成长、团队的文化建设，特别是当业绩压力大的时候，更是如此。这些关于人的事情短期可能不会对业务发展产生影响，但会对公司的长远发展埋下重大的隐患。等隐患积攒到一定程度爆发的时候，后果就严重了。

大概在 2005 年，中供的业务已经发展得非常迅猛，每天纳税都有 100 万元，但在业务的快速发展过程中，组织中出现了几个隐患。

第一，企业价值观容易被稀释。中供铁军的业务扩展，需要不断开拓新的城市、新的区域，在跨区域、多层级、人数激增的发展趋势下，仅仅依靠总部进行管理，企业价值观难以传达到一线及地区，就容易被稀释，难免会出现区域自立为王的情况。

第二，管理干部不够用。通常基层员工变成管理者，需要两三年的培养周期，但是在业务飞速发展时期，可能入职才一年的员工就要被提拔起来做管理。这类员工的业务能力没问题，但对人的理解却远远不够。所以他在争取业绩的时候，会以事为先。为了得到业绩可以牺牲一些东西，比如价值观或人的感受。这种做法对组织来说会造成极大的内伤。

第三，员工不快乐，离职率很高。当时我们每个月都要保持高速增长，工作压力还是很大的。在这种高压状态下，其实员工的心态很容易出问题。如果业绩比较顺利还好说，连续签单会抑制负面情绪，但是一旦业绩遇到障碍，沮丧、抱怨等负面情绪就会出现，而且很快就会传染到其他人身上，整个团队都会受影响。

这些问题成为组织可持续发展的重大隐患，只要业绩增长一停滞，种种问题就会爆发，让人措手不及。在这种情况下，为了实现组织的持续发展，就需要用另外一种视角看待整个业务的成长。当时阿里做出了一个重要决定——建立政委体系，从人的角度推动业务的发展。

这就是当时我们决定建立政委体系的背景，那么政委有什么作用呢？在阿里，政委有以下 5 个作用。

1. 政委是关于人的问题的合作伙伴。刚刚我们提到，政委的工作就是负责团队思想建设，所以当人的思想对了，他在做事时基本不会出错。团队思想的建设只靠中央是不行的，需要把这个环节放在一个合适的位置。这个合适的位置在部队是连队，在公司就是区域，所以阿里就把政委放在了区域。政委和业务部门配合，首先解决跟人相关的问题。对于所管辖人员的选、用、育、留，政委要和业务部门协商。政委拥有一票否决权，也就是说，如果政委和业务管理者在用人上出现分歧，业务管理者想招聘一个人，但政委觉得这个人不合适，此时政委就可以行使一票否决权，决定这个人的去留。因为在业务压力面前，业务管理者很容易打擦边球，把某个人招进来，分担业务压力，哪怕对他还有一丝犹豫。政委在这个时候一定要守住底线，不能随意招进来。

2. 政委也是人力资源开发者，让人力资源增值，这一点很重要。政委的主要职责是营造学习氛围，打造学习系统，为团队培养更多的人才。他要帮助公司和搭档建立相应的干部与骨干梯队，确保业务不断发展。他要考虑员工的下一步发展方向、员工的学习力和文化价值观是否与团队匹配等，这些都是政委要考虑的。

3. 政委是公司和员工之间的同心结和桥梁。为什么政委要发挥这个作用？因为业务部门通常比较凶悍直接，说话比较糙，员工可能会不舒服。这时，就需要政委及时介入。比如领导刚批评完一个员工，批评得有点儿狠，领导抹不开面子给员工道歉，就需要政委居中调和。在日常工作中，政委也要积极“闻”员工的味道，看看他们最近的状态怎么样，有没有不开心，是否疲惫，要不要开导他们。桥梁也叫缓冲带，当管理者和员工，特别是出了问题的员工起冲突时怎么办？政委就会出来说话，让双方各自冷静一下，10 分钟以后再回来。10 分钟之后，大家的情绪会平复，就可以重新聊。还有就是在传达公司决定的时候，员工可能不理解、不认同，但公开场合大家都不会发表意见，这时，政委要私下里一个一个谈，把事情的前因后果讲明白，不然员工就会因为不理解产生负面情绪。政委在中间做沟通梳理，即使你不认同某个决定，也不会有太多情绪。

4. 政委还是公司文化的倡导者、贯彻者、诠释者。公司的长久发展在于文化的传承，但当团队快速扩张、人数激增时，文化稀释在所难免，因为新人会有过去的习惯，不知道公司价值观的意义，不知道哪些该做、哪些不该做。这时，就需要有人告诉他公司倡导哪些行为，严格禁止哪些行为，文化背后的意义是什么。政委在与业务管理者配合的过程中要结合业务，通过招聘考核等具体的事务贯彻文化的落实，员工价值观实践得好的要及时表扬，当出现违背价值观的行为时，要及时制止。文化落地过程中的虚事实做就是如此，我在后文分享文化管理的章节会具体讲解。

一些管理者为了不当坏人，不留骂名，得人心的事会抢着做，得罪人的事会推给公司。他们在处罚员工的时候会说：“兄弟，对不起，我也不想这样，但这是公司的意思，是上级让我这么做的。”这样就把责任和骂名转移了，自己一身轻松，安心做好人。这种人比较令人讨厌，责任转移之后，公司和员工之间的分歧会越来越大，员工就会不信任公司，长此以往就会出大问题。政委应及时制止这类行为。

5. 政委还是管理干部的储备。在公司快速发展的过程中，很多管理者的业务能力没问题，对人的理解就不行了。为了改变这种情况，当时我们就把一部分业务人员抽调到政委岗位，锻炼他们管理人的能力，让他们做到人事合一。然后再把他们调回业务岗位，通过这种轮岗，能极大地提升管理干部的综合能力。

一个优秀的政委应该具备什么特征呢？在阿里，政委要具备以下六大特征。

1. 要识人心，懂人性。因为政委主要做的是人的工作，经营人很重要的就是要经营一颗心，所以政委的心一定要细腻，要具备同理心，能够及时发现员工的心理变化。

2. 区别于传统的 HR（人力资源），政委一定要懂业务。因为政委的很多工作都是在业务场景下进行的，如果不懂业务，在跟业务人员对话时，就会没有说服力，业务人员就不会听政委的。阿里的政委早期都是从业务岗转过来的，原因就在此。

3. 对企业文化的态度要坚定。因为政委是企业文化的贯彻者，对企业文化的态度必须坚定。比如当业绩好的员工或和自己关系好的员工违反价值观时，对其处罚不够坚定，睁一只眼闭一只眼，那么这类员工以后就容易犯更大的错，触碰公司高压线。其他员工看到了也会有样学样，可能不会坚守价值观。

4. 乐观、皮实、有耐心。政委的工作是处理人的工作，首先自己要开放，能打得开、放得下，要有耐心；其次要有乐观主义精神，在业务压力大的时候，政委要把乐观的情绪传递给员工。皮实，是说要有抗压能力，在觉得委屈的时候，不气馁，能不断地寻找有效的解决方案直至成功。

5. 基本功扎实。也就是说，人力资源专业基础的六大模块（人力资源规划、招聘与配置、培训与开发、绩效管理、薪酬福利管理、劳动关系管理）要扎实。

6. 政委的第一要务是视人为人，就是把人当成人看。我们知道人都是有创造力的，激发个体的能动性是验证政委能力很重要的一方面。政委除了激发员工以外，很重要的工作就是激发自己搭档的工作热情，让他们能够获得更大的成长。

配合业务部门的政委从哪里招聘？一是业务人员在学习人力资源专业知识之后转岗。阿里早期就是这么做的，我们抽调了很多业务骨干当政委，但不能抽调最优秀的那部分人，因为团队还是需要业务标杆的。二是抽调价值观很好，业绩也不错，需要进一步培养的业务管理者。我们让他们担任政委，加强他们对人的理解，这对他们来说是一种不错的提升。这种从业务转岗政委的人在工作的时候由于熟悉业务细节与状态，知道哪里容易有问题，从而及时解决。不建议外聘基层政委，因为外聘的人不了解团队的基因，不了解公司的经历，不了解每个人的个性，这样就无法对症下药应对人情世故，甚至会适得其反。

本节笔记

无政委组织常见的三个问题：

企业价值观容易被稀释

管理干部不够用

员工不快乐，离职率很高

阿里政委的五个作用（角色）：

关于人的问题的合作伙伴

人力资源开发者

公司和员工之间的同心结和桥梁

公司文化的倡导者、贯彻者、诠释者

管理干部的储备军

政委的六个特征：

识人心，懂人性

懂业务

对企业文化的态度要坚定

乐观、皮实、有耐心

基本功扎实（人力资源规划、招聘与配置、培训与开发、绩效管理、薪酬福利管理、劳动关系管理）

视人为人

政委从哪儿招聘：

学习人力资源专业知识之后转岗的业务人员

价值观很好，业绩也不错，需要进一步培养的业务骨干

04 清晰制定岗位职责

有了部门之后，就要有岗位了，所以这一节来讲解岗位职责怎么定，也就是组织架构五部曲之岗位设置。

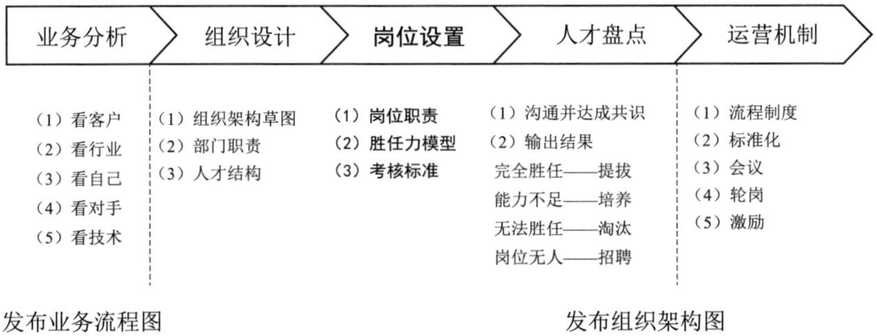

组织架构设计五部曲之岗位设置

细心的读者会发现，本章的内容越往后就越落到细节层面。业务管理就是这样，作为业务管理者，我们要先学会搭大的框架，然后再一一填充其中的细节。业务管理赢就赢在细节上，没有细节，就只能是空中楼阁。

在实际中，很多管理者只喜欢做大事，细节的事就不愿意做了，比如岗位职责的制定，很多业务管理者会觉得，这是文字性工作，太琐碎了，不想做，于是就甩给人力，让他们做。

问题是人力对业务的理解不如业务管理者深刻，不明白岗位的具体价值在哪里。人力制定的岗位职责不一定贴合业务实际，最终员工会发现实际工作与岗位职责有很大偏差，这就会导致一系列问题。所以在制定岗位职责的时候，业务管理者一定要参与。

那么什么是岗位，岗位是怎么来的呢？岗位是组织中最小的分工单位。我在前面提及，企业根据业务流程，按照专业化分工，将职能归类形成部门。

同样，部门内的工作也有小的流程和分工节点，部门流程的分工节点就是岗位。一方面，岗位人员需要承接组织目标，知道要做什么，这就是所谓“做正确的事”；另一方面，不同岗位人员需要知道自己在整个流程中的位置，知道与其他岗位的互相协作、互相补位、汇报检查等关系，这就是所谓“正确地做事”。

因此在梳理岗位职责时，既要考虑整个部门需要做的事，也就是部门职责，又要考虑每个岗位具体的工作流程。

那么，清晰定义岗位职责有什么作用呢？我归纳为以下 4 点。

1. 岗位职责是招聘的依据。岗位职责描述清晰了，招人的时候才能更精准地询问候选人，才能判断候选人是否能胜任某岗位。

2. 明确岗位职责可以避免在工作中因为权责归属不清导致的扯皮，有助于提升协作效率。

3. 岗位职责也是确定员工绩效和薪酬的依据。无论是定薪酬，还是定绩效，都要基于岗位职责。

4. 岗位职责也是员工培训和个人发展的依据。培训的目的是让员工更好地胜任当前及下一阶段的工作，所以培训内容要结合岗位职责进行设计。如对销售人员的培训要围绕业绩的提升，从开发客户到签约，每一个环节都要培训。在阿里，我们把岗位分成 P 序列和 M 序列。P 是专业人员，分成 14 级，M 是管理序列，有 10 级。针对每个等级，我们都有专门的培训体系，帮助员工胜任岗位。

岗位职责到底是怎么确定的？接下来，我会结合案例给大家讲解一下岗位职责是怎么确定的，这通常包括以下 4 步。

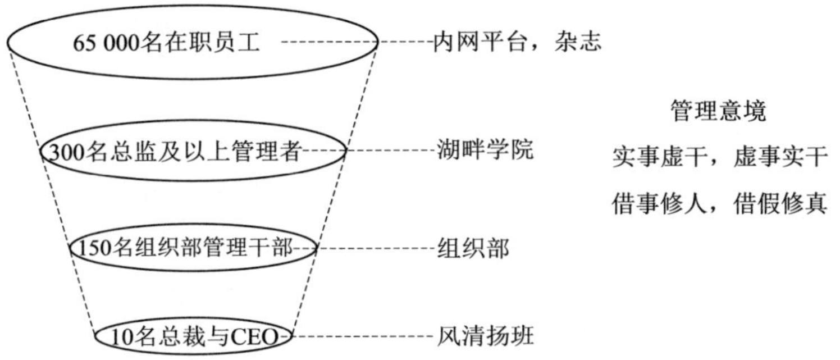

阿里不同层级的培训方案

1. 根据公司的总体目标与业务流程，确定岗位存在的目的。也就是这个岗位对公司来说，到底有什么价值。我们拿销售主管举例，他对于公司的价值，就是完成公司分给他的业绩指标。如公司目标是 1 亿元，分给他 500 万元，那这个主管岗位存在的目的就是带领组员完成这 500 万元。当然，目标不是一成不变的，每年都会调整，甚至公司发展快了，每个季度都会调整。

2. 明确了存在目的，就要根据目标确定关键产出内容。比如要完成 500 万元，就要定策略，组建团队，培养得力的销售干将，做价值观的传导等，这些就是关键产出内容。

3. 有了关键产出内容之后，就需要对这些内容进行量化。如果没有量化，那么岗位职责就很虚，起不到应有的作用。因此我们要定过程指标。比如市场活动，要明确每月要做几次市场活动，每次能吸引多少优质客户；比如拜访量，要明确小组每天拜访多少有效客户，小组人均产能要达到多少万元；对于价值观也要定量，要明确每年小组成员违反价值观的量要低于多少，要出现两位正面标杆等。这些指标一定要明确。

4. 确立了工作内容和工作指标，就需要思考怎么才能取得这种成果，这就是岗位职责书最后的内容。比如在人均产能方面，我们就需要做技能培训，需要早启动，晚复盘，在固定时间带领团队学习；比如在拜访量方面，为了达成拜访量，我们需要制定营销策略，带领团队实施营销计划，获取优质客户资料，并将其合理分配给团队，过程中还要监督组员按时完成拜访。比如在价值观方面，我们需要在日常工作中进行价值观培训，在管理论坛中开展价值观案例讨论，要让员工分享真实案例，无论是正面的案例，还是负面的案例。还要注意员工心态，裸心会一个月要召开一次，看看组员的心态是否正常（关于裸心会，第 8 章会有相应的案例）。这些都是具体的岗位职责，是销售主管日常要做的工作。当然，我们在这里就是举些例子，实际工作中具体的职责比这个多得多，流程基本是这样的。大家在制定岗位职责的时候可以根据自己的行业、职能分工等因素具体分析。

当然，在制定岗位职责的过程中要特别注意以下 5 个方面。

1. 岗位职责切忌“大而全”。很多公司在做岗位职责描述的时候，特别是小公司，因为对岗位不理解或者考虑成本，把岗位职责写得大而全，把很多职责放在一个岗位上。可是一个人是不可能干所有工作的，完美的人是不存在的，所以我们在做岗位职责描述的时候千万不能大而全。

2. 职责要有颗粒度和明确的比重。职责原则上要求清晰，不能含糊，员工在工作时才能抓住重点。一些公司在做岗位职责描述的时候没把要干的事写清楚，就容易出乱子。我曾见过一家金融公司，其客户主要是年收入在 50 万元以上的人，为他们提供理财产品。为了为客户提供更好的服务，这家公司就做了一款 App（应用程序），把金融科普、产品购买、收益分析等功能集于一体。同时，公司规定市场专员的职责是提升 App 的下载量。但在实际工作中，有些市场专员为了偷懒就到学校里，给学生一定费用，让学生们下载。这样每个月也可以实现较高的下载量，但这些大学生对公司来说没有任何价值。所以，在写岗位职责的时候一定要有颗粒度。

有时候虽然确立了很多条职责，但没确定哪几个是工作重点。人在工作中是需要聚焦的，而且越到基层，重心要越明确。比如 HR 的岗位职责，实际上 HR 中也有比较明确的分工，比如培训板块、招聘板块、绩效考核板块等，很多企业在招聘基层 HR 的时候由于对 HR 的分工不了解，所以在HR的岗位职责里把招聘、绩效、培训等工作全部写上，而且处于同等重要的位置。这样招进来的HR在工作时就没有重点，一会儿做招聘，一会儿做培训，结果什么也做不好，还会挨老板批评，自己也难以获得成长和成就感。在岗位职责中，“二八法则”同样有效，要把80%的精力集中在20%的事情上。

针对互联网时代高度不确定的市场环境，在企业业务不完全明确的情况下，职责不一定要写得很细，但是起码要让员工知道工作的方向、做到什么程度算合格，做到什么程度算优秀，要给员工一个相对明确的标准。

3. 人事部门不能包揽岗位职责编写工作。这一点我在本节开头就说过，一个岗位具体要做的内容和要求是什么，只有用人方的负责人最清楚。所以岗位职责一定要由用人方制定，人事部门则提供协助，比如提供工具和编写方法。

4. 岗位职责不能一成不变。企业的目标不是一成不变的，每年、每季度都可能变化，所以对应的岗位职责需要因此改变。在实际中，经常出现岗位职责确定之后就被扔在一边的情况，不及时迭代，这是不可取的。

5. 最后一点很重要，可以称之为总原则，就是岗位职责在纵深层级上（也就是上下级）的职责不能一样。越到高层岗位，职责就越多，指标就越模糊；越到基层，岗位职责越少，指标越具体。因为高层能力越强、掌握的资源越多，绑定的指标就越多；基层能力越弱，职责就越少，要让他们聚焦。如果让他们绑定过多的指标，由于他们能力达不到，反而适得其反。当然也有特例，有一年马云给所有的事业部老总定了一个奇特的要求——全年的工作要让他满意。大家细品之下，发现没有要求的要求才是最难的要求。

本节笔记

明确岗位职责的 4 个作用：

为招聘提供依据

避免权责归属不清，提升协作效率

为绩效考核和薪酬分配提供基本依据

为员工培训和个人发展提供依据

制定岗位职责的 4 个步骤：

根据公司的总体目标与业务流程，确定岗位的意义

根据目标确定关键产出内容

对工作内容进行量化，制定过程指标

明确实现过程指标需要完成的具体动作，即最后岗位职责书上的内容

岗位定责需注意的 5 个方面：

切忌“大而全”

要有颗粒度和明确的比重

人事部门不能包揽岗位职责编写工作

岗位职责不能一成不变

岗位职责在纵深层级上不能一样

4

选人才：
管理最大的浪费是在错误的人身上花时间

很多时候我们确立了一个好目标，制订了一个好计划，但最终却没能落实成功，原因之一就是我们没有选对人。没有选对人，再多的精力、资源投入也没用，因为在不合适的人身上花时间是管理最大的浪费。所以人选对了，目标才能真正实现。

本章就从人才胜任力模型开始，从内部盘点、面试中的人才甄选和新人落实几个方面分析如何招到合适的人。

01 画出“美人图”，遇见对的人

很多公司在招人的时候，往往把岗位职责往招聘网站上一挂，等人面试就可以了。这通常适合小公司，老板直接决定就可以了。但是等公司规模稍微大一些，特别是需要跨区域时，往往会发现主管辛辛苦苦招到了人，但到上级那里却被否决了。同样的人，HR 认为好，但业务主管认为不行，或者同样的人应聘同样的岗位，在杭州失败了，但到上海就被录用了。这不仅会浪费大量的人力资源，还会导致组织内部同一岗位的人能力参差不齐，并对以后的可复制化管理埋下隐患（例如，在对某一岗位的人进行培训时，因为他们的能力参差不齐，会导致同样的培训内容，但最终培训结果不一样）。

所以，当公司需要快速招人，或者跨区域招人时，在招聘之前我们要有一个步骤，即画出这个岗位的胜任力模型。就像我们在找客户之前要有客户画像一样，我们要招人也需要描绘这个岗位的人才画像，明确我们要招的人长什么样，需要什么关键能力和素质。这个工作在 HR 的板块里有个专有名词——胜任力。把这些能力和素质总结在一起形成的模型，就是胜任力模型。它还有个十分好听的名字——“美人图”。胜任力和胜任力模型是人力资源板块的重要内容之一，关系到人才的选用育留。本节，我们就来分析一下胜任力和胜任力模型，画出我们的“美人图”。

什么是胜任力呢？

以前我有个下属，一开始是做销售的，业绩做得还可以，在区域里属于中等偏上。他极其聪明，每次公司颁布新的销售政策和制度，他总能发现其中的漏洞，并利用这些漏洞获得结果。他甚至还会跑到我的面前炫耀：“老板，这个制度定得真烂，跟渔网一样全是漏洞，但大家太老实了，所以没有出什么大问题。”如是几次，我忍不住想：“好小子，就显摆你的

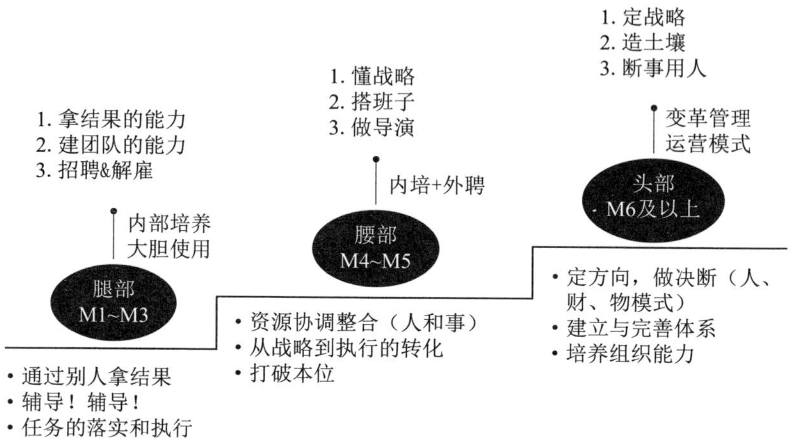

不同层级管理者的胜任力模型

能耐，总说别人定的东西不行，那你来试试。”于是我就把他调到销售策划部，专门制定销售政策和制度。没想到他到了这个部门后，原本在销售队伍中不怎么显眼的他，一下子就成了部门之星。他制定的政策、制度简直铁板一块，让人无缝可钻。从此，原本爱钻漏洞的员工没空子可钻了，只能老老实实按着制度工作了。

大家看，同样一个人，换了一个岗位之后立马就能发挥出巨大的价值。这背后就是胜任力的作用。不同岗位对胜任力的要求不同，也许善于发现制度漏洞对于销售岗位来说不一定是一件好事，但对于销售策划部来说，这个能力恰巧是非常需要的，所以这位员工到了销售策划部后就大放异彩。

有时，员工在部门内做得不够好，未必是员工能力有问题，可能是他的能力和这个岗位的胜任力不匹配，换个岗位之后，也许他的表现就立马不一样了。阿里的轮岗制度就是这么产生的。作为管理者，一定要对员工的能力和特性一清二楚：谁是业务能力超强的牛人，谁是潜在的团队领袖，谁是可以制造团队积极氛围的开心果，谁又是可以衔接上下的润滑剂，谁是意见领袖，谁是无名英雄，等等。只有对员工的能力特性十分了解，在带团队的时候你才能游刃有余。有什么样的特点做什么样的事，识人善用是所有管理者的必备技能。

理解了胜任力，接下来我们再来讲讲其维度有哪些。胜任力模型一般有三个维度，即自驱力、能力、价值观。

1. 自驱力。自驱力是一个人做事的动力。有一种努力是被动的，因为生活所迫，不得不如此。有一种拼命叫我相信，那是因为对未来的极度渴望。当一个人被动做事时，他就会为自己寻找各种理由和借口，为进步自我设限，认为优秀是别人的事，这种人管理起来费时费力。拥有极度渴望的人则完全不同，他们不会因为困难而退缩，不会找各种借口，而是找方法。一个有自驱力的人，是为自己工作，不仅把工作当作一种享受，更认为工作是成长机遇。

2. 能力。能力是指为了完成一个目标或者任务需要的综合素质。能力可以分为通用能力和专业能力。不同的岗位需要不同的能力。做销售的需要什么能力，做技术的需要什么能力，这些都需要明确。

3. 价值观。从事一个岗位，能不能做久做好，跟价值观有密切关联。有时，我们表现出来的是一种态度，或者是一种行为习惯。我们经常会听到“态度决定高度”，其实态度也是内心价值观的反映。

我举一个中供在招聘销售时使用的模型——北斗七星选人法，让大家更深刻地理解胜任力模型的作用。

中供有一段超速发展期，需要招聘大量新人，但在招聘时出现了以下 5 个痛点。

1. 没有系统科学的销售人员“画像”，这极大地影响了人才面试和选拔。

2. 标准不统一，不同区域的选人标准存在差异，各个大区的面试考核指标和考核重点明显不一致，导致同一人才在不同区域会有不同的评判标准。

3. 面试官面试水平不高，选人技巧有待提升，滥用压力面试，使用无效提问考核应聘者，无法达到有效选人的目标。

4. 招聘效率很低，面试录用率平均只有 5.4%，致使宝贵的人才资源白白流失。

5. 各个大区的面试官缺乏商务礼仪知识，不尊重候选人的提问，损害了公司的品牌形象。

基于以上痛点，公司让我牵头研究中供销售的胜任力模型。

后来我们对 1 355 名销售进行了背景分析，对 118 名销售进行了访谈，做了 495 份调查分析，大概经过半年的研究，最后确定了中供销售需要具备的 7 个胜任力要素，形成了阿里中供销售的“美人图”。这 7 个要素为诚信、要性、喜欢干销售、目标忠诚度、又猛又持久、Open 以及悟性，我们称之为“北斗七星选人法”。

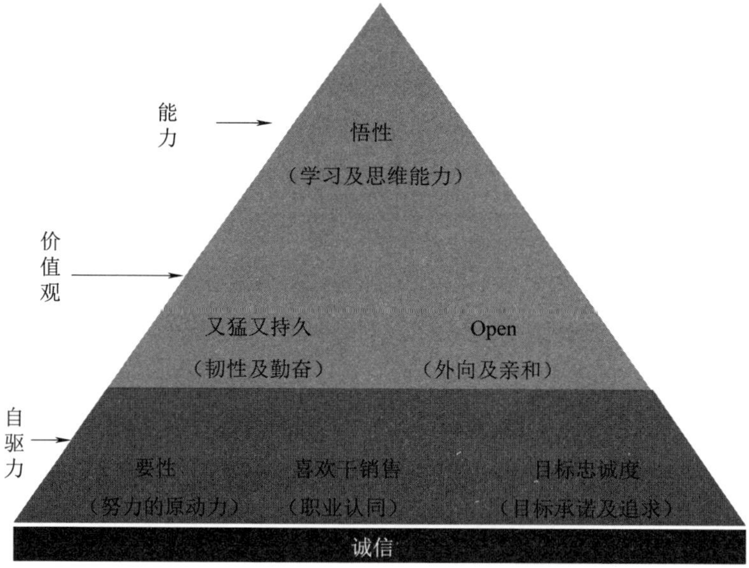

中供铁军销售胜任力模型：北斗七星选人法

详细解释一下，首先是诚信。诚信是胜任力模型中最根本的东西，如果一个人不讲诚信，能力再强也没用。

从自驱力的角度来看，首先要有要性，也就是要有自我成长、事业成功、财富积累等方面的目标，对于成功有迫切的欲望。要性分为想要和一定要，极度渴望成功，愿付出巨大的代价。我们认为一个人的能力不够是可以培养的，前提是这个人内心真的想要，拥有不断努力的动力来源，也就是原动力。只有当他内心真的想要时，管理者才能帮到他。

我曾经有个下属，能力不错，但有些放不开，也就是魄力不够，特别是在关单的时候会有很多顾忌，哪怕我教给她很多方法也没用。有一次，我在跟她聊天时聊到她的工作动力。她说自己小时候的教育不够好，有很多遗憾，所以以后想送孩子出国留学，让孩子接受更好的教育。当时我就跟她说："你就是想想而已。"她当时很迷惑："为什么？"我说："你知道出国留学需要多少钱吗？"她说："还没具体了解。"我说："要想让孩子心无旁骛地学习，一年至少 60 万元。你的孩子还有三年就该出国了，按照你现在的工作状态，能攒这么多钱吗？所以你就是说说而已，并不是一定想要！"也许这些话触动了她，从第二天起她的工作状态就不一样了，在面对客户时能够放开了，敢于直接签单，因为她在内心真的想要签单。

我跟她谈话的动作被称为"扣动心灵扳机"，我会在第 5 章具体讲解。

对目标要忠诚和专注，通过踏实工作致力于目标的实现，还要喜欢干销售，要对销售职业有足够的认同，认为销售有意义、有价值，将销售作为自己的事业。在很多时候销售是一件枯燥且充满挫折与委屈的工作，同样的话术，每天要对不同的人重复很多遍，每天也会见到不同的人，遇到不同的挫折与疑难问题，只有经历这些，并坚持下去，才能成为一个好的销售。

这是第一层，再来看第二层的特征，也就是价值观。价值观有两点。第一，又猛又持久，这是阿里土话，说到底就是要能够吃苦耐劳，勤奋务实，抗压性强，坚持力强，能正确对待挫折与困难，具有应对和化解压力的技巧，善于控制情绪，保持积极心态，善于维护和激发自己的工作激情，保持自己的工作状态，勇于持续不断攀登业绩高峰。第二，Open。也就是要有亲和度，在人际关系、沟通方面的能力要强，乐于与人相处，有热情、热心。在人际交往中不自我封闭，愿意表露和分享，善于建立和保持良好的人际关系。这两点都是销售非常重要的个人特质。

最后一个层面，能力的关键词是悟性，作为金字塔的顶端，悟性是什么？是学习思维的能力，不断吸收工作知识和经验，归纳演绎和迁移，并最终以结果说话。

有了胜任力模型，接下来讲讲怎么运用这个模型。其实很简单，我们有清晰的评分标准，对每一项单独打分，然后整体评判。比如要性，1分的要求，是在工作业绩上有基本的自我要求，能达到公司主管等制定的基本业绩目标；3分的要求，是以结果为导向，希望工作业绩有所增长；5分的要求，是具有清晰的个人职业生涯规划，不仅希望在工作业绩上有增长和突破，也希望自己的能力素质不断提升，寻求自我成长，挑战自我极限，希望通过销售工作实现自我价值。这样我们对每个关键词打分后，最后整合起来。如果整体打分达到要求，这个人可以入职；达不到要求，对不起，这个人不符合我们的要求。

北斗七星选人法的应用

1. 诚信：诚实正直，言行坦荡
● 定义：为人正直，不说谎，正确反映问题，提出建设性意见；不传播议论同事；勇于承认错误，承担风险与责任；勇于指出、纠正别人侵害公司的行为；坚守承诺，言出必践。 ● 行为等级锚定： 1= 诚实正直，表里如一。 3= 通过正确的渠道和流程，准确表达自己的观点；表达批评意见的同时能提出相应的建议，直言有讳；不传播未经证实的消息，不背后不负责任地议论事和人，并能正面引导，对于任何意见和反馈“有则改之，无则加勉”。 5= 勇于承认错误，敢于承担责任，并及时改正，对损害公司利益的不诚信行为正确有效制止。

（续表）

2. 要性：求职动机、成就欲望（事业心）、进取心
● 定义：对财富积累、事业成功、他人肯定、个人成长等方面的欲望和目标。 ● 行为等级锚定： 1= 在工作业绩上有基本的自我要求，希望能达到公司、主管等制定的基本业绩目标。 3= 以结果为导向，希望工作业绩有所成长，希望通过销售工作改变自己，获得财富积累等个人中期目标。 5= 具有清晰的个人职业生涯规划，不仅希望在工作业绩上有增长和突破，也希望自己的能力素质不断提升。寻求自我成长，挑战自我极限，希望通过销售工作实现自我价值。
3. 喜欢干销售（销售职业认同）：职业兴趣和职业意义、职业适合性、职业准备
● 定义：认为销售工作有意义、有价值、值得投入，视销售为自己的职业和事业；对销售工作有兴趣，在销售工作中能体验乐趣；认为自己适合从事销售工作，并做了相应准备。 ● 行为等级锚定： 1= 认为销售职业只是自己谋生的手段，不值得过多投入，在有可能的情况下会选择转行。 3= 认为销售工作能带来多种收获，值得为它付出努力，自己是适合销售工作的，在工作中获得了一定的乐趣。 5= 认为销售工作收获很大，充满挑战和乐趣，通过销售工作不仅能为自己积累财富，也能为他人创造价值；自己已经做好准备致力于销售事业，并愿意将这份工作介绍给其他人。
4. 目标忠诚度（目标承诺与追求）：目标挑战性、目标承诺、目标追求（执着于长期目标）
● 定义：设置具有挑战性和可行性的短期与长期目标，保持对目标的忠诚和专注，通过踏实工作致力于目标的实现。 ● 行为等级锚定： 1= 设置只需付出较少努力就能达到的目标，目标易变，对于更高的目标采取无所谓的态度。 3= 设置的目标有一定的挑战性，尽可能地实现目标。具有一定的目标导向意识，但在遇到较大困难时，会对自己能否实现目标产生怀疑。 5= 设置的目标有较大的挑战性，内心高度认同自己承诺过的工作目标，具有强烈的目标导向意识，能为目标的实现坚持做各种尝试，愿意付出超常努力以实现目标。

（续表）

5. 又猛又持久（韧性与勤奋）：韧性（坚持）、勤奋、承受力、压力应对、激情保持、情绪稳定
● 定义： 具有吃苦耐劳、勤奋务实的个人品质，抗压性高，坚持性强。 ● 行为等级锚定： 1= 在工作中遇到困难和挫折时容易放弃，缺乏持之以恒的决心和毅力，喜欢走捷径，不愿意花过多的时间工作。有时将消极的情绪带到工作中；缺乏应对压力的技巧；情绪不稳定，容易失控；长期工作后容易疲乏，失去激情和斗志。 3= 工作勤奋踏实，能坚持做好销售工作中的每个环节，但在遇到较大困难时不能坚持到底；遇到压力和挫折时能及时调整心态，基本掌握压力应对技巧；注意控制自己的情绪；有时会产生工作倦怠感。 5= 在工作中遇到困难不轻言放弃，总能以持之以恒、吃苦耐劳的精神对待工作中的问题；能承受高强度、高密度的工作量，并愿意为销售工作付出大量的私人时间；具有良好心态，能正视和处理各种压力事件，熟练运用各种技巧调节自己的情绪，遇事沉着理性；积极创造和引导自己的需求，长期有激情地工作，并感染其他人。
6. Open（外向与亲和）：外向热情，乐于交流分享，善交朋友
● 定义：乐于与人相处并易于相处，有热情、热心，在人际交往中不自我封闭，愿意表露和分享，善于建立和保持良好的人际关系。 ● 行为等级锚定： 1= 不回避他人，愿意与人接触，与人相处感觉自如，容易与自己比较类似或者对自己友好的人建立关系。 3= 具有较强的亲和力，热情对待他人，愿意与人分享自己的想法和感受，能被大部分人较快接受，很快和他们建立友好关系。 5= 乐于与他人沟通，主动和他人分享自己的观点和感觉，善于调动他人的情绪，有很强的感染力，能快速和不同类型的人建立友好关系，并成为被他人需要和喜爱的中心人物。
7. 悟性（学习与思维能力）：学习总结能力、信息收集、思维品质（系统性、深刻性、逻辑性、灵活性）
● 定义：通过对工作反思总结、与他人交流、自我学习等方式，对工作知识经验进行吸收、归纳、演绎和迁移，从而不断更新知识结构，提高工作技能，增强适应性。 善于通过多种渠道获取大量信息资料，并进行分析、综合、比较和推理。思考问题具有系统性、深刻性、逻辑性、预见性和创造性。善于抓住问题的本质和关键，清晰准确地分析原因，快速灵活地应对。

（续表）

● 行为等级锚定： 1= 用常规方法获取有限的客户相关信息，不善于通过对各种信息进行分析、比较和推理，获取有价值的线索；不善于从自己或同事的销售成败经历中总结销售规律和技巧。销售工作缺乏整体思路，对销售工作中遇到的问题的分析缺乏系统性、深刻性和逻辑性。对客户的反对意见，不善于抓住本质，应对不够迅速和灵活。 3= 具有更多的信息来源，尝试开发各种方法获取有利于工作的信息；能通过对自身实践的反思和与他人交流等方式，总结掌握销售规律和方法技巧；对工作中遇到的问题能进行思路清晰的分析，找到问题的关键点，并提出应对方案。 5= 能通过各种信息渠道准确、快速地获取和处理自己需要的信息；能快速适应公司政策、市场、客户的变化；善于对工作中的各种问题进行综合分析，发现问题的共性与差异，抓住问题的本质；对销售系统中各方面的变化具有预见性，并形成一整套独特有效的工作方法。

管理者在设计企业的人才胜任力模型的时候也可以采用这个方法或流程，对于成熟的岗位，我们在做胜任力模型的时候就可以对现在岗位上的优秀员工从自驱力、价值观和能力三个层面进行分析，提取胜任力要素。如果是新的岗位，那就要结合业务流程、希望这个岗位产出的结果和职责进行倒推，看看为了胜任这些职责，产出这些结果，我们需要哪些能力和素质。

本节笔记

胜任力模型的三个维度：

自驱力

价值观

能力

胜任力模型的案例——北斗七星选人法：

底层：诚信（金字塔根基）

第一层：自驱力（金字塔底部）

- 要性
- 喜欢干销售（职业认同）
- 目标忠诚度

第二层：价值观

- 又猛又持久
- Open

第三层：悟性（金字塔顶端）

02 人才盘点，给组织做一次体检

每年网上都会出现很多新梗，2019 年比较火的一个就是“盘”。“盘”这个词源于文玩界，常见的就是盘核桃，后来因为一个魔性的段子火了起来，然后引发了万物皆可盘的现象。在企业里也有一个“盘”，就是盘人才。核桃不盘不圆润，人才不盘就不充沛。在阿里每年有三个重要的会，即人才盘点会、战略会和财务预算会。通过战略会指明下一阶段的工作方向、业务目标，通过人才盘点会知道现在的人才储备情况，以及跟下一阶段的差距，从而制订发展计划，弥补差距。在本节，就跟大家分享一下管理者应如何进行人才盘点。

人才盘点有以下 4 个目的。

1. 明确企业当前及下一阶段发展所需要的人才能力画像。相信很多管理者，特别是人力资源部门很有感触的一件事，就是经常听到下面或者用人部门喊缺人:“赶紧帮我招人，业务马上扛不住了。”到底哪些岗位缺人，缺多少人，缺的是什么水平的人，是初级水平，还是高级水平，这个人需要具备什么能力，如果问问用人部门这些问题，也许用人部门立马就哑口无言了。因为他们可能没想好这些问题，只是觉得现在压力很大，需要更多的人分担，但具体缺什么样的人从未想过。这就需要通过人才盘点来确定缺什么人。这就是人才盘点的第一个目的，即明确下一阶段的业务目标和所需要的人才能力，因为只有知道了所需的能力，才知道去哪儿找人。比如现在公司要向线上转型，那缺的应该是具备社群运营能力的人，而不是一个线下销售。

2. 了解当下团队的人才储备情况，识别优秀人才和高潜力人才。现在很火的一个概念叫作“业务数据可视化”，就是将企业的运营数据，比如全国的市场容量、已占有量、竞争对手占有量，通过计算机算法做成图形。这样负责人对全局就能一目了然，从而排兵布阵定出下一步的策略。业务上需要这样的地图，人才上也需要一张这样直观可视的图。通过这张图，我们可以直观地看到哪些岗位的人才储备是充裕的，甚至是溢出的，哪些岗位急缺人才，哪些人是高潜力可培养的，哪些人是能力欠缺需要淘汰或限期提升的。这张人才的可视化图是需要通过人才盘点实现的。有的公司不盘点不知道，一盘点才发现自己的人才结构是梨形的，腰粗屁股大。也就是说，某个层级比如 P5、P6 的人占了 70%，如果公司要提升人才能力或提高效率，那招聘的时候绝对不能再招 P5 的人了，而且还要看一下为什么这个等级的人这么多，是需要晋升一部分人，还是需要淘汰一部分。

梨形人才结构　沙漏形人才结构　花瓶形人才结构

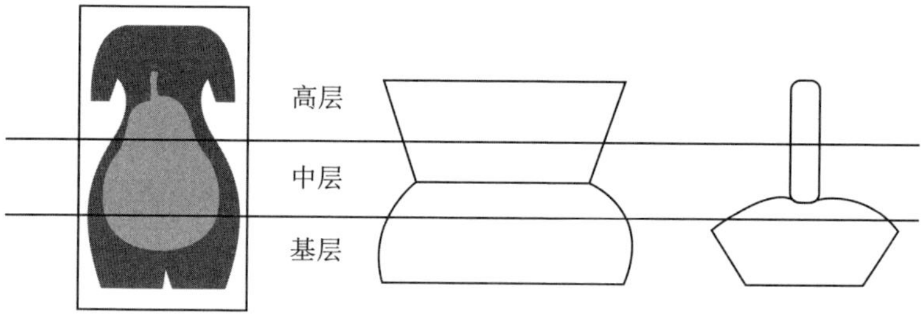

梨形人才结构，中层过于臃肿，造成资源的浪费，信息传递缓慢。多数基层因晋升无望往往会选择离开公司。

沙漏形人才结构里，缺乏业务中间骨干，一方面新的业务、新的目标无人落实，公司扩张停滞；另一方面，中层忙于应付业务，没有时间辅导基层成长，基层得不到成长，就会选择离开公司，整个公司人员涣散，流失严重。

花瓶形人才结构里，公司只有少量的管理者，权力及决策集中在创始人手中，在创业初期，可以保证效率的最大化，但在一定规模后，公司决策日渐增多，创始人疲于救火，效率反而降低。基层员工晋升通道较窄，上升无望就会选择离开。

问题型人才结构

3. 统一人才内部标准。人才盘点是自上而下、自下而上的双向交流过程。通过多次沟通，能够让大家统一公司对人才的识别标准。人是不一样的，所以每个人内心对人才的标准也不同。比如同是销售，广州区域认为

A 是个很好的人才，浙江区域认为 B 是个很好的人才。也许 A 跟 B 在他们各自的区域里都是人才，但是拿到公司层面一对比，也许 A 比 B 差得多，或者两者都不符合公司对人才的要求。所以人才盘点的过程，就是让公司对人才的定义能够统一起来，至少不要有太大偏差。这是一个统一内部标准的过程。

4. 制订人才发展计划。人才盘点的最终目的就是通过对当前人力资源现状和未来所需要的人力情况进行对比，从而找出其中不匹配的地方，制订下一步的人才发展计划。欠缺的就要及时招聘、培养及轮岗，优秀的可以晋升，不符合要求的要做绩效改进或者淘汰。这些动作都是由人才盘点确定的。

明确了人才盘点的 4 个目的，接下来，我们谈谈如何盘点人才。人才的盘点可以从三个维度着手，即能力、价值观和发展潜力。

1. 能力的盘点主要根据员工的绩效完成情况来分析，绩效好的我们提出表扬和奖励，树立标杆，进行经验总结分享。如果不好，我们也不要急，不要一上来就将其淘汰，要制订绩效改进方案，让员工限期改进，三个月内必须做出明显改变。

2. 员工的价值观决定了这个员工是不是值得被培养，是不是可以和公司一起长远发展。职场上缺的不是牛人，而是能跟公司一起长期奋斗的人。很多公司在做人才盘点的时候会陷入一个误区，就是往往只盘点了绩效，没有盘点价值观。这样的人才盘点是不稳定的。现实中很多公司的盘点结果看起来很不错，人才济济，都是明星，也花了很多精力和金钱培养他们，但最后因为价值观问题，这些人没过多久就离职了，这对公司来说是一个很大的损失。所以我们在盘点人才的时候不能只盘点业绩，还要盘点价值观，判断这个员工能不能跟公司长远发展。关于如何考核价值观，我们会在第 9 章进行讲解。

什么叫作人才？剩下的人，才能叫人才。阿里在发展的过程中有很多优秀的人，他们的业务能力也非常厉害，但有的时候他们的想法很多，看到好的机会或者公司遇到危机就会选择离开。对公司来说，只要这个人一走，他就不是人才了，所以只有能与公司一起经历风雨、与公司一起发展成长的人，才能被称为人才。

3. 发展潜力。人才盘点是为下一步的业务发展而做的，所以在人员上我们也要找到价值观好的苗子，进行长期培养，这就需要识别员工的发展潜力。

潜力有三个部分：一是学习能力强不强，能不能更上一层楼；二是抗压力，能不能承担更大的责任；三是胸怀，能不能承受冤枉和委屈，包容他人。在阿里，合理的叫锻炼，不合理的叫磨炼。

以上三条是人才盘点的内容，在盘点的过程中我们要根据人才的岗位职责和胜任力模型进行对比。当然在盘点的时候我们还需要辅助工具，这些工具一般由 HR 部门准备，形式有 Excel 或者线上人才系统等。这些工具会将盘点的维度和标准列在其中，网上有很多参考，大家在盘点的时候可以借鉴一下。

有了这些之后，接下来就是盘点的流程，共有 4 步。

1. 从业务出发，确立人才发展计划。我们要确立一个逻辑：人才盘点是为了下一阶段的业务发展，而不是现在的业务需求。所以我们在盘点的时候要围绕第二年的业务目标和策略进行。明年的目标到底是什么？如果说今年做 1 亿元，明年要做 3 亿元；今年都是线下，明年要线上线下一起搞；3 亿元和 1 亿元对人员的要求、纯线下和线上线下一起做的人才要求肯定不同。找到这个不同以后，我们应该做相应的动作，比如制订招聘计划、培训计划，从而增强线上运营的人才储备，能让组织与业务配套。这样到了明年才有机会不影响业务计划，才能保质保量完成业务目标。

再比如，今年的目标是 3 000 万元，用现有的人员就能完成，明年的目标要翻倍，达到 6 000 万元，这就意味着团队要扩员了，扩充人员中很重要的是基层管理干部也就是主管的储备，因为主管作为最基层战斗单位的指挥官必须是团队内部培养的。所以今年的人才目标就是培养足够的管理人员，才能支撑人员的快速招募扩充。

2. 成立统筹小组，统筹进行，层层推进。人才盘点是公司的重要工作之一，要由公司高层进行统筹，统筹小组通常由总经理、大政委和各部门负责人组成，要统一人才标准、岗位部门职责、胜任力模型和KPI，从上到下保持一致。

保持一致以后才能确保最后的结果是正确的。然后再下发相应的工具和计划表，确立整个盘点的周期，各部门再分别进行盘点。当然在这个过程中，不同的地域对人才的标准可以略有变化。

3. 各部门在接到公司下发的通知和工具后会分别进行人才盘点。在阿里，对于每个小部门的盘点，我们采用的是“1+1+HR”的模式，就是由被盘点人的上级和上级的上级再加上HR一同进行。在这个过程中，主要工作以业务负责人为主，HR提供辅助和工具支持。

4. 汇总结果并形成人才地图和下一步人才培养计划。当各个部门盘点结束后，就要把盘点的结果往上汇报，把现在的人才储备情况和发现的高潜力人才汇报上去，最终形成人才地图并制订相应的人才培养计划。无论是对高管还是对普通员工，我们都应该有相应的培养计划。

本节笔记

结合业务规划，做好人才盘点与发展计划

人才盘点的目的：

明确企业当前及下一阶段发展所需要的人才能力画像

了解当下团队的人才储备情况，识别优秀人才及高潜力人才

统一人才内部标准

制订人才发展计划

如何盘点：

三个维度

- 能力
- 价值观
- 发展潜力
  - 学习能力
  - 抗压力
  - 胸怀

盘点流程

- 从业务出发，确立人才发展计划
- 组成统筹小组，统筹进行，层层推进
- 各部门分别进行人才盘点
- 汇总结果并形成人才地图和下一步人才培养计划

03 知人知面知心，面试中的“望闻问切”法

我们经常听到这样一句话：选择比努力更重要。选择错了，再努力也是白费。在人力资源上也有一句话：选择大于培养。只有选对了，培养才会有价值。面试则是选人最重要的一环，管理者需要在极短的面试时间内甄别候选人是否符合公司的需求，挑战很大。

实际工作中，很多管理者对面试往往有以下痛点，比如不知道如何提问才能问出候选人的真实水平，特别是在面对那些很会包装自己的候选人时；比如了解了业绩水平，但不知道如何考察价值观、个性品质等；比如在面试时觉得一个人比较合适，但实际工作以后却发现他无法做出以前的业绩。

我们应该如何解决这些问题呢？

面试之前需要掌握三个原则：用人方必须参加面试；要多层级参与面试；面试时不能只问冰山上的业绩能力，还要考察冰山下的性格、品质、价值观等，尤其是对于高管的面试，因为业绩能力可以培养，但价值观不对就很难磨合。掌握这三个原则后，我们再来看看如何在面试中甄别候选人。经过长期实践，我总结了一个法则——“望闻问切”，跟老中医的方法一样。

望。望就是观察，通过观察判断一个人的能力素质。人的经历和工作习惯会在人的身上留下痕迹，一些经验丰富的人看一眼就会知道这个人就是他需要的。

比如我在面试的时候就会先让候选人在面试间等候，我会在外面观察一下，因为我要在他独处的时候观察他，一个人在独处的时候才是真正的自己。

分享一个曾国藩相人的小故事，相信大家会对如何“望”而“识”人

有更深的体会。有一次李鸿章向曾国藩引荐了三个人，希望曾国藩能够给他们一官半职。一行人到达曾国藩家的时候，恰好曾国藩出门办事，李鸿章便让三个人在门外等候。曾国藩办事回来，李鸿章说明来意。曾国藩直接说，左边的是个忠厚之人，可以做后勤工作；中间的阳奉阴违，不值得信任，不能被重用；右边的将来必成大器，要予以重用。

李鸿章非常吃惊，很好奇，便问曾国藩是怎么看出来的。曾国藩便说："我回来的时候观察了一下，左边的那个人一直低着头，一看就知道是个老实谨慎的人，因此适合做后勤工作。中间的那个人一直在四处打量院子，还若有所思，是想通过院子的布局看出主人的喜好。当我进去的时候，他虽然表面上恭恭敬敬，但一转身便左顾右盼。一看就知道他表里不一、阳奉阴违，因此不能重用。右边那个人一直笔挺地站立，并且目视前方，一看就知道是不卑不亢、心怀大志的大将之才。"果然，右面那个人便是后来的洋务运动发起人之一、台湾巡抚刘铭传。

曾国藩善于识人，更多的方法，大家可以读读他专门讲如何识别人才的《冰鉴》一书。

闻。闻就是闻味道，闻而知味，闻出候选人的做事风格、心理动机和价值观。无论是人，还是组织，都有自己的味道。在"望"里有"一见钟情"，在"闻"里有"气味相投"。只有团队里的人具有同样的"气味"，才能长久相处。很多优秀的人才不能在组织里扎根的原因就是彼此之间"味道"不合，做事做不到一块去，可能做朋友可以，但一起长期共事就不行了。在阿里，面试时有一个神奇的角色，叫作"闻味官"，这个人通常由五年以上的老阿里人或者政委担任。他负责和即将入职的人聊天，聊什么无所谓，可能是聊聊工作，聊聊家庭，聊聊人生，聊聊理想。在聊天过程中"闻味官"就能感受一下这位候选人与现在这个小组是否"味道相同"。如果味道不对，一般是过不了面试的。

问。问是面试中最核心的部分，好的提问方式往往能准确甄别候选人的水平。前面的望与闻也是需要与问结合的。

现在很多人在求职的时候为了获得更多的面试机会或者提升薪资水平而过度包装自己的简历，把不属于自己的业绩放在自己头上，或者明明只是参与了其中一小部分工作，在简历中却说自己是项目负责人。比如一个人说自己负责过一场大型培训活动，实际上他只负责了其中酒店预订的工作，但他对整个流程又比较了解，如果面试官功底不扎实，这个人很容易蒙混过关。如何识别简历里的这些真假人才呢，关键就在于提问。在提问时，我们有一个法则，即抠细节，追逻辑，问体感。

什么是抠细节？就是问事情发生的细节，大的框架可以伪造，但细节是很难造假的。比如我们在面试销售主管时，应聘者会说他在上家公司带领团队一年做了 500 万元，培养了 5 个销售精英。这时，我们需要明确一点，就是这些成果里有多少是因为他而产生的。在现实中，很多人，特别是大公司出来的人的简历往往比较光彩，业绩也比较好，但实际上这些成果很多是公司这个平台或者市场赋予他的，而个人能动性的作用并不大。所以我们要判断他的业绩产出是公司的资源或者制度带来的，还是主要是他的功劳。他离开原来的环境可能很难产出原来的业绩。

接下来我们就要抠细节，比如他说自己培养了 5 个精英，我们就可以问他在培养这 5 个精英的过程中做了哪些事，比如多久做一次培训，培训内容是什么，策划一场培训有哪些注意事项。或者询问在做业务复盘时，复盘的核心内容是什么，每次复盘是怎么开展的，在复盘过程中发现的问题是如何解决的等细节。因为细节上的事亲身经历过的人会很有体感，问题越详细，就越能鉴定这件事是不是他做的。

然后追逻辑，也就是从他的回答去分析他的逻辑性，看看他在做事的时候，逻辑是不是清晰、严密。比如他培养了 5 个精英，为什么要培养这 5 个人，这 5 个人有什么特点。他回答时的逻辑性越严密，代表他对这些事情的掌控能力越强，未来在新环境中，这些能力也能发挥出来。

再就是问体感，他在做这些事情的时候自己有什么体感，亲身经历的体感，是不可能造假的。通过体感，我们也可以看出他的价值观。比如他在培养人时有什么感觉，有什么动机；在遇到业绩瓶颈时，作为管理者，他有什么感觉。这种危难时刻的心理变化是最能考验一个人的价值观的。

“抠细节，追逻辑，问体感”是通过问甄别候选人的法则和流程。这个流程也是与望和闻结合在一起的，比如抠细节的时候可以观察候选人的表情，如果他很激动，眼神有光，那就代表这个事是他做的。如果眼神躲闪，他就可能在撒谎。追逻辑和问体感也是闻味道的一个过程。

这个流程也可以用在价值观的考评上，业绩因为有最后的结果作为证明，所以相对容易看出来，但价值观一般来说就不大好判断。这时，我们同样要去“抠细节，追逻辑，问体感”。比如很多候选人会说他有自驱力，但口说无凭，得拿出证据。我们就要问他对自己有什么规划，例如如何在三年内成长为一个大区总经理。

因为一个有自驱力的人一定不会止步于当下，他会对自己做出明确的未来规划。如果连规划都没有，一个人就会三天打鱼，两天晒网。

有了规划，我们就要问细节，比如为了成为一个大区总经理，他最近在做什么功课，看什么书，跟什么人交流。如果他看的书、交流的人跟成为大区总经理没什么相关性，则说明他没有自驱力，因为真正有自驱力的人会有极强的方向感，愿意为了达到目标不断学习并付出非凡的努力。梦想梦想，连做梦都要想，连做梦都在想，会把时间浪费在其他无关紧要的事上吗？

如果他确实在学很多相关的知识，那就代表这个人有自驱力。我们就可以让他对一些内容讲讲自己的见解，从而判断他的学习能力，是不是一个可塑之才。

除此之外，考核价值观还有一种方式就是聊生活。因为一个人对生活的看法才能真正体现他的价值观。一个不会生活的人，工作也不会很好。之前，马云在面试一个高管的时候，那个人的能力等各方面其实都没问题，于是马云花了 4 个小时和他聊金庸的小说，聊武侠，聊对小说人物的看法、对江湖事件的分析。通过这些分析往往可以看出这个人“冰山下”的内容。

所以大家在面试的时候也要适当问一下应聘者在生活方面的事。比如可以问问有孩子的应聘者对孩子教育的一些心得，平常是如何与孩子沟通的；比如他喜欢探险，那就代表他喜欢挑战，抗压性也比较强。这时，可以紧接着问他喜欢一个人探险还是和一群人，如果是一群人，他在团队里担任什么角色。从中也可以看出他在领导力上的一些潜力。

切。切就是背景调查，如果望、闻、问都没什么问题了，对于一些关键岗位的候选人就可以做一些背景调查。有专业的公司可以做这种调查，不过如果能通过认识的人了解应聘者往往更好。条件允许的话一般应选三个人，即上一家公司的人力资源经理、上级、下级（或者平级）。主要内容以核实候选人的信息和了解其经历为主，核实信息主要是看看候选人提供的信息是不是真实的，其中包括学历、工作经历、职位、工作结果、薪资、真实离职原因等；看看经历则要确定他在上一家公司的口碑怎么样，有没有违反价值观、合同，或者损害公司、客户利益的行为记录，人际交往和个人性格如何。

当我们经过一番望闻问切之后，心里也就大概有了个谱，就要进行最后一个环节——决定，即决定是否录用。很多管理者在面试的最后环节觉得候选人没什么问题，但又觉得有点儿不对，会有点儿犹豫。我总结了一个经验，告诉大家什么样的人不能录用。第一，觉得这个人还行，但说不出他哪里好，也说不出他哪里不好，这个人真的不能录用，有时候看不出问题才是最大的问题。第二，当前业务太缺人，这个人还凑合，不能录用。那应录用什么样的人呢？第一，这个人可以对公司产生长期价值。第二，如果这个人去了竞争对手公司，我会伤心。

当然单靠短短几十分钟的面试并不能解决所有问题，所以更重要的还是试用期考核。通过三个月的试用期，以事选人，以事成人，以事育人，通过一件件工作去考核他到底符不符合公司的相关标准。

本节笔记

面试的三个原则：

用人部门必须参与面试

多层级参与面试

面试时不能只问明面上的业绩能力，还要考察隐藏的性格、品质、价值观等，尤其是高管

如何甄选：

望——通过观察判断一个人的能力素质

闻——了解候选人的做事风格、心理动机和价值观

问——抠细节、追逻辑、问体感

切——背景调查

决定——两要、两不要

04 扶上马，送一程：空降兵如何落实

上一节为大家分享的是如何通过面试录用合适的人。面试通过了，新员工就可以入职了。这时，很多管理者可能就松了口气，觉得选人工作完成了。其实不然，因为新员工入职也是需要格外注意的。

很多公司会遇到某个关键管理岗位缺人的情况，会花大价钱招人，我们称这类入职的管理者为“空降兵”。我们发现很多空降兵在前半年，甚至前三个月就会离职。这会对团队造成巨大损失，因为无论是招人还是用人，都是需要成本的。这个现象被称为“空降死”。

我看到过很多空降死的案例，并总结了空降死的两个原因。

1. 老板急于拿结果。老板好不容易花了大价钱聘请到一位人才，肯定希望这个人尽快做出成绩，把成本赚回来，或者公司的情况比较危急，急需空降兵来拯救。老板往往在空降兵还不了解公司整体情况时，就放手让他上战场拿结果，还美其名曰“用人不疑”，这样肯定容易出问题。

2. 空降兵本身有问题。一是空降兵刚进公司的时候，由于不了解公司历史，不知道公司过去发生了什么，会觉得整个团队有一些问题，这让他很不舒服。我们有句土话将这称为厕所文化，就像一个人刚进入厕所，其实能闻得出异味，所以浑身不舒服，认为这个团队有很多问题，不是自己想要加入的团队，就会抱怨：“哎呀，这个团队怎么会这样啊？我以前的团队可不是这样！管理者怎么连这么简单的事都做不好？”且不管一个人的策略和方向对不对，但通常只要说了这些话，你就会发现，你会被团队的人排斥。因为他们也是这个团队中的一员，他们会认为你否定团队就是在否定他们，这样，你的群众基础就没了。二是空降兵来到一个新环境，也想尽快拿出一些成绩来证明自己，获得领导的认可。所以在群众基础还没打好的时候，他一上来就新官上任三把火，最后只能把自己烧死，最终

让双方蒙受损失。

怎么解决空降死问题呢？

空降兵的特点就是他对新的团队没有太多了解，也没有什么群众基础。如果空降兵想要安稳落实，自己要做一些工作，这叫作自带降落伞。公司也要为他搭建一个缓冲垫，这叫作扶上马，送一程。接下来我们就从公司和个人两方面分析一下，空降兵如何自我落实、公司如何帮助空降兵落实。

空降兵个人落实很重要的一点是打好群众基础，做一个大家都能接受的人，再去做业务。这需要空降兵跟自己的下属、业务伙伴多沟通、多聊天，可以一起吃饭、逛街，共同经历一些事。只有玩在一起，才能战斗在一起。在过程中要相互了解，了解对方的脾气、过去的经历和做事理念。了解了彼此的性格和经历，我们在工作过程中就会知道彼此行为背后的真实意图，就会产生默契和信任，不然就很容易产生误会。

很多管理者都会批评员工，但是为什么有的管理者能让员工接受，有的会引发抵制呢？原因就在于双方没有足够的了解与信任。当我们跟员工有了足够的了解与信任时，员工会知道我们骂他是真的对他好，而不是在羞辱他。平级之间的关系也是如此，所以我们要了解他们的一些习惯和工作属性，这样配合起来就会更融洽。大家可以吃吃饭，喝喝酒，多搞一些活动，争取相互了解。

群众基础做扎实了之后，千万不要新官上任三把火，因为在不了解情况时放火，烧的就是自己。我们应主动了解现在的业务。如何了解？首先要到一线倾听客户的声音。因为每一家公司或者每一个团队的市场都是不一样的，所以我们要看看他们是怎么评价我们公司的，会在意什么，以后工作的时候就会心里有谱。其次要倾听员工的心声，听听他们是怎么看待目前的业务、客户以及整个公司的。这可以发现很多问题。还要加强与协同部门的沟通，比如营销部门、财务部门、人事部门，这也会让你有一些新发现。

不要急于开展大变革，但对于一些普通的，大家都在正常开展的工作，是可以在前期介入的，因为这是大家普遍认同的。哪些事可以先做，哪些事不能先做呢？举个例子，比如组织架构、人事、战略方向，千万不能上来就调整。日常的一些管理审批工作，我觉得在被大家接受的状况下可以立刻去做。空降兵千万不能心急，越是急于证明自己，越容易阵亡。一段时间之后，群众基础扎实了，对客户和公司状态了解清楚了，再带领大家取得一些阶段性胜利，这样员工（包括公司的各级管理层）对我们就比较认可了，我们也就平稳落实了。

再从公司层面分析一下怎样帮助空降兵落实，空降兵不能直接上战场，要先让他了解地面情况再出击。在这个过程中，很重要的是老板应该亲自带空降兵了解地面情况，不能当甩手掌柜。

公司要开展入职培训，让空降兵了解公司的前世今生、发展进程、重大事件，全面阐述公司之前的政策，为什么这样考虑，以及原因，让他了解其中的门道。只有这样，才能够让他很好地了解这家公司。然后在人员上也要多向空降兵介绍。生活中，年轻人在结婚后必须要做的就是带着对方走亲戚，让对方认识亲戚邻居，了解各自的关系和当地的风俗习惯。这样新人就会知道以后在相处的时候要注意什么。公司管理也一样，再小的公司也有自己的人情世故和“潜规则”。比如一个刚加入公司的新高管准备组建一个团队，将两位老员工编进一个小组，但他并不知道这两位老员工之间有些恩怨，把他俩放在一起很容易引发冲突。所以管理者在空降兵进来的时候就要带着他认识其他管理者和老员工，让他了解公司的人情世故和历史渊源。这样他在处理群众关系时心里就会有谱，这叫作拜码头。

做完上面这些工作之后，空降兵对公司的基本面会有一定了解，但是肯定还会有一些不清楚的地方。这时，要给他配一个师父，帮助他成长。在阿里，这叫作师徒制。师父由三个人担任，即他的直接上级、HR 和一个老员工。直接上级辅导他做业务，能够把业务更清晰地展现出来，带着他跑一跑，有错误就纠正。HR 是空降兵的一个贴身教练或者一架桥梁，从侧面介绍一些有关人的问题。老员工要帮他了解团队成员，助他融入团队。

空降兵应以季度为单位争取阶段性胜利，公司应给予支持，帮助他取得成功，帮助他扩大影响力。这样，空降兵也就顺利落实了，可以放心打仗了。

有一个特殊情况，对于内部晋升的管理者，下面的人很可能会有“凭什么是他管我，他的能力也不怎么样啊，他肯定走后门了”等想法，也会处处针对他。

如何避免这种情况呢？第一，上文提到的流程，内部晋升的管理者也要走一遍，也要拜码头，了解上级、平级、合作伙伴。在非紧急状态下，也不能做出新官上任三把火的行为。第二，在晋升的时候，阿里的理念是，只有达到M5 能力要求的人，才能晋升 M5。也就是说，一个人要想获得晋升，必须拥有相应的能力，而不能先提拔再培养。比如区域经理要想晋升到大区总经理，那他必须拥有大区总经理的能力。第三，当我们发现团队里有优秀、可以提拔的苗子时，在平时就要培养他的领导力，比如让他担任虚拟小组的小组长等。第四，对于内部提拔的管理者，我们也要为其配备师父，让他平稳度过这个过渡期。第五，在他胜任工作之后同样也要让他跟团队融合破冰，不能远离团队，不能有“我已经是管理者了，跟你们不一样了”的想法。在这个过程中政委要格外注意这个问题。

本节笔记

空降死的原因：

老板急于要成果

空降兵本身与新环境没有做到了解和融合

如何避免空降死：

个人层面

- 搭建自己的群众基础
- 主动了解现在的业务
- 不要急于做大的变革

公司层面

- 入职培训，对公司形成基础认知
- 带新人拜访相关部门，了解公司的人情世故
- 配备导师，帮助新人成长
- 阶段性规划，帮新人扩大影响力

5

做激励：让员工从被迫执行到主动行动

上一章主要讲了如何招人留人。当一个新员工顺利落实以后，接下来就要进入执行任务出成果的环节了。在管理过程中经常会出现一个状况，就是我们给员工下达一个任务之后，员工在执行的时候很“佛系”，或者执行错了。

这主要有两个原因。一是员工没有正确理解目标。可能是管理者布置的任务不清楚，或者员工理解错了却自以为明白了，所以按照错误的理解去执行，自然就容易出问题。二是员工的获得感不强。也就是员工听懂了目标，但不理解这个任务的意义，觉得自己在这个任务中不能获得什么，所以执行起来自然就容易佛系。因为从人性上讲，事不关己，高高挂起。如果这个任务跟自己没有什么关系，执行起来自然就很佛系。人不是机器，插上电就可以自行运转。特别是现在的年轻人，对他们来说，更享受过程是不是有意义、有趣。如果没有这些因素，事情就不是他们的事情，他们就不会有主人翁意识。

如何解决？那就要让员工正确地理解目标本身，理解目标的意义和重要性，特别是对他来说意义何在，然后在利益上给予激励。本章就围绕这一脉络进行论述。

01 扣动员工的心灵扳机，激发无限可能

想让员工工作有动力，首先我们要解决的是：这个任务对员工个人而言的意义是什么。我们在前文说过，人只有为自己而战的时候才是最有动力的。所以管理者要做的是让员工认识到他们所做的工作不是为了公司，也不是为了团队，更不是为了领导，而是为了自己，为了自己获得更多的成长和更好的收入。

那么如何让员工理解目标的意义？这里就有很重要的一步——目标的sell。

什么是 sell ？英文直译就是“销售”。我们之前讲到，员工也是我们的客户，我们只有通过员工才能完成我们的目标，所以很关键的一点就是我们要把我们的目标卖给员工，让他们认识到这些目标跟他们是息息相关的，这样他们在执行的过程中才会有动力。

1. 寻找心动点。在这个过程中，很关键的一点就是要扣动员工的心灵扳机，激发他的无限可能。所谓心灵扳机，就是有一样东西能让人心里小鹿直撞，怦然心动，决心要得到它。为了这个心动，你愿意付出所有的努力，可能是一辆车，可能是社会地位，也可能是信仰追求等，我们称其为原动力。任何一个人做任何一件事，原动力越强，他对目标就越笃定，并且愿意为此付出非凡的努力，我们称之为“极度渴望成功，愿付非凡代价”。所以，管理者在管理过程中，一定要知道员工工作的原动力是什么。只有知道了原动力，我们才能扣动他的心灵扳机，激发他的无限可能。

2. 寻找成就点。我在招聘的时候，一定会问面试者一个问题：“你的梦想是什么？”大多数人会回答：“我没有梦想。”我会问：“没有梦想也行，请问你最近的目标是什么？”很多人就会回答：“我最近想买一辆车，把老家的房子翻新一下，添置一些生活必需品……”紧接着我会问：“你为什

么要实现这些目标，背后的原因是什么？”这时，他们回答的就是他们的原动力。比如产品部门在开发产品时，如果还没有付费客户，往往是缺乏动力的。因为他们觉得还能拖一拖，还能慢慢研究。但当已经有部分客户付钱了，这时他们就很有动力了，无论思路，还是效率，都很快，因为他们想赶紧把产品上线，并交给客户。这就是原动力的作用之一。

对于大多数人来说，自驱力不会很强，我们称之为飞轮，需要外力拨一拨，上上发条，才能转起来。所以优秀的管理者，很重要的一项技能就是扣动员工的心灵扳机，激发他的原动力，帮他把飞轮转起来。

怎么激发呢？我们可以围绕马斯洛需求理论进行。马斯洛需求理论将需求分成五大部分，从低到高依次是：生理需求，安全需求，情感和归属需求，尊重需求，自我实现需求。不同的人在不同的阶段会有不同的需求，当我们知道了员工的需求之后，我们就可以围绕对应的需求层级进行不同的激励，我们称之为“诱之以利”。接下来，我举几个例子。

首先是最底层的生理需求和安全需求。这一层级的需求主要体现在金钱、食物、住所这些物质需要上。

阿里早期做 B2B 业务时，招人喜欢招“苦大仇深”的员工，原因在于吃过苦的人想要翻身改变命运的渴望会很强。这些欲望、追求、梦想就是一个人的原动力。那些靠读书从农村走出来的孩子，只要一谈起大学是怎么上的，眼泪就会哗哗地流。老爸老妈卖了两头牛、借了很多钱帮他们交学费，那是牺牲了姐姐、弟弟上学的机会为他们换来的，所以这些人在毕业后会有非常强的工作动力，赚钱回报家人。

还有一个发生在新冠疫情期间的案例。有一次我跟员工在电话里聊天，员工就跟我吐槽：“平时不觉得什么，特殊时期突然觉得，有一辆车多好，有一个独立的空间，不会被别人传染。不用像现在这样，骑单车很累，坐地铁又比较危险。”所以，我就问他：“如果你现在要买车，还差多少钱？”他说：“要买那辆自己很喜欢的越野车，还差 10 万元。”然后我就跟他说：“我们现在有那么多热门产品，按照我们的预测，只要你好好努力拼搏一把，两个月以后，你就可以买车了。”接下来，对于公司推出的热门产品，他一定会很迅速地了解，并努力寻找客户。因为，他关于安全的原动力就被激活了。

其实每个人都有原动力，只不过很多时候被隐藏了，需要在某些特殊的场景，才能把需求点挖出来。关键在于管理者在跟员工聊天的时候，是否能挖掘到员工隐藏的需求点。需求点明确了，对员工来说也是有利的，至少可以让他们知道自己是在为什么而努力，努力的方向是什么。

所以，从生理需求和安全需求的角度点燃员工，关键就是带着大家体验或畅想更好的生活。那个生活是他想要的，他就会为此努力。当然，君子爱财，取之有道，这个“道”就是企业的文化。朝着目标努力的过程，要符合公司的文化和价值观，不能跑偏。

当然，也有很多管理者跟我诉苦，说现在年轻人的家庭条件都很好，不差钱儿，跟他们讲金钱还会被鄙视。那么当一个人的生理需求和安全需求被满足之后，我们就要往上看看其他的需求，比如情感和归属需求。

以前我有一个很优秀的下属。她在加入阿里之前是自己做生意的，21世纪初每年都能赚100万元，能在北京买套房了。由于她太优秀了，在家里找不到对象，很苦恼。于是她就加入阿里想要找男朋友，因为当时无论是我们内部的员工，还是外贸客户，大多数都是优秀的男性。当我听完她的原动力之后，觉得她动机不纯，就没录用她。但是她没有放弃，失败之后又来一次。总共面试了三次，第三次她还没通过。她觉得这条路可能行不通，于是改变了策略，站在我们公司外面隔着玻璃一直看着我，看了好几天。后来我被她打动了，觉得这个人要性很强，干销售一定不会差，于是我就跟她长谈了一次，让她入职了。但是不到两个月她就想辞职，因为她在我们内部没有发现适合的男朋友人选。于是我让她不要着急，并告诉她目标要看得长远，还为她做了人生规划，说：“你看我们的客户基本以男性为主，其中不乏年轻有为的老板，都很优秀。你之所以没找到男朋友，是因为你现在拜访的客户太少了，如果你每天多拜访几个客户，是不是找到男朋友的概率就更大了？”她听了觉得好像有些道理，就留了下来。以后只要她一懈怠，我就问她：“还想不想找到男朋友了？”她立马就出去拜访客户了。一年以后，她找到了一个很优秀的男朋友。在这个过程中，她的能力也得到了很大的提升，给公司创造了不错的业绩。

通过这件事大家可以看到，我们在跟员工沟通目标的时候一定要摸清楚对方的需求点。告诉他不是为我做，不是为团队做，而是为自己做，你心里多想要，我才有多少方法帮你。

我们再举一个尊重需求的例子。

中供的一个女性员工，家里很有钱，根本不需要出来工作。所以我在面试的时候就问她为什么要加入中供这样一个比较苦的部门。她的回答是，有一天她在教育孩子的时候，孩子突然说了一句：“妈妈，为什么你天天跟我说要努力学习，你自己却没有工作，天天在家待着呢？”这句话对她产生了极大的冲击，她思考了一下，最终决定出来工作，而且还要加入中供这种工作强度比较大的部门，这样才能给孩子做一个榜样。这样我就明白了她工作的原动力是给孩子做一个好榜样。以后当她工作懈怠了，我就说：“你的孩子还在看着你呢，你还要不要给孩子当好榜样了？”这样一说，她立马就有精神了。

还有一个案例，最近有很多的管理者问我二次元的员工应该怎么管理？其实，对于二次元的年轻人来说，他们的需求点在于，渴望在一个圈子里被认同。比如Cosplay（角色扮演）的圈子，比如摄影圈子、汉服圈子等。为了追求自己的兴趣爱好和同伴们的认同，他们可能会花很多钱购买一些服装道具和设备，这些东西其实都是很贵的。所以我会跟他们说，如果要追求自己的兴趣，不能靠家庭，要靠自己的努力。然后我还会根据他们的兴趣爱好做一些激励，比如这个月的项目做得很不错，那么我会建议员工用奖金购买一套限量款的衣服，或者一个心仪已久的镜头。这样一来，他们在工作的过程中就会非常认真地把这个项目做好。因为完成了这个项目，他的愿望也完成了。在日常激励过程中，我也会用一些二次元的语言跟他们沟通，比如当遇到困难的时候，我会说："《海贼王》里的路飞是怎么解决问题的，我们要学习路飞身上那种不屈不挠的精神。"当我们语言相通、目标一致的时候，大家在一起工作就非常愉快顺畅。

以前我在杭州工作时，有一个员工是富二代，家庭条件很好，工作也十分认真。但是，我们在奖励员工的时候，无论公司给他发多少钱，他都无动于衷，因为他家太有钱了。有一次，我在跟他做 Review 时，经过一番追问，发现他来公司上班不是为了生存或者其他东西，而是因为他的家人都很成功，所以他们觉得他不成器，没什么价值。他就特别希望能在家人面前证明他也是有价值的，从而获得家人的认可。聊完之后，我就知道该怎么做了。下一次在奖励员工的时候，除了正常的奖金外，我还特地做了一个大大的奖牌给他，可以让他拿回家给家人看，让家人知道他对公司的价值，且公司很看重他。在领奖牌时，他突然哽咽了，因为他拿到了可以证明自己的东西。他很小心地把这个奖牌收好，拿回了家。之后他每天来上班都很开心，甚至还会哼着歌来，工作起来也更高效了。这就是因为我们激发了他内心关于渴望得到家人认可的原动力。

最高的一层需求就是自我实现需求和利他需求，拥有这类需求的人的自驱力是最大的。比如著名的"火星人"马斯克创立并管理着造火箭的 SpaceX、造电动车的特斯拉、造太阳能设备的 SolarCity、造超级高铁的 Hyperloop 等公司，改写了世界商业航天的历史和汽车发展的历史。他提出的每一个概念和想法可能都需要集中一个国家的力量才能完成，但他却能以一个企业的力量实现了这么多想法，原因就在于他总能聚集一群万里挑一的天才。当这些天才聚集在一起，把百分之百的心思投入一件事情上时，一件再不可能的事情，也会变得很有可能。

而这些天才的工资并不高，而且压力也非常大。他们之所以能扛住这么大的压力，愿意跟随马斯克，就是因为他们在这里可以实现自己的价值和梦想。

通过以上案例，大家应该可以简要了解如何激发员工的原动力。当员工的心灵扳机被扣动，有了自驱力，很多事情无须我们督促，他自己就转起来了，这就应了那句“无须扬鞭自奋蹄”的话。大家心里憋着一股劲儿，马力十足向前冲刺，就不愁目标落不了地。当然如何挖掘原动力，这是个手感活，需要不断接触，不断谈心，通过一次次沟通去发现。最好的环节是在面试的时候，如果错过了面试，那就需要在工作中通过团队建设、裸心会、Review 不断发掘员工内心的原动力。

这个过程中有两个误区大家要避免。一是我们在激发原动力的时候千万不要站在自己的角度思考别人的原动力。因为每个人的生活背景、成长经历都不同，原动力自然就不同。有些我们觉得很重要的东西，别人未必觉得重要。二是我们要让员工看到实现的可能性，而不是画大饼。背后的潜台词就是，要让员工相信跟着我们是能拿到最好的结果的，这就需要我们自己本身善于打胜仗，带领员工实现梦想。

本节笔记

如何扣动员工的心灵扳机：

目标的 sell

- 寻找心动点
- 寻找成就点

根据马斯洛需求理论激发员工的原动力

- 生理需求和安全需求：带大家体验或畅想更好的生活
- 情感和归属需求：了解员工的需求点，提供帮助让员工为自己而努力工作
- 尊重需求：包容不同个性的员工，为他们提供被他人认可的机会
- 自我实现需求：为员工提供实现自我价值和梦想的平台

需要避免的误区

- 管理者不要站在自己的角度思考员工的原动力
- 管理者要看到目标实现的可能性，不能画大饼

02 向下传达目标，先要“定对”再“管对”

我在上一节已经讲到如何扣动员工的心灵扳机，找到员工内在的原动力，也就是让员工明确目标的意义是什么。本节我讲解一下如何正确向员工布置目标，以及目标的管理。

管理者作为公司和员工之间的缓冲带，承担了上传下达的任务，所以管理者要想正确传达命令，自己一定要先明白上级布置的任务的目标是什么。

通常，要理解目标，需要知道以下 6 点。

1. 目标本身是什么。是业绩、招聘，还是培训？

2. 做到什么程度算完成。比如做业务，是做到 1 000 万元、2 000 万元，还是 5 000 万元？

3. 截止时间是什么。总体的完成时间有多长，有没有阶段性的截止时间。

4. 目标的用意是什么。也就是说，我们希望通过这个目标实现什么目的？比如招聘，我们招来的人是为了服务新业务，还是稳固旧业务？用意不同，对应的实施路径是不一样的。

5. 目标的实施路径。也就是要问上级，他对于这个目标的完成有没有一些初步的想法。比如同样要完成 5 000 万元业绩，公司是希望通过外贸完成，还是通过内销完成，抑或两者兼而有之。这一点是一定要问明白的，不然干到最后，很可能会跟公司的想法南辕北辙。意图和路径通常是隐藏在子目标里面的。所以，无论是向上理解，还是向下传达，目标不能只有总目标，还要有围绕它的子目标。

6. 上级有什么资源支持。也就是为了完成这个任务，存在哪些可能上级知道而我们不知道的资源。

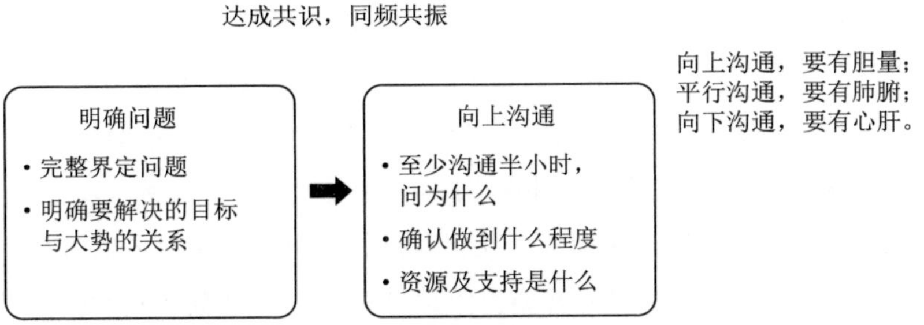

目标的理解与解读

通常来说，这 6 个问题大概需要半个小时，但这是非常重要的半个小时，特别是对于年度目标、战略规划等大层面的目标，一定要向上沟通、消化目标。切忌不懂装懂，没听明白就去干，这叫作愚忠，最终会带偏整个部门，对公司产生负面影响。

在这个过程中，有一句重要的话叫“向上沟通，要有胆量”。也就是说，敢于跟上级沟通，心里有不明白的地方要敢于说出来，不能因畏惧上级的权威而不敢问，因为最终结果做不好，你们都有责任。

当跟上级沟通完之后，你明白了目标本身和目标的意义，接下来就要制定策略和往下分解目标。制定策略可以与第 2 章如何定策略的内容加以结合。往下分解目标就需要拿出两张图。一张是我们在第 4 章提到的人才盘点图，这张图上可以看出员工的能力水平，分解下来的目标要跟员工的能力水平和属性相结合。另一张是客户资源表，从中可以看到现阶段我们有多少客户资源，都在谁那里，这个也是分解目标的重要因素。

在消化目标的过程中，除却部门内部的现有资源、上级可以提供的资源，我们还要及时跟平行部门沟通，看看它们那里有什么资源，比如财务部门、人事部门等。所以这里也有一句话，叫作“平行沟通，要有肺腑”，即跟平级沟通要掏心掏肺，互相了解。有了这样的了解之后，我们在业务过程中才可能得到他们的及时协助，而非临时抱佛脚。

在给员工定目标的过程中，要坚持以下 4 个原则。

1. 给员工定的目标必须是具体的，而且通常来说，越往基层走，员工背的子目标就越少，那么给他们制定的目标本身也越要量化。因为对于执行层面的员工来说，他们需要做的是聚焦，着力于当下。如果让他们背负太多的目标，到最后往往哪个都做不好。

2. 要有阶段性的量化指标。要想有好的结果，必须有好的过程，所以在业务执行的每个关键点都要有阶段性指标，方便我们实时把控。到了某个节点，发现没有完成，就要及时调整，下一阶段争取完成，避免到了最后才发现问题。同时，也可以根据每个阶段的动态调整资源的投放和使用。

目标的分解可以从时间和过程两个维度进行。

从时间维度来看，我们要把一个员工的年度目标分解成季度、月度、周、日目标，同时还要做到过程和结果相结合，这很重要。一个管理者针对员工每个阶段的目标也要有过程指标的目标分解，先看每一个阶段的过程指标是否完成，然后再看结果。这就是我们通常说的管理者要在日常过程中有抓手，而不能只看结果。

年度：一亿元　年初销售人数：150						
目标分解	加人			加产能		
	销售	主管	经理			
第一季度	50	5	1	3万元/月	1 800万元	
第二季度	50	5	1	3.2万元/月	2 400万元	
第三季度	50	5	1	3.4万元/月	3 060万元	
第四季度	50	5	1	3.5万元/月	3 675万元	
年度最终	350			3.5万元/月		1.093 5亿元

从时间维度分解目标

从过程指标的维度来看，员工要想完成目标，不能仅仅是一个数字。比如要完成 10 万元的目标，首先考虑 10 万元是由多少个客户组成。我们假定是一个，那从转化率来看，要成交一个客户，就要有 10 个高意向客户；

要有 10 个高意向客户，那就要进行 100 个新客户拜访；要有 100 个拜访，可能要有 1 000 个客户信息。所以每月 1 000 个客户信息收集，100 次客户拜访，10 个意向客户都要列入指标，并形成考核，管理者每天都要检查。每天的过程指标抓住了，我们才有希望完成每个月的目标。关于过程指标的分解，我们在接下来的业务执行章节，还会有更详细的讲解。

举个生活中的例子，大家可能就会对过程指标形成更深刻的认识。有经验的马拉松选手通常会在比赛之前提前熟悉场地，每隔一段距离就会找一些标志性建筑物，作为比赛时的参照点。这种把长距离分解成几个短距离的行为，首先能降低任务的心理难度，增加信心。其次，在正式比赛的时候，每看到一个标志点，他就知道已经跑了多远，还剩多远，能合理地分配体力，而且还可以在心里暗暗鼓励自己，我已经跑完了这一段，离终点更近了，从而把自己的潜能充分激发出来。这个例子说明，目标制定必须是具体的，而且要分成阶段。

3. 在制定目标的时候，需要把个人目标和团队目标相结合。比如团队有 10 个人，目标是 100 万元，平均每人 10 万元。但储备客户的时候，必须要有 20 万元的储备客户，这样才能保证团队目标的完成。因为在实操过程中会出现很多不确定因素，导致个人目标完不成，从而影响整个团队目标的完成。在这个过程中，每个人在制定目标时，围绕整个团队的目标，必须有一倍以上的客户作为支撑，我们才有机会完成每个人的个人目标。

4. 员工的目标也要有一套体系。我们在定团队目标的时候讲到，目标有四个，即静态目标、预测目标、动态目标和借假修真的目标（也就是隐性目标）。这四个目标在给员工定目标的时候同样也要有。

静态目标包括基础目标和跳一跳才能完成的目标，它们是从整体目标中分解出来的。

预测目标是根据每月客户资源盘点情况预测出来的。

动态目标也就是 PK 目标，这个目标由员工自己或者管理者制定，指在团队中找一个榜样作为动态目标，在双方达成一致的情况下进行 PK。动态目标可以是个人之间的，也可以是部门之间、区域之间的。

比如当年阿里有一个销售，当时他的动态目标就是整个部门的销售冠军，于是他每天早上会抽出一个小时的时间，拿着凳子，带着录音笔和笔记本旁边听这位销售冠军打电话，记录他的电话销售流程、处理异议的方法和话术等，然后把学到的方法变成自己的方法和话术，不断进行演练和实践。果然，三个月以后，这位销售就超过了原来的销售冠军，成为新的冠军。由此可见，对员工来讲，找一个横向的 PK 对象，其实是非常重要的。

借假修真的目标，也就是在达成整体目标后最终要修炼什么，比如某项技能的提升、团队的凝聚力等。

当定好了目标之后就要往下进行布置，在中供，我们布置目标有三个环节：说出来，喊出来，贴出来。

1. 说出来，就是先要做目标的沟通。一般是管理者跟 HR 一起对员工进行一对一的目标沟通和拆解。在向下沟通的时候心态上要做到“向下沟通，要有心肝”，要站在员工的角度进行目标沟通。比如，出于什么原因定这个目标，这个目标对员工有什么意义（收入、成长、晋升等方面），如何完成这个目标，在过程中要注意什么，公司有什么资源。这些都要跟员工说清楚，出于对领导者的敬畏，如果你不主动说，员工可能不会问。

管理者说完之后，要做一次检查，检查员工有没有理解，不能他嘴上说一句“明白了”，就放他走了。如何检查？最简单的就是让员工把自己的理解复述一遍。自己认为这个目标是什么样的，目标的意义和重要性是什么，自己的实施路径是什么，需要什么协助。员工复述的时候，管理者要认真听，一方面听他讲得对不对，思路清不清晰，实施路径对不对，有没有提升的可能性，另一方面要看他的味道对不对，也就是有没有正确理解目标意图，实施路径符不符合价值观，凡是不对的就要及时指出来。

举个生活中的案例，以前我跟同事要一起拜访客户。当时我跟他说下午 1：30 到，但是他理解成下午 1：30 出发，结果到了快出发的时候，他还在忙其他事情，耽误了时间。所以后来再跟他约定时间的时候，我都会重复一遍，明确是 1：30 出发，还是 1：30 到达。

2. 喊出来，就是要做目标的心态管理。很多管理者在布置完目标之后，发现员工无动于衷，执行起来没有积极性，这可能是因为布置目标的时候没有做心态管理。

在阿里，我们布置目标后会让员工把目标喊出来，让所有人都知道你的目标是什么。同时还会给目标设定一个美好的心灵扳机，也就是通常会让员工设定一个目标完成后的奖励，或者没有完成目标的惩罚。这在阿里被称为“Kick Off”。具体的做法是：管理者搭台，员工唱戏，管理者会创造一个场景与氛围，让员工上台喊目标，把目标喊出来，立军令状，把完成之后的奖励及完不成的惩罚都上台喊出来，这样就相当于所有人都可以对员工进行监督。

还有个跟 Kick Off 接近的动作叫作“目标通晒”，通常以部门或者项目组为单位进行。当某个部门或项目组制定出目标和实施策略后，可以组个局，拉上上级和平行部门，在会上将自己的计划讲出来。一方面相当于在众人面前立军令状，另一方面与会人员也可以给我们的计划拍拍砖，提提建议，完善我们的计划。因为他们参与了“通晒”，了解了我们的计划，在实施的时候也可以及时给予我们支持帮助。

3. 贴出来，就是目标的显性化。大的层面要有 PK 墙，把所有人的目标贴在一张墙上。个人层面可以把实现目标之后的奖励贴在工位上，比如一辆顶配越野车的照片、一张马尔代夫沙滩照。这些强烈的视觉冲击，以及实现目标后的美好场景会时刻印在员工的脑子里，激励员工每天不断努力，不断超越自我。当然在后台也同样需要目标显性化，比如把目标贴在墙面公告里，每天在早会时提醒大家。

在目标的布置中还会出现三种场景，这里稍微延伸一下。

1. 公司制定的目标高于员工制定的目标。这是最常见的，也是在向下布置目标时最难应对的一种情况。因为双方存在信息差，从公司层面能看到的东西，比如行业爆发期、资源的积累等，员工未必能看清。员工对于自己在过去一年的成长是无法察觉的。当出现这个差距时，我们就需要设计一个讨论环节，管理者要把公司的战略选择、接下来的策略、准备投入的资源和员工过去一年的成长告诉员工，而员工也可以把对新目标的困惑、需要的资源告诉管理者，双方互相讨论。通过这样的讨论达成最终的结果。在讨论的过程中，员工对于公司的战略发展，管理者对员工的发展现状都会有更深入的理解。当然在沟通目标的过程中，管理者一定要学会站在员工的视角，多谈一下这个目标对员工的意义是什么，可以带来哪些收入和成长，切忌说“这个目标是公司压下来的”，这样员工就会认为自己只是一个工具，就会抗拒目标，特别是在目标比较高时。

2. 员工定的目标高于公司定的目标。这种情况较为少见，一般出现在开启动会时，现场人们情绪高昂，热血一上头就容易出现这种情况。这时，作为管理者就要让员工冷静一下，让他重新思考一下能不能真的完成。因为在情绪高昂的时候，员工会有种心态，即觉得自己的客户情况也很乐观，容易签单。其实未必这么容易，因为客户不会为我们的热情买单。这个动作叫作挤泡泡。在员工报目标的时候要结合员工的客户资源表，如果发现员工的目标远远高于他的客户资源储备，就需要结合资源表挤一下水分，否则在执行过程中希望破灭，士气就会下降，管理者也需要付出更多时间帮他擦屁股。

3. 公司的目标和员工的目标一致。这是最少的情况，也是最好的情况。

在追寻目标的过程中，还需要资源协助和动态管理。

要想马儿跑得快，就要给马儿吃草。当我们给员工设置了一个目标，也要给员工相应的资源。员工也可以提出自己需要什么协助，比如希望公司提供技能上的培训，要增加优质的客户线索，提供更生动的销售资料和经典案例，也可以要求主管每周进行一次陪访，或者和政委深入谈心，这些都是可以跟管理者协商的。

然后是动态管理，最重要的是检查和辅导。

先说检查，为什么要做检查，特别是除了定时定点检查外，还要随机检查。因为从人性来看，员工往往只干老板检查的事情。所以作为管理者要及时检查，检查员工每天的拜访量、拜访记录等。在检查中，我们可以发现导致员工拿不到结果的问题，这时就要进行辅导，看看员工在技能、心态方面有没有问题。在中供，“晚沟通”中很重要的一点就是解决员工在心态和技能方面的问题。

本节笔记

管理者如何向下传达目标

- 理解目标的几个维度
  - 目标本身是什么
  - 做到什么程度才算完成
  - 截止时间
  - 目标的用意
  - 目标的实施路径
  - 有什么资源支持
- 给员工定目标的 4 个原则
  - 目标必须是具体的
  - 要有阶段性的量化指标
    - 目标的分解有两个维度
      - 时间
      - 过程
  - 个人目标和团队目标要结合
  - 员工目标要有一套体系
- 布置目标
  - 三个环节
    - 说出来，目标的沟通
    - 喊出来，目标的心态管理
    - 贴出来，目标的显性化
  - 三个场景
    - 公司目标高于员工目标

- 员工目标高于公司目标
- 公司目标与员工目标一致

实施目标

- 资源协助
- 动态管理（检查、辅导）

03 对得起雷锋：如何做好绩效考核

前面两节讲了如何激发员工的原动力，以及如何做好目标的沟通、部署和管理。本节，我们来讲一下如何做好绩效考核，用绩效激励员工。

绩效考核是组织利益分配设计的重要一环，在组织建设中跟组织架构设计同等重要。对此，无论是管理者还是员工，想必都不会陌生，因为绩效考核如同学生时代的摸底考试一般，贯穿了我们的整个职场周期，让人又爱又恨：爱的是通过绩效考核，我们可以督促自己和员工按时完成目标，完成好的话还能拿到奖励；恨的是，考核过程并不是那么愉快。对于绩效考核，各个层级员工都有自己的苦水：高管觉得花费了大量的时间、精力，掏空了身体，但结果却不怎么好，还可能被员工抱怨；中层则称绩效考核为“填表”——费时费力的形式主义；基层员工则称绩效考核为“上级对付我们的工具”。

那么到底是什么原因让好好的绩效考核变成费力却不讨好的模样呢？我们不妨先探讨一下绩效考核的作用，结合作用，我们再反推背后的问题。

说到绩效考核，很多管理者脑海中会浮现两个作用：保障公司整体目标的完成，员工奖励及发展的依据。它们是从结果出发的作用。

1. 保障公司整体目标的完成。这是绩效考核最基本、最核心的作用。绩效考核作为激励员工的指挥棒，考核与激励的重心放在哪里，员工也会往哪里努力，最终的结果产出自然也会在哪里。在这个过程中，我们要注意考核目标有没有结合公司的整体目标，有没有跟随公司整体目标的变化而变化。比如，公司要转型，发展新业务，那在设计绩效考核的时候，就要加大创新业务的权重。比如，公司要提升客户体验，那关于客户满意度的权重就要加大。在实际过程中，很多公司的战略目标可能每年都在变化，但是绩效考核还是老一套，没有变化，这中间就会出现断裂，让员工摸不着头脑，不知该往哪方面努力，结果造成大量的人力资源浪费。我们称这种断裂为“整体与局部的断裂”，是酵母商学院提出的五大断裂之一。

企业运营五大断裂

2. 员工奖励及发展的依据。也就是说，绩效考核的结果会作为当下员工可以获得什么奖励，比如收入、晋升，以及下一步发展的参考，又如提供什么样的培训，制订什么样的成长计划，这些都是以绩效考核为依据的。这一条要求绩效考核要做到“对得起好的人，对不起不好的人”，这是阿里的一句土话。华为也有句土话——“不让雷锋吃亏”，意思是要让努力的人得到应有的回报。实际中，绩效考核最大的忌讳就是不公平——努力工作的人得不到回报。这一点属于“个人梦想和组织使命的断裂”。也就是个人付出了努力，公司却没有给出应有的回报，而长袖善舞的人却能拿到不错的奖励。就像新东方公司职工编唱的，“干活的累死累活，有成果那又如何，到头来干不过写 PPT 的”。这就比较挫伤员工的积极性，久而久之，公司就会变得人浮于事，愿意努力的人会越来越少。

这是从结果出发的两个作用。其实，绩效考核还有两个重要却经常被忽视的作用，即促进企业和员工的成长，推动价值观落实。这两个作用是过程中的作用。忽略这两个作用是绩效考核费力不讨好的一大原因——只重结果，不重过程。

什么是只重结果，不重过程呢？大家想一想，我们在做绩效考核时是怎么做的。我在企业访谈中经常发现，很多企业在做绩效考核时往往大部分时间是在讲数据，把过去的业绩数据念给员工，或者看 PPT，听各方神圣的 PPT 演讲，然后加点儿点评就宣布最后的考核结果，十几分钟就结束了。实际上，这些数据未必是员工想听的，因为这些数据结果员工自己心里也知道，他们内心更想知道数据的产生原因和如何拿到更好的数据。比如上季度做了 500 万元，这季度只做了 300 万元。为什么这季度少了 200 万元？这背后的原因是什么？员工可能无法分析出其中的原因，这时，作为管理者的我们就要帮他们分析其中的来龙去脉。分析完之后，我们还要帮他们找到改进方法，让他们在下季度能拿到更高的数据。要知道，绩效管理是一个循环的过程，这一阶段的考核是为了下一阶段更大的成长。

曾经有人问我："为什么我在做考核的时候员工无动于衷，感觉他们在走过场？"原因就在此，如果我们只陈述大家都知道的数据，不能给员工分析更深层的原因，不能给他们带来成长或进步，他们自然就没有感觉（关于如何通过绩效考核谈话促进员工成长，可参考下一章）。

当然宣布考核结果的时候还有另一种情况。听到结果后，员工可能会大吃一惊，觉得自己的分数跟预想的有出入，不应该这么低。这种情绪很容易滋生蔓延，员工就会对绩效考核甚至对公司产生极大的抵触情绪。这也是因为我们没有重视过程。

阿里有个关于考核的词叫作"No Surprise"，意思就是没有惊喜。很多管理者在日常过程中发现问题没有及时提醒，到了考核时秋后算账，一下子把前面的问题说出来，然后还觉得自己很牛。这时，员工已经没有时间改进了，而且心理还会想"这个时候才说，早干吗去了"，会有很多情绪。管理者要在过程中给予员工及时的辅导提醒，绩效考核是为了让员工得到更大的成长，而不是单纯地填表打分。

说到这里，有的管理者肯定会说："我也会分析员工的工作过程，帮他解决问题，但还是起不到相应的作用。"这是因为在考核中分析过程不是最重要的，更重要的是我们要通过分析过程背后的价值观，分析员工在过程中价值观有没有出错，有没有跑偏。在阿里，我们讲借假修真，这些结果、过程都是假象，只有我们的内心是真的。我们要通过这些过程修炼我们的内心。

很多时候不是过程、技能出了问题，而是心态和理念出了问题。当心态和理念出了问题，工作自然不能做好。所以我们要通过这些过程看员工的内心有没有问题，工作中有没有委屈和压抑。还有，在过程中有没有恪守价值观，在谈客户时有没有夸大产品，欺骗客户。

比如我以前有个下属小王，很勤奋，工作业绩一直不错，但突然有个月业绩下滑了。我们在复盘的时候，分析了过程，结果发现他在过程中也出了问题，在过程中业务量低了很多，不到之前的一半。根据我们的经验，他的技能是不会衰退到这么低的状态的。于是我们就再往他的内心探究，发现他的情绪出了问题。因为他平时花在工作上的时间太多，陪家人的时间太少，他的妻子就怀疑他变心了，不爱她了，要离婚。小王明明自己很委屈，但又解释不清，情绪就一直积压着，所以业绩一下子下滑很多。我们了解了这个问题后，就开始帮他解决这个问题。这个问题是小王家属不了解他的工作导致的，于是我们组织了家属日，邀请小王的家属参加我们的周会，看看我们每天的工作。当小王的家属看到小王的工作和个中辛苦时，瞬间就明白了小王，不再提离婚，反而主动承担了更多的家庭责任。小王的情绪问题解决了，下个月业绩就上去了。很多时候就是这样，业绩上不去不一定是技能、方法出了问题，而是心态出了问题。

过程的作用也体现在奖励和晋升方面。有些公司在做考核激励，特别是针对中后台职能部门时会有一个问题，就是明明花了大价钱做奖励，员工们拿得盆满钵满，但还是抱怨公司做得不公平："为什么同样的业绩，我拿的钱少，他拿的钱多？"这就是因为我们在设计奖励机制时没有把过程和过程中的价值观放进去，以及在颁发奖励时没有把奖励的原因、过程、价值观说清楚，导致有些员工以为别人拿得多是因为老板更喜欢他们。所以我们要把绩效考核结果按照“271”公示出来。

“271”是绩效考核结果输出的一种方式，根据绩效考核的得分，对全体员工进行排列。排名在前20%的被称为“2”的部分，通常会拿到高倍数的奖金，也会被作为储备干部进行培养。排名在最后10%的被称为“1”的部分，需要做绩效改进，连续两次排在“1”就要被开除。排名在中间的70%被称为“7”的部分，又分成“7+”“7-”和“7”三个层次。“7+”通常可以拿到对应的奖金，也是公司要大力培养的。“7-”则需要改进绩效，避免进入“1”。类似的排名方式还有“361”，本质上大同小异。当然，处于“1”行列的员工并不代表本身能力差，而是不适合现在的岗位或者组织的要求，有可能调岗反而更好，所以管理者在心态上不能对其差别对待。

以上是绩效考核的几个作用及相对应的误区，接下来，我们就简单介绍一下绩效考核的整体流程和阿里的考核方式。

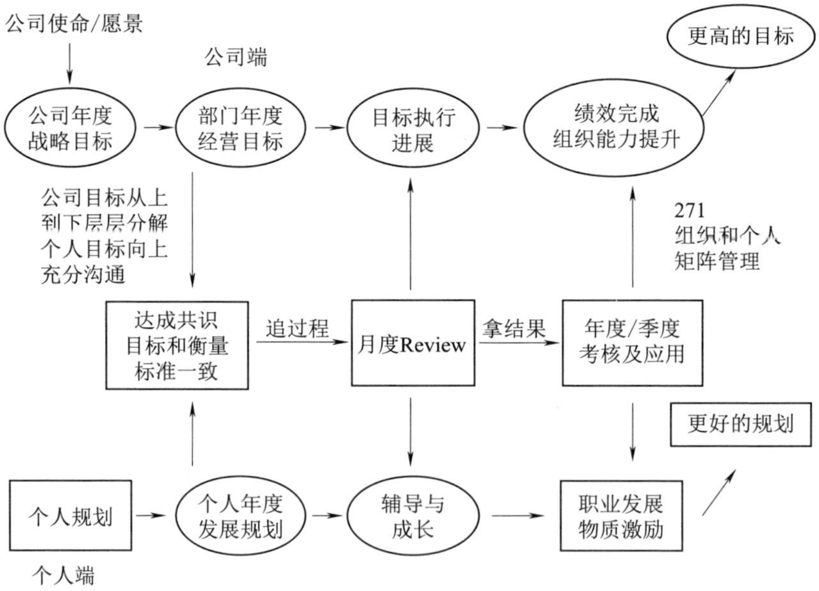

绩效考核流程和关键动作

上图是绩效考核的流程，它有三个核心点。第一，绩效考核要做到上下结合，避免个人梦想和组织愿景断裂。第二，绩效考核重在过程辅导，有辅导，我们才能完成更高的目标。第三，绩效考核目的是促进公司和员工的成长，而不是监督和惩罚。通过绩效考核应让公司实力、员工能力循环向上，不能做到循环向上的绩效考核是不合格的。

市场上绩效考核的方式通常以 KPI 和 OKR（目标与关键成果法）为主，其他还有 BSC（平衡计分卡）等。关于 OKR 和 KPI 的使用区别有很多文章进行过比较详细的介绍，这里就不多说了。简要提一下，OKR 适用于变化较快、无法大面积量化考核的创新业务，而 KPI 适用于成熟的业务。我们接下来主要以 KPI 为案例进行讲解。

关于如何设立 KPI，回顾一下前面的内容，我们在讲岗位职责和个人目标的时候讲到岗位职责和个人目标是绩效考核的重要依据，所以 KPI 就是根据目标和岗位职责设计的。岗位职责的内容就是 KPI 考核的内容，员工的个人目标也就是 KPI 考核的指标。所以本书所有的内容都是从上到下一体的，我们做完前面的内容，后面的内容自然而然就出来了。

在设计 KPI 时要关注以下 6 个要素。

1. 目标值。我们要完成的目标是多少，比如完成 1 000 万元的业绩，比如团队人均产能提升 10%。

2. 权重。每一个目标占总体的考核的比例是多少，这里也要做到二八法则，越关键的权重越重，千万不要吃大锅饭，列了 10 个目标，权重均为 10%，这是最没有意义的 KPI。

3. 计算方式。目标值与权重分的计算关系是怎样的，比如在百分制的考核里，1 000 万元的业绩占 30% 的分值，那可能完成 500 万元就是 10 分。

4. 评分标准。做到多少分算合格、多少分算优秀，标准是什么。

5. 评估周期。也就是说多久考核一次，通常是三个月也就是一季度一次，但如果公司变化速度比较快，或者是定量的岗位，比如销售，容易产生数据，一个月一次也可以。变化速度慢，或者在中后台、项目制，短期内没有数据，周期长一些也没关系，具体要看公司的实际情况。

6. 数据来源。也就是考核的数据从哪里来，可能来自财务，也可能来自 CRM。

我们结合我做总经理时业绩方面的一个考核表来分析一下。

2010 年阿里中供铁军全国总经理绩效考核

	目标	描述	衡量指标	权重
业务（40%）	实现营收目标	通过合理方式完成公司指定的业绩目标	1. 指标完成情况 2. 累计续签率 3. 资产保值率	15%
	实现营收目标	对公司策略充分消化落实，形成明确的市场策略、计划和执行，包含不仅限于： - 市场口碑和影响力的提升 - 新市场、新客户的策略性开发 - 竞争对手分析和应对	1. 综合新签生产力（客户 / 人 / 月） 2. 人均产能 3. 加强平台运营，加快体系化、制度化、流程化、标准化的建设 4. P4P（网络协议）的推进 5. 安全生产，如黑名单、高压线等	15%
	提升供应商服务能力	通过培训来提升团队整体专业度和服务客户的能力	1. 知识库使用情况 2. 外贸圈使用情况 3. 学习平台使用情况	10%
团队（30%）	团队氛围	建设简单开放、员工健康成长的团队文化	1. 上传下达，上面的东西能准确及时传达下去，下面的声音能传递上来 2. 员工对于公司的满意度 3. 制定合理的制度同时能规范执行公司相关制度	10%
	梯队培养	通过合理机制来完善人才梯队建设	1. 核心团队每季度 Review 全覆盖，给出明确的短板和行动计划 3.5 分；持续跟进和提升辅导，有过程，有结果 2. 有清晰的培训跟进计划	10%
	员工能力的提升	培训建立员工成长机制	1. 高 P 人员推动和培养 2. 在职培训有效落实，做好现有销售能力的升级 3. 主管专业能力提升情况；通过销售培训的考试情况综合得分来评定，有创新并有好的结果可加分	10%

这是一张阿里“433”的考核体系表。其中40%是业务产出，30%是团队成长。

在这张表里，可以清晰地看到考核的几个主要目标值、每个目标值的衡量标准是什么，占整体的比例是多少。我们可以看到，直接拿结果的考核权重只有整体的15%，因为此时阿里已经非常成熟了，体系、流程、制度都非常完善，并不依赖个人。到了总经理这里，只要把流程制度做好，团队培养起来，结果自然就有了。

读者可能会问还剩30%是什么，这就不得不说阿里独创的双轨制考核方法，即业绩和价值观双考核。KPI衡量业务目标的完成情况。价值观衡量获取业务目标的过程行为，所以剩下的30%是文化考核。接下来我们讲讲另一轨——价值观的考核。很多人都问过，价值观也能考核吗？答案是肯定的，价值观只有融入考核，才能被执行。

那么价值观怎么考核呢？在阿里，每条价值观都会被量化，有明确的考核标准。以“六脉神剑”为例，每一项都是5分制，每一个等级都有对应的行为标准。然后再把6项加起来汇总成一个分数。接下来，我以“六脉神剑”中的“客户第一”这条价值观为例，让大家感受一下，在阿里，我们是怎么把价值观量化成考核标准的。

比如有位销售冠军，每次都能满足客户的要求，同时态度也非常好，可是平常其他员工问他问题的时候，他会爱搭不理，就算回答也很僵硬，甚至还会进行嘲讽。从客户第一的角度来看，按照以上价值观打分标准，只能给他零分，因为内部员工也是客户。这样的行为跟他提出来了，他以后就会注意，从而改变了氛围，也加深了他跟团队之间的感情。通过这个案例，我们就知道价值观在实际过程中的运用有多重要。关于这样的案例我们在后面的文化管理板块会有更多讲解。

当然也会有人问是不是价值观做得好，没有业绩也可以？不是的。在阿里一切要以结果为导向，所以不太可能出现价值观做得好而业绩差的情况。通常业绩好的人，价值观也会好，因为业绩好、价值观不好的人在阿客户第一：
1分：尊重他人，随时随地维护阿里巴巴的形象
2分：微笑面对投诉和受到的委屈，积极主动地在工作中为客户解决问题
3分：与客户交流过程中，即使不是自己的责任，也不推诿
4分：站在客户的立场思考问题，在坚持原则的基础上，最终达到客户和公司都满意
5分：具有超前服务意识，防患于未然

√1分：尊重他人，随时随地维护阿里巴巴的形象

◆不符合的案例：

1）管理者不尊重员工，辱骂攻击下属

2）在公司里给同事脸色看，和同事吵架

3）和会员打交道时，不顾会员的感受，态度比较强硬，对会员进行不负责任的评论，对内部客户同样如此

4）客户对公司某项服务不满意，责任在客户方，客户专员不注意方式方法，对客户讲：“这完全是你们的责任，和我们公司无关；我们公司的制度就这样，我也觉得不合理，不过没有办法。”

5）在公共场合吵架，语言行为不文明

6）不守信用，比如订饭后取消不通知，造成饭店对阿里巴巴的坏印象

◆本条通常没有0.5分；除非员工一贯还不错，在某种情况下，员工有一定责任，但情有可原，才有机会得0.5分

◆本条没有不符合的案例发生，则给分

阿里价值观“客户第一”的考核细则

里被称为“野狗”，是会被开除的。只有价值观好才能得到大家的帮助，才有机会把业绩做好，这叫得道者多助。价值观好、业绩不好的人在阿里被称为小白兔，时间长了也会被开除。我们在第 7 章第 5 节会详细讲解。

当然，绩效考核只是绩效管理的一部分，除了考核之外，我们还要及时在过程中给予员工辅导，注重绩效反馈和绩效改进等工作。对于这些内容，我们会在接下来的一章具体讲解。

本节笔记

绩效考核的作用

- 从结果出发
  - 保障公司整体目标的完成
  - 员工奖励及发展的依据
- 从过程出发
  - 促进企业和员工的成长
  - 推动价值观的落实

阿里绩效考核流程

- 三个核心点
  - 上下结合
  - 过程辅导
  - 循环向上
- KPI 设计的关键因素
  - 目标值
  - 权重
  - 计算方式
  - 评分标准
  - 评估周期
  - 数据来源
- 阿里 433 考核体系表
  - 40% 业务产出
  - 30% 团队成长
  - 30% 文化考核

- 阿里双轨制考核方法
  - 业绩：衡量业务目标的完成情况
  - 价值观：衡量获取业务目标的过程行为

6

出业绩：
如何正确追过程、拿结果

拿结果是管理者的第一要务，只有拿到了结果才能证明我们的目标、策略、努力是有效的。如何拿到好的结果？这就要讲到业务黄金法则中的一条——好的结果 = 好的过程。

也就是说，要想拿到好结果，必须学会追过程，要做好过程中量的把控、技能和心态的辅导、工作习惯的建立。本章就从如何追过程、如何建立工作习惯、如何巧用提成制度、如何辅导员工 4 个方面为大家揭秘中供数十亿元业绩产生的过程机制。

01 业绩提升三大抓手：量、技能与心态

在做直播时，酵母商学院的学员经常会问我：“我本月的业务目标布置得明明很清楚，但到了月底却发现跟我预期的偏差很大，请问这是什么原因？帮我出出招吧！”其实很多人都会遇到这个问题，业务执行到最后，发现结果和预期偏差很大。

当发现这个问题时，我们就需要问自己三个问题：其一，在做业务管理的时候，除了定目标、拿结果之外，有没有追过程；其二，追过程的时候我们有哪些关键抓手和维度；其三，通过这些抓手和维度能不能拎起全局，保障最后的业绩产出。

要知道一个好的结果必须要有好的过程，如果不注重过程管理，不追细节，看到业绩上不去只会发脾气骂组员，或者空喊加油，给不出方法，到了秋后再算账，为时已晚。

举个例子，相信很多读者都经历过高考。其实在高二的时候，很多内容就已经学完了，整个高三大多数时间都是复习。大家想一想为什么在高考之前，会有“一模”“二模”“三模”，考完还要花更多的时间分析考试结果？有这些时间多背几个单词、多做几道数学题不是更好吗？这些模拟考试甚至比高考还难，但是经历过高考的人，无论是考生，还是家长、老师都会觉得模拟考试是有必要的。因为通过对考试结果的分析，我们才能真实地知道我们离目标有多远，还需要付出多大的努力；通过对不同科目的分数对比，我们才能知道哪一科可能拖后腿，需要花时间去弥补；通过不同题型的分数对比，我们才知道哪些题型是我们的薄弱点，需要注意。所以这些模拟考试的目的是通过考试对我们进行检测，让我们在真正的高考来临前发现自己的弱点，并有时间弥补。如果没有模拟考试，直接高考的话，想必很多考生会一脸茫然。

回到工作场景。业务执行到最后，发现结果和预期偏差很大，就是因为没有做这些“模拟考试”，在过程中没有做检查，或者检查的颗粒度太粗，发现不了问题。等到最终晒结果的时候才发现有一堆问题。所以管理者要想拿到好结果，一定要抓过程，过程抓得好才会有好结果。

举个生活中的案例方便大家更好地理解这一点。现在很多家长有一个有意思的现象，就是在孩子上中学的时候严防其早恋，但大学一毕业就开始催婚，这让年轻人十分头疼。

其实大家想一想，不是今天遇到一位异性立马就看上了，晚上吃一顿饭增进一下感情，第二天就能领证。这需要一个过程，在过程中也要掌握技巧。从如何参加聚会，到如何要微信，约饭，正确表白，中间有很多关键点和需要学习的技巧。如果忽略这些过程节点直接问有没有对象，孩子头不大才怪。

如果孩子没有谈恋爱，正确的问法应该是，首先问他最近有没有参加过什么好玩的聚会，聚会里有没有发生什么好玩的事，有没有认识喜欢的人。在这个过程中，作为过来人的我们再帮他解决技能问题，比如给女孩子买什么礼物对方会开心，惹对方生气了怎么哄。同时给他一些物质上的支持。

同样，管理业务也要学会追过程，而不是上来就直接拿最终的结果，过程追好了，结果一般也不会差。关于如何追过程，我总结了三套系统：业务流程系统、工作习惯系统、成长进化系统。这三套系统，不仅适用于业务，我认为无论在哪个岗位，如果想做得出彩都要总结这三套系统。

本节，我们先来讲讲业务流程系统。管理者要想让业务如期完成，拿到合格的结果，第一步就是梳理业务流程。流程出来了，追过程就有章法可循。

什么是业务流程？我们在前文讲过，业务流程就是我们从获得客户名单开始，一直到成交和后续服务的整个流程。中供的业务流程分为七大步骤，分别是客户名单搜集、电话沟通、初次拜访、客户跟进、二次拜访、成交与后续服务。每个大步骤下我们又会分若干个小步骤，加起来共有 40 多个小步骤，细化到每个业务动作。只要按照这个流程走，至少能保证 70% 的稳步推行，而如果出了问题，我们按照流程倒推也能知道问题出在哪里。就如同有了轨道，火车才能高速行驶。

当然，有些学员也会说："我们也有流程，但是没什么效果。"这里就要注意一个重点——颗粒度，即细节程度。

很多企业都有流程，但起不到相应的作用，原因就是颗粒度往往不够细。比如客户拜访，这个流程需要做什么呢？有些同学的第一反应就是："不就是拜访嘛，直接去不就得了，看我一张嘴舌战四方。"可能有这种反应的人已经是业务大佬了，技能非常熟练，不需要什么准备，但新员工肯定不行。所以，流程只停留在这样的粗颗粒度，是发挥不了任何作用的。

在中供，我们在客户拜访的流程下面会分解出资料准备、需求了解、客户沟通、倾听互动 4 个子流程。在资料准备的子流程下面，又分为初次拜访资料准备、跟进及关单资料准备、拜访备选客户资料准备、电话备选客户资料准备 4 个细化的流程。这 4 个细化的流程下面还有更细一层的流程，甚至会细到销售要出去拜访客户时，主管要检查他的资料、工具是否充分。主管不仅会检查他是否带了产品手册、合同、要拜访的客户的资料，甚至会检查他的电脑是否充满电，因为我们碰到过销售在跟客户讲方案时，讲着讲着电脑就没电的情况。如果在这个时候找电源，客户就会说："没关系，我已经知道了，先这样吧。"实际上他并不知道。当我们的流程细化到这种程度时，整个流程才能真正有效落实，哪怕是一个新员工也可以顺畅执行。

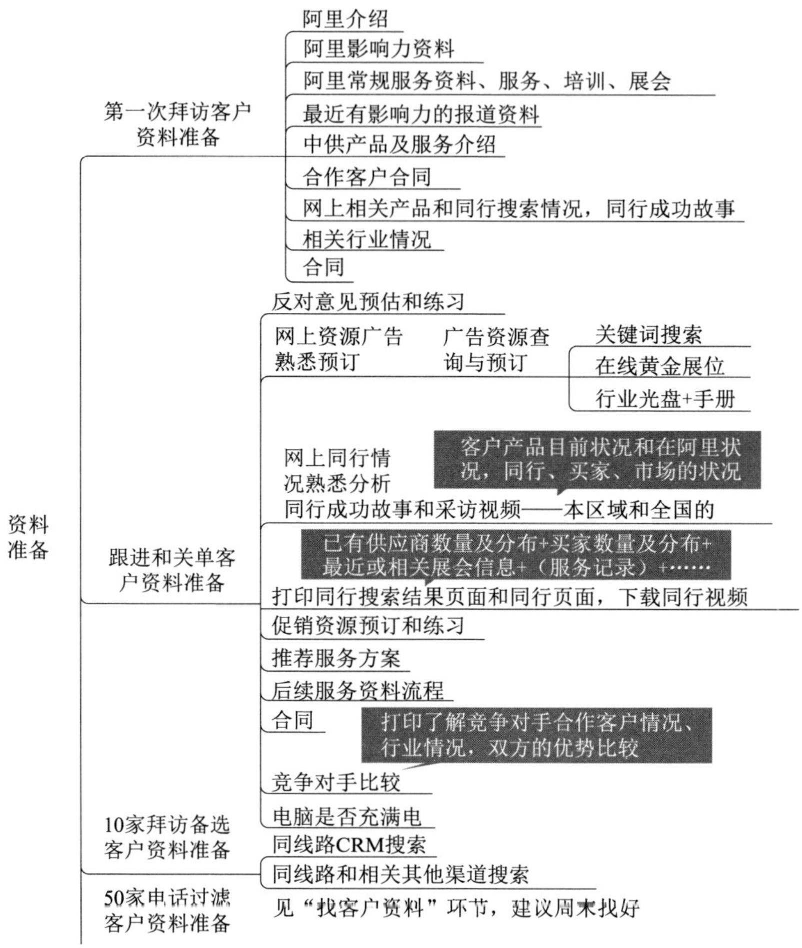

在中供，一项子流程“资料准备”就会细化成20多个细节流程

流程出来了，如何追过程？这里就需要我们做到第二点：业务过程需要抓手。什么是抓手？即在业务执行过程中十分重要，且对整体业务产生较大影响的着力点。比如在中供的业务执行过程中，面对面的拜访就很重要，因为没有拜访就不会有签单。所以，我们想提高业绩，就应该抓拜访量。

业务过程中的抓手具体有哪些？从多年的业务管理经验中，我总结了业务管理三大黄金法则，第一条就是业绩 = 量 × 技能 × 心态。

量、技能、心态这三点就是业务执行过程中的主要抓手，在业务执行过程中将量、技能与心态三个点构成一个面，然后跟着业务流程层层往下推，最终构成一个倒金字塔，我称之为业务漏斗图。这个漏斗图可以说是我管理 6 000 多名铁军，创造数十亿元营收，无往不利的工具。

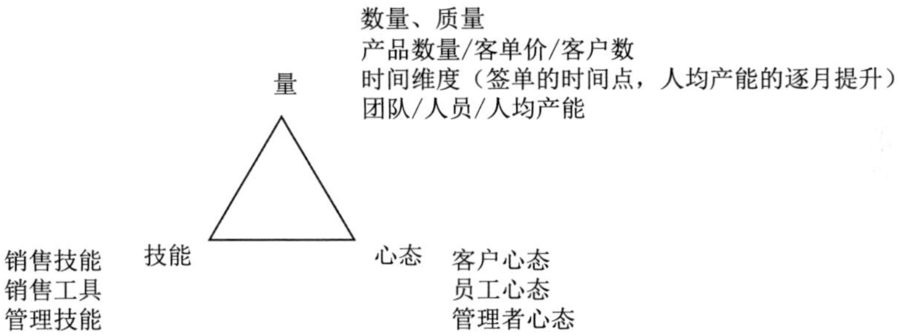

业务执行过程中的三大抓手

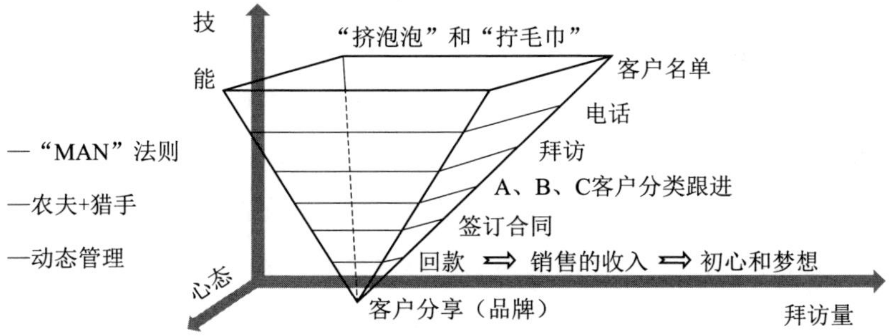

业务漏斗

抓手一：量

量有两个含义，一是数量，二是质量。数量在前，质量在后，这个先后顺序很重要。为什么这么说呢？举一个销售场景的例子，很多销售在做业务时会说：“我有几个质量很好的客户，只要把这几个客户抓住就有业绩了。”这样说好像有道理，但其实是非常不可取的。

首先，我们认为的好客户未必是真正的好客户。每个销售的技能不同，对客户的判断准确性就有高有低，他所认为的好客户未必是真正的好客户。其次，客户只要没汇款就存在很大的变数，嘴上说得好好的，到最后未必能成交。如果到最后环节客户突然不做了，销售人员往往会把失败归结为客观原因：“运气不好，本来说好了要签单的。”但是，实际上大多数客观原因都是因为销售自身工作没有做好导致的。其实，最终实际成交的客户，通常有 60% 以上是后期开发的，他们并不在月初预测成交的名单里，所以客户池的规模就很重要。再次，这几个所谓的好客户能不能复制，能不能产生更多的客户也是个问号。如果只追这几个客户，当期的目标完成了，下个月怎么办？要知道业绩的产生需要“问渠那得清如许，为有源头活水来”，要不断有新客户进来。最后，技能的提升需要通过大量拜访客户才能被训练出来，所以质量是需要通过数量积累获得的。销售无捷径，拜访定江山。

因此，一个好销售首先要有一个较大的客户基数，然后在过程中追求质量。没有数量就没有质量，只有通过大量拜访客户，我们才能知道哪些是高质量客户。如何判定高质量客户？我们有一个法则——“MAN 法则”，是衡量客户质量的。M 就是 Money，即有没有付款能力，能不能买得起产品；A 就是 Authority，即决策人，我们直接联系的客户是否能拍板；N 就是 Need，即他有没有强烈的需求。总而言之，就是我们的客户要有需求和为之买单的能力，并且是决策者。最后一点很重要，如果见不到决策的人，中间的传达工作就很耗时间。

明确了量的含义，我们再来看看怎么定“量的数字”。

业务执行过程中，我们要做到每个流程都要定量。只有每个流程、每个时间点都定量了，我们才可以每天通过数据看板做过程监控，而不是等结果都出来了才发现问题。如何定量？要根据业务目标和流程倒推。

比如我们一个月要成交 10 个客户，往上推那就需要 20 个正在洽谈的高意向客户，再往上那就需要 200 个客户名单供我们跟进。所以划分到每一天，那就是我们每天要打电话初次沟通 30 次，至少拜访 8 个客户，产生一个高意向客户以上才可以。在阿里，我们将这个流程归纳为“3861 法则”，即每天要打 30 个有效电话，拜访 8 个客户，其中要有 6 个是有效拜访，即见到决策人，了解其需求，并介绍我们的产品，最终每天找到一个高意向客户。销售每天按照这样的量工作，主管按照这个量监控，通常结果都不会差。这个方法同样适用于其他行业和部门。比如社群运营，就是每周要确定做多少场活动，吸引多少粉丝；招聘部门就是每周获取多少简历，和多少候选人沟通，安排多少场面试。

在定量的时候也要和业务漏斗图一样要有颗粒度的细节量，比如每天的拜访要产生多少个 A 类客户，因为 A 类客户对业务量至关重要。在阿里，我们根据客户储备情况把客户分成 ABC 三类，为当月准备的客户，也就是当月回款的客户被称为 A 类客户，为下一个月准备的客户被称为 B 类客户，需要长期跟进的被称为 C 类客户。

抓手二：技能

在业务漏斗图中，量决定漏进来多少，而技能决定了能往下一步漏多少，也就是转化率。技能越高，水平越好，转化率也就越大。所以当我们要在现有基础上提升业绩时，大家经常用的一个方法就是培训——通过培训技能提高转化率。另一个就是加大拜访量，因为在实战中客户也会教给我们很多技能。

提升技能还是要跟着整体业务流程走，画出每一个节点，然后根据市场反馈，看看每个节点可能遇到什么问题，需要什么技能。在阿里，我们会把每个环节的技能都总结出来，提供给员工。比如第一个环节要获取客户名单，怎么获取客户名单，我们要告诉员工客户画像和客户经常待在哪里，有哪些渠道可以找到他们，每一个渠道怎么接触开发，要注意什么。然后在与客户初次接触时，如果是电话，怎么开口不会被挂断，怎么聊天能勾起客户的欲望，怎么可以成功约客户面谈。这些都需要把相应的技巧传授给员工，让员工照着去做，这样他们的成长速度才会快。组织对于个体的赋能必须落在这些细节上，才能让个体充分发挥作用。

技能传授要细化到什么程度？比如在和客户约定时间的时候，通常有两类场景：一是不约具体时间，只说保持沟通；二是给一个具体时间，比如“明天上午 10 点可以吗？”这两种方式其实都不好：不约定具体时间就相当于生活中经常听到的“有机会再见”，基本上就是“再也不见”；约定具体时间，如果这个时间客户没空，他就会直接拒绝你。正确的做法是什么呢？应该给客户两个选择，让他选一个：“您是明天上午 10 点有空，还是下午 3 点有空？”首先在心理上，人习惯于二选一，只给他一个时间选项，潜意识里选项就是“是或否”。如果有两个选项，客户的第一反应就是从这两个时间中选一个，这样比较容易约到时间。其次，给两个选项，客户会感到自己被尊重，而非被要求。在这种情况下，哪怕这两个时间客户都没空，他也会告诉你一个时间（前提是初次拜访或电话勾起他的意向）。

我们在传授技能的时候要把这些细节挖出来分享给团队，这样才是最有用的。

在技能层面，除了辅导员工，提升个人的业绩转化率之外，还可以通过提升整个团队的技能获得整体上更高的产出。比如当我们人力有限时，可以利用会议营销、社群营销等新的形式提升整体销量。

抓手三：心态

有了量和技能，最后一个很重要但也经常被忽略的抓手叫作心态。

在业务执行过程中，心态会起决定性作用。一个人的心态发生变化，他的技能、勤奋度也会发生变化。古代战场上之所以有战鼓，出师之前还要有出师仪式，原因就在于此。同样的装备和士兵数量，一支斗志昂扬、充满杀气的队伍跟一支垂头丧气的队伍狭路相逢，哪一支会赢？在管理方面一定要关注人的心态。我在担任主管的时候，如果看到员工垂头丧气地回来，我就知道他今天可能在客户那里碰壁了。我会开导他，让他振作起来。如果心态调整不过来，经过一夜的发酵，第二天他的状态会更差。我开导他的过程也是我们互相交心的过程，这对于团队的感情培养也很有帮助。

心态管理有三部分，即客户的心态、员工的心态和管理者的心态。心态的应用还要与量、技能结合在一起。

如何结合？心态里面，客户的心态就是指我们在跟客户接触时，其心理活动会是怎样的，这时就要跟技能结合。比如大家平时会接到推销电话，如果销售开口就说："这里有一套保险（或者一个商铺），您需要吗？"这时，大家作为客户的心态是什么？烦！直接就会挂断电话。如果对方开口就说："您好，是王 ×× 先生吗？"能叫出我们的名字，我们在心态上就会引起兴趣："他是谁？认识我，可能有什么事。"就不会直接挂断电话。所以大家看，我们在做业务流程的技能培训时，一定要把客户的心态考虑进去，这样我们的工作就会更有效。

员工的心态也可以跟量相结合。比如我们以前激励员工说签一单就可以拿到一万元，员工就会拼命签单。这样员工就容易心急，急着催客户快速成交。他的心态就是只有成交了，才能拿钱，而对于在过程中打电话、搜集名单等工作就没有兴趣。如果没有这些动作，最后成交的概率就会很小。这时，我们可以对员工说："小张，我看你最近工作没什么动力。我给你算笔账，你看你成交一单就有一万元奖金，你算没算过，你打一个电话，拜访一个客户能拿多少钱？"这时，员工可能会蒙，因为打电话拿不到钱，那就要继续给他算账。"你看，你平均打 200 个电话，拜访 20 位客户就可以成交一单，拿到一万元，那你每拜访一位客户是不是就相当于拿了 500 元，打一通电话就可以拿到 50 元？你的每一点努力都不会白费。"大家看，这样的话员工是不是会对过程也充满动力，而不是只有在签单的时候才兴奋一会儿。所以在日常管理中，管理者也要让员工养成一种心态，叫作"每一分努力都会有回报"。

管理者在这个过程也要有一个心态，我们之前讲过，管理者要有足够的耐心。很多管理者在过程管理中都会心急，看到员工出一点儿问题就会批评："你怎么连这个都做不好？真笨！"这是不可取的，因为我们之所以成为管理者，是因为我们在跑业务的过程中做得比较好，有很多经验和技能。员工之所以是员工，是因为他们在这个过程中做得没我们好。管理者要因材施教，有耐心，不能用自己的标准要求员工。

形成了这三个抓手，各级管理者就可以根据抓手进行动态管理，每天都要看数据，检查员工是不是按照预期完成了数量目标和质量目标，有没有技能或者心态问题，相关问题有没有普遍性。如果发现问题，我们就要深入研究，并解决问题，推动业务回到正轨。

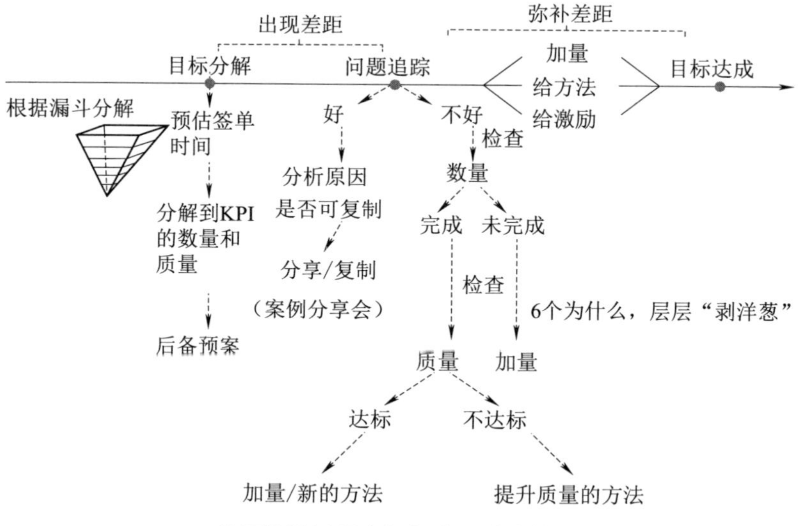

业绩追踪过程中如何实现动态管理

研究和分析同样有三个维度——量、技能与心态。第一，在开源的量上，一般公司的客户信息是由中后台提供或者销售自己去搜集。如果开源的量出了问题，我们要去看公司提供的客户资源有没有变化，是不是最近抓取的客户数量与质量不太行，我们要看看后台有没有高质量的客户线索可以给销售。销售也要关注自己搜索信息的技能，看看是不是用的方式不对。第二，看技能和工具，现在使用的工具和技能能不能完成目标量，比如出现类似疫情这种不可抗力的情况，不能面对面拜访客户，那我们有没有更高效的备选工具，在使用这些工具时需要什么技能，这些都是需要管理层密切关注的。第三，要关注员工的心态，看看其状态是富有激情，还是低落。如果发现员工心态不稳定，就要通过沟通发现背后的原因。当然，在深入研究的时候需要管理者深入一线，了解现场客户的动向，及时反馈给整个工作组，以便跟大家一起解决问题。

以上就是追过程的方法，量、技能与心态这三点就是业务执行过程中的重要抓手。大家要记住，三者的关系不是量 + 技能 + 心态，而是乘法，即量 × 技能 × 心态。这三者中每一个的提升都会对最终的业绩产出发挥很大的作用。当我们在业务进程中想抓过程管理时，也可以从这三个角度入手。

本节笔记

业绩提升三大抓手：量、技能与心态（业务流程系统）

追过程的三套系统

- 业务流程系统→业务执行的轨道
- 工作习惯系统→业务执行的发动机
- 成长进化系统→业务执行的助燃剂

业务执行过程的三大抓手

- 量
    - 定义
        - 数量
        - 质量
    - 如何定量
        - 根据业务目标和流程倒推
- 技能
    - 技能水平决定转化率
    - 技能传授要细化
    - 技能提升
        - 常用方法：做培训，增加拜访量
        - 具体形式：个人→直接辅导；团队→会议营销、社群营销等
- 心态
    - 客户的心态
    - 员工的心态
    - 管理者的心态

业务研究和分析的三个维度

- 量——开源的量是否有问题
- 技能——现有的技能和工具是否能完成目标量
- 心态——员工的心态是否有问题

02 可复制的执行力：如何让团队上下同力

上一节我们分析了三大系统中的“业务流程系统”。这一节我们分析一下“工作习惯系统”和“成长进化系统”。如果说业务流程系统是业务执行的轨道，按照流程走，就能保证最终拿到结果，那工作习惯系统就是业务执行的发动机，能让业务真正执行起来。

很多企业在进入快速发展期时，都会遇到一个问题，明明机会很多，但就是抓不住，其实是因为人才不足，没有这么多人才支撑业务拓展。想开拓新城市，没人；想开展新业务，没人。人才的可复制成为制约企业发展的最大瓶颈。这时，能否进行人才的快速复制，让每个人都能独当一面，成为制约企业发展的重要因素。中供从 1999 年创立以来，发展速度一直非常快，到 2002 年，我们就有四五百人了，其中很多人都是刚从工厂、农田走出来的，没有销售经验。在人员快速扩张的同时，我们的业绩、人均产出并没有下滑。我们是如何做到人才的快速复制，让人人都能成为销售大拿，每个人都能成就非凡事业的呢？

首先，我们知道一个人能否做成非凡之事，有两个重要因素：一是自驱力，心中有没有一团火让他渴望得到非凡的结果；二是自我管理能力，也就是说好的习惯能让他得到非凡的结果。

先从自驱力来讲，世纪之初的阿里不像现在的阿里这么有名。当时我们的很多成员是缺乏资深行业经验的人，但我们认为能力是可以培养的，重要的是这个人愿不愿意成长。所以我们在招聘的时候，都很注重一个人的原动力。我们在前文讲过，原动力有多强，一个人的执行力就有多强。虽然他现在是一个平凡的人，但他内心有一团火，这会让他愿意付出非凡的努力做成非凡的事。

然后是好习惯。优秀的人才都有一个特别强的能力，即时间管理能力，他们会把每天的时间管理得恰到好处。比如在销售领域，一个销售精英知道在什么时候去找销售线索，在什么时候打电话，在拜访客户时也会安排妥当。但是销售新手就不一定知道这些，很可能在客户忙的时候去打扰，在客户闲的时候却在整理资料，把大把的好时间都浪费了。

当时中供为了帮助员工养成好习惯，做好时间管理，我们就对优秀销售的时间安排进行总结提炼，形成明确的时间安排表，然后通过制度复制到全军。接下来，我跟大家分享一些具体的安排。

早晨 8 点半上班，我们不要求直接到公司，因为我们的客户十分分散，直接去拜访会节省时间。有预约客户的销售会于 9 点钟到达客户那里，上午一般会拜访一两个客户。当时我们有一个策略，与一个客户的洽谈时间不能超过 45 分钟，因为要谈的内容基本上 45 分钟都能谈完，时间再多也没有用，对客户也是一种打扰，不如下次再谈。客户拜访结束的时候我们不是直接回去，而是要在附近搜索有没有目标客户或者让拜访的客户进行推荐，我们称之为“以点带面”，这样效率和质量会比较好。11 点到 12 点，我们给前一天筛选好的客户打电话，预约拜访时间。这个时间段相对来说老板接电话的概率会高很多。

中午怎么过呢？我们会约定在某个地点集合，有条件的会选择在银行的休息区或者小饭馆集合，因为这些地方有吃的，还有空调、风扇。集合之后，我们就边吃边聊，把上午的情况复盘，看看有什么问题，需要怎么解决，也会分析一下下午可能遇到的问题，大家一起探讨。对于一些偏远的郊区市场，比如永康这种地方，很多工厂、企业就在田间地头，连个饭馆也没有，所以我们就习惯背上矿泉水和面包。

整个下午我们都会拜访客户。在路程当中，我们还会用电话和客户沟通，不浪费一点时间。我们甚至会用客户的电话联系客户，有的客户会跟我们开玩笑：“这个月的话费，你得帮我交一半。”

到晚上 6 点钟，大家回到公司或者办事处，首先把当天的业务进展写到 CRM 里，然后把当天的心得、总结的经验，以及对第二天和下一步的思考与安排写进日报，交给直接上级、自己的团队、间接上级和HR。这也是为了让团队上下通透，及时掌握每个人的状态和成长。接下来就是晚沟通环节，团队在一起分享当天的收获、心得、遇到的问题，大家在一起互相学习，互相提升。

之后就要开始收集新的客户资料，安排第二天的拜访路线。没经验的员工收集完资料之后可能就到后半夜了，所以我们那个时候没有996，都是007。要想成就极度成功，就要付出非凡努力。为什么从阿里出去的销售都很优秀，因为他们在阿里受过系统训练，养成了很好的习惯和很强的抗压能力。

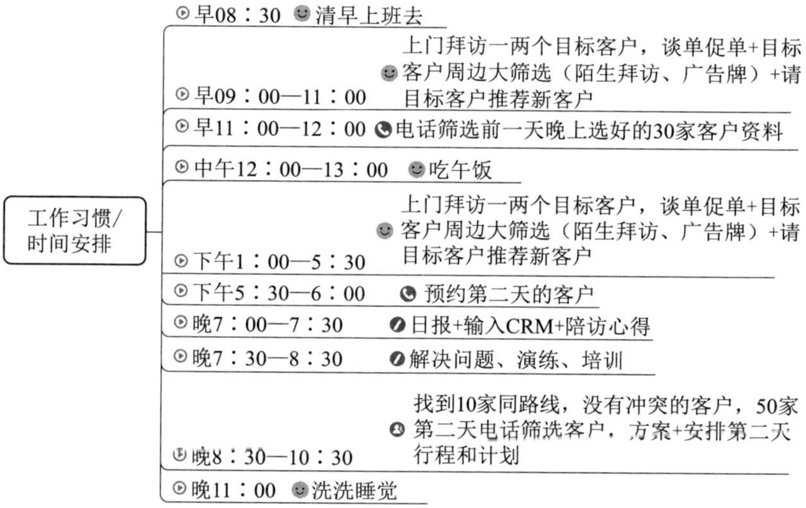

中供销售每日工作习惯

根据销售每天的工作习惯，我们提炼出每日必做的六件事：CRM中leads[①]的处理，第二日客户见面的邀约，当日拜访客户的总结，第

① Leads指通过交流得到的关于某人购买某种产品或服务的可能性的数据，即销售线索。——编者注

二日见面客户的资料准备，CRM 的填写，邮件及日报的处理。主管每天都要检查这六件事是否完成了，数据是否达到要求。如果遇到问题，就要及时分析，找到答案，立即实施。通常问题有三种：量的问题（拜访量、储备量、客户质量等）、技能的问题和心态的问题。通常的处理方法也相应地分成三种，即加量、辅导技能、心理激励及辅导。

每日必做的六件事	每周必杀六件事	每月习惯六事
1. CRM中leads的处理	1. CRM客户的翻牌	1. 每日CRM客户翻牌
2. 第二日客户见面的邀约	2. 本周总结	2. 每日——日报
3. 当日拜访客户的总结	3. 下周A类客户预测及总结	3. 每周三——周报
4. 第二日见面客户的资料准备	4. 下周新客户收集及开发	4. 每周日——A类客户及周总结心得体会
5. CRM的填写	5. Sales Kits整理（包括成功故事5篇）	5. 每月月底——下月目标及计划
6. 邮件及日报的处理	6. 邮件整理	6. 每月签约客户行业及区域总结

中供员工层工作习惯（以日、周、月为单位）

这是销售的每天工作安排，在此基础上，我们还制定了“每周必杀六件事”和“每月习惯六事”，以日、周、月为单位培养习惯。

有人可能会问：“不是说要‘视人为人’吗？这么规定不是把员工当成工具了吗？”其实不是，这些看似严格的规定是为了帮助员工得到好结果，只有得到了好结果，员工才能实现自己的梦想，而且在过程中公司除了检查结果外，更多的是赋能——对技能的赋能和对心态的赋能。虽然按这个流程工作很辛苦，但中供的员工心里却很快乐，因为他们在这里收获了成长。

一家好的公司应该是一个好的平台，不断赋能平台上的个体，让他们可以在平台上实现自己的梦想。个体在实现梦想的同时，平台也会得到更好的发展。最终，平台和个人之间会互相结合，这就是我们在前文提到的公司使命要和个人梦想相结合。

当然管理要保持上下一致，基层员工有每天、每周、每月的工作习惯，管理者也要有标准的工作流程，有每月、每周、每日必做的事情，无论是主管、经理，还是大区总经理。阿里的管理者工作习惯是根据基层员工的习惯往上推导的，是上级适应下级，而非下级适应上级，因为员工才是服务客户、拿结果的基石。比如员工每月要进行总结，那相对应的管理者每月也要召开业务复盘会，帮助员工更好地复盘。

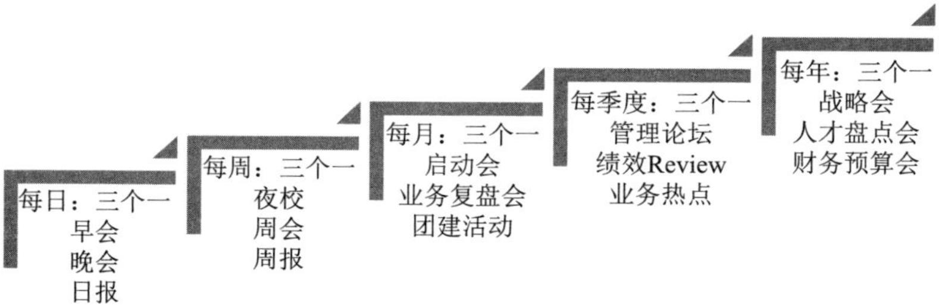

中供管理层工作习惯

当我们的整个管理的流程和标准习惯都梳理好了，能保证 70% 以上的工作是统一的，而且可以保持上下一致时，整个执行力就能够得到保障。什么是执行力？执行力就是要步伐一致。阅兵中，士兵走方阵的时候为什么如此有震撼力？就是因为整齐划一，步调一致。

这些工作习惯看似很简单，但其实是靠一代又一代人摸爬滚打总结出来的，中间也走了很多弯路，做了错误的尝试，前后经历了至少 5 年的打磨，最终才有了这套标准。所以阿里并不像外界看起来那么光鲜亮丽，背后是血淋淋的。宁可十年不将军，不可一日不拱卒。如果一家企业能够形成一套可复制的成功的流程方法，而且坚持每天去做，到最后相信平凡的组织也会变得伟大，平凡的个体也会成就非凡的人生。阿里的传奇就是这么一步步、一天天走过来的。

我们再来看成长进化系统。业务流程系统是轨道，工作习惯系统是发动机，成长进化系统就是助燃剂，能让业务执行、组织成长更加迅速。

我们称成长进化系统为五狂：狂跑，狂问，狂总结，狂训练，狂分享。

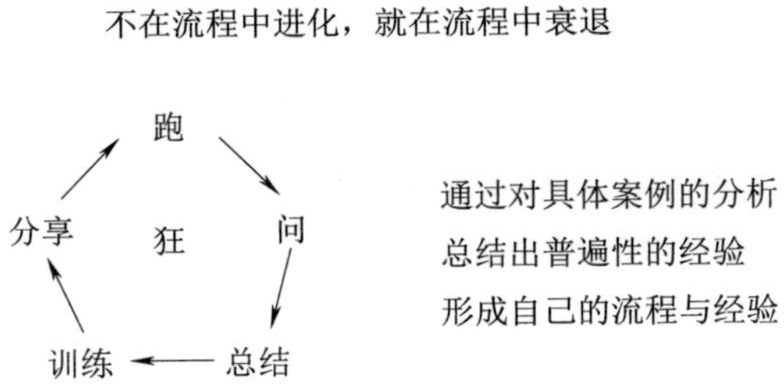

成长进化系统

狂跑。也就是拜访大量的客户，这是量的要求，正所谓“销售无捷径，拜访定江山”。在这个过程中，很多员工一开始是有逆反心理的，觉得这样做没有意义。但是我们始终坚持的是先拜访 100 个客户，然后再谈经验和成长，因为在这个过程中，我们发现如果一个销售不能够静下心来面对拜访，克服不了自己对于业务常态的一种熟悉状态，心态就不会端正，就更不用谈技能提升和业绩结果了。

狂问。在拜访客户的时候肯定会遇到客户持反对意见的情况，有了反对意见就要去问，去找答案，可以问销售前辈，也可以问其他客户。比如 A 客户的问题可以问 B 客户。也就是说，新员工在拜访客户的过程中要不断地主动发现问题，主动探索答案。这是一种非常好的学习方式，只有这样才能证明他动了脑筋。

这一点，无论是销售还是管理层都一样。主管每周必做的 8 件事里有一件就是要跟其他组互相学习。大家有学习才有进步，不能故步自封，做管理最怕的是成为团队的天花板，做员工最怕的就是变成鸵鸟。

狂总结。当有了答案就要及时总结，比如拿下一个难啃的单子，要思考有哪些好的经验可以复制到其他地方。如果造成了损失，下次再遇到这种情况，是否能避免。这些都是可以在周报、日报中梳理总结的。只有总结出来了，才能形成自己的知识体系。这些经验对于组织的成长也是极大的养料。

狂训练。经验总结出来还需要在大量的实践中再回到客户那里去，验证这个经验是否具备可复制性，能不能解决问题，还有没有可以提升的地方。只有经受了市场考验的经验，才能真正行之有效。在这个过程中，销售也加深了自己对经验的理解和应用程度。

狂分享。要乐于将取得的成绩、总结的经验与团队分享，通过邮件、战报、软文的形式，把我们总结的经验分享给更多的战友，一起成长。经验只有在说出去后别人能理解，才代表我们自己消化了。每次的分享场景、培训会议都会带动一波又一波的分享热潮，分享的人也在这个过程中得到更多的反馈和技能提升。

狂跑、狂问、狂总结、狂训练、狂分享背后的核心一是勇往直前的激情，二是团队在一起的力量。我们都是平凡人，但是我们在一起就是一个非凡的团队。

本节笔记

标准化工作流程，才能实现个人的能力快速复制，让团队具备高效的执行力（工作习惯系统、成长进化系统）

工作习惯系统

- 从源头上要找愿意改变的人（具有较强的自驱力和良好的自我管理能力）
- 组织上对员工进行训练，培养员工的良好习惯，形成工作系统
  - 每日必做的六件事
  - 每周必杀六件事
  - 每月习惯六事

成长进化系统（五狂）

- 狂跑
- 狂问
- 狂总结
- 狂训练
- 狂分享

03 阿里上市背后的“金银铜牌制度”

业务执行过程中有一个很关键的点，即如何让业务人员保持高昂的情绪，最常见也最有效的方法就是物质激励。

所谓重赏之下必有勇夫，一个好的激励制度，会极大地提高员工的能动性，让他敢于挑战更艰巨的任务。一个有问题的激励制度也会极大地打消员工的积极性，或者只能阶段性地提升员工的积极性，甚至牺牲长远利益来获得短期利益。如何制定一个能持续激励员工的制度呢？

很多公司使用的销售激励制度是阶梯式的，比如一个月做到 10 万元，会给 10% 的提成，做到 30 万元给 15%，等等。这样的制度好不好？好，因为它会让员工知道做得越多，得到的越多，会让员工在考核周期内使劲往前冲。但是它也有一个问题，就是业绩产出会不平稳。比如有的员工这个月做了 30 万元，拿了 15% 的奖励，下个月因为一些原因懈怠了，在开头的时候没有做好，心里就会想反正上个月拿了不少，这个月就这样吧。于是他会把一些可能成交的单子放到下个月，以冲刺下个月的高提成。可是到了下个月，未必就能成交。所以这种激励制度就会造成业绩波动，一个月高，一个月低。对公司来说，很重要的一点是保持业绩稳定高速增长，而不是这种波浪式增长，特别是对一些上市公司而言更是如此，业绩的波动会极大地影响股市。阿里是如何解决这个问题的呢？

21 世纪初的时候，阿里想上市，所以业绩不能出现忽高忽低的情况。经过一段时间的研究，我们最终采用了“本月业绩决定下个月牌级”的制度，也就是本月的业绩决定下个月的提成比例。当时我们把提成的阶梯比例划分成三档，即金牌、银牌、铜牌。

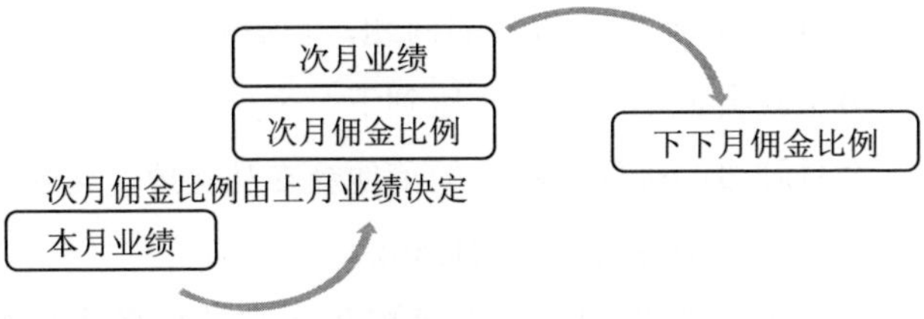

金银铜牌制度示意

比如业绩 6 万元以下是铜牌，提成是 9 个点；6 万元～ 10 万元以下是银牌，提成是 12 个点；10 万元及以上是金牌，提成是 15 个点。

假设一个新员工第一个月的业绩达到 10 万元，按照正常逻辑，提成比例应该是 15 个点，能拿 15000 元。但在按照当月业绩决定下月提成的逻辑下，由于他刚入职，提成比例只有起始的 9%，所以这个月他的提成是 9000 元，少了很多。但他第二个月的牌级提成点是 15 个点，这样的话他在高提成的刺激下，第二个月不得不努力干，如果做少了岂不是浪费了 15 个提成点？所以做完第一个月，在第二个月就会更努力拿到更好的业绩，第二个月拿到了好业绩，同时把第三个月的提成比例也提高了。这是一个正向循环，做得越多，拿得越多，拿得越多，做得会更多。所以他会一直努力，哪怕有一个月开头做得不好，也不会懈怠，因为他知道这个月做得不好，下个月肯定更不好过。

	第一个月	第二个月	第三个月	第四个月	第五个月	第六个月
业绩	5	7	9	11	13	11
牌级	铜	铜	银	金	金	金
销售收入	0.45	0.63	1.08	1.32	1.95	1.65

单位：万元
铜牌：6万元以下，提成9%
银牌：6万元～10万元以下，提成12%
金牌：10万元及以上，提成15%

良性金银铜牌效果

这个方法也可以避免员工留单的问题，也就是原本在当月决定当月牌级的时候，员工就会把单子压着，压到下一个月，冲刺高提成。当这个月业绩决定下个月牌级的时候，能签的单他会立马签掉。这就会降低留单的冲击力，让业绩有一个持续增长的过程。

阿里自从采用这个制度以后，业绩整体上都是稳步增长的。这个制度对阿里后来的上市也发挥了很大作用。

这个制度也需要一些配套制度。曾经有一家公司用这套制度，执行了两年，甚至还聘用了阿里的大区总经理帮忙落实，但最后还是没有取得理想的效果。于是他们找我做交流，说："你看看这个情况，这个制度我们都是原封不动复制过来的，却搞不下去了，你帮我出出主意。"于是我分析了一下他们的执行情况，发现问题出在架构里很重要的岗位——主管，主管岗位没有设置好，进而破坏了这个制度的执行。

具体体现在以下三个方面。

第一，主管没有做好赋能工作，没有按照业务漏斗图的流程帮助员工提升量和技能，稳定心态，没有帮助员工储备A类客户，特别是没有帮助下个月可以拿到金牌的员工。到了下个月，由于A类客户储备不足，业绩就做得一般，不仅浪费了高提成点，而且到下下个月提成点也不会很高。这样金银铜牌就会从原本的正向循环，变成恶性循环。

第二，主管自己没有形成每月、每周、每日的工作习惯，没有标准化的动作，没有做好检查监督工作，也没有帮助员工建立每月、每周、每日的工作习惯，导致过程量不可控。金银铜牌是从结果量上进行激励，但要想有一个好的结果必须要有好的过程，也就是过程量要得到控制，这就必须依托每月、每周、每日的习惯。所以金银铜牌的落实必须和前文提到的业务漏斗和工作习惯相结合。

第三，主管抢单。销售主管有两种：一是既考核团队业绩，本人也有业绩指标；二是只考核团队整体业绩，没有个人业绩指标。第一种又带团队又拿业绩，主管就很容易忙着自己做业绩，甚至会出现抢单的状况。

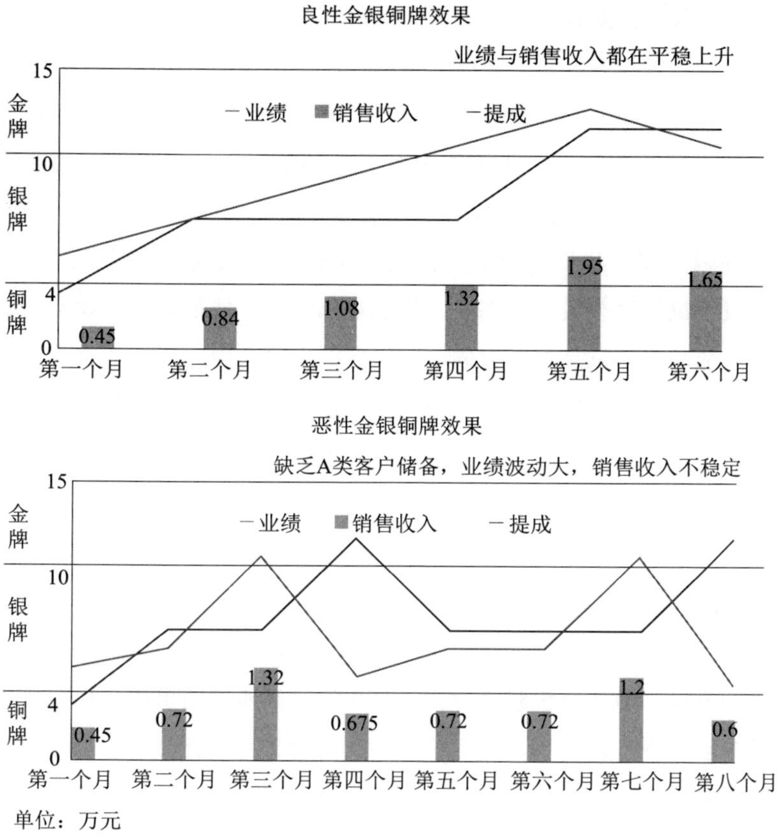

良性与恶性金银铜牌效果对比

所以主管辅导员工的时间和精力就会减少，员工的能力就得不到成长，业绩自然就提高得慢，同时员工满意度也会降低，长此以往，团队就会出问题。第二种情况会好一些，主管不会直接抢单，但是也有一个问题——暗箱操作。主管自己签单，他跟张三说："凡是我签的单子，80% 的提成给我，20% 给你，你干不干？"张三肯定干。因为有了业绩，员工下个月的牌级就高了，同时还有 20% 的收入。为了避免主管抢单或者暗箱操作，在阿里我们规定主管只负责带团队，自己不用做业绩，同时有一条高压线：凡是暗箱操作的，一经发现，主管和员工会立即被开除。我们会告诉所有组员，哪一个主管敢向你要钱，这个主管就会被开除，同时你也会被辞退。因为收贿受贿是一条线的，这个制度非常清晰。这样主管就会全心全力辅导员工，提升员工的能力，解决员工的问题，从而提升团队整体的业绩。

当然也有一些特例，在销售中有一个场景叫作授之以鱼，而非授之以渔。“鱼”就是直接结果，主管自己签单，然后把业绩送给下属。同时，业绩也要归下属。我们之前有一个新员工在试用期快结束时业绩还不达标，但我们觉得这个员工的态度、价值观都很好，他很努力，我们教给他的方法他都在用，只是差点火候，所以包括主管在内，我们所有人都帮他拿单。他在最后五天把单子签了回来，于是就留了下来，从第四个月、第五个月开始，他的业绩就飞快上涨，后来还成为我们的销售冠军。

如何判断员工是不是值得帮助呢？

第一，看他是否努力。第二，看他对这个事业是否足够喜欢。第三，看他对于成功的渴望是否足够大。第四，看他的价值观好不好。如果他符合这四条，就值得帮，我们就会帮他拿单，让他活下去。以后再有新员工让他带的时候，他就会想起当时我们带他的时候所做的事情，也会尽心尽力帮徒弟活下去。在阿里，我们称兄弟情为老员工带新员工，虽然我没有义务帮你拿业绩，但你是我的徒弟，我会无偿帮你签单，让你活下去，因为以前我的老板及师傅也是这么对我的。这就是文化，文化就是依靠这种传帮带一代一代往下传的。

对于主管的提成，我们是按照团队产出业绩的一定比例作为主管提成，所以主管要想拿到高收入就需要尽心尽力帮助员工，帮助员工实现更好的结果，这样他的收入也会更高。

当然，在这个过程中要避免一种状况，即主管只帮助那些业绩好或自己喜欢的人，而忽略那些业绩还有待提升的员工。从人性上讲，老师只喜欢好学生。这就需要通过管理制度规避这个人性的弱点，我们在第 8 章第 2 节会详细讲解。

除此之外，还有一种情况，在业务端，金银铜牌制度取得了效果，业绩每月都在稳步上涨，但利润却没有上去，也就是公司营收上涨了，但利润下降了。背后原因就是在设置提成点数的时候没有考虑财务情况，没有计算利润点。在阿里，我们的提成制度都是经过财务部门精准测算的，财务在业务过程中会起到副驾驶的作用。所谓副驾驶，就是财务在业务发展的过程中要通过对数据的分析、核算、预算，向业务管理者提出理性的建议。通常建议有两种："踩刹车"就是发现业务部门速度太快，有隐患，就要去制止，减减速；"加油门"就是发现业务部门有些保守，比如营销预算不肯花，那就可以提一些建议让业务部门步子大一点。

任何一项制度的背后都是一套体系化的东西在互相支撑。

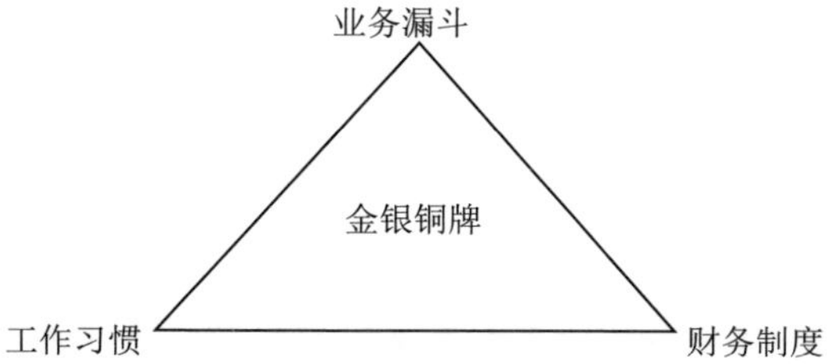

金银铜牌制度的背后是业务漏斗、工作习惯、财务制度在互相支撑

本节笔记

金银铜牌制度：

- 本月的业绩决定下个月的提成比例
- 提成阶梯分成三档，对应叫作金牌、银牌、铜牌

制度执行时主管可能会犯的错误：

- 没有按照业务漏斗图的流程帮助员工提升量和技能，稳定心态
- 自己没有形成标准化的工作习惯，也没有做好对过程的检查监督工作
- 抢单

两种特殊情况：

- 授之以鱼→主管签单，把业绩送给下属，帮助目前业绩不佳但有发展潜力的员工生存下来
- 业务端业绩提升，财务端利润下降→提成制度需要经过财务部精准测算

04 为什么大多数公司的复盘都是浪费时间

我们在前面提到阿里人快速成长的秘籍——“五狂”，因此要在流程中养成习惯，在习惯中提升技能。其中，一定要有标准流程与标准习惯，我们在前几节已经讲到。其实，还有一个重要的工作——总结，即通过总结，汲取经验，提升效率。

我在阿里经历过一次降级。因为管理能力没有跟上组织发展，我从大区总经理降为区域经理，这次降级是我人生中的一次惨败和分水岭。回到区域经理位置后，因为我对所有工作都很熟悉，所以很轻松就拿到了全国第一。但我一直在思考我的差距在哪里，应该如何补足。于是我就开始疯狂地写 PPT，把我上一阶段的策略、技能、动作扒出来，进行深度的总结复盘，不放过任何一个点。我的老板每个月也会在固定时间帮我从他的视角进行总结，让我看到更多的维度与细节。通过这样不断地总结复盘，过了一段时间，我发现自己的管理能力得到了飞速提升，管理视野和管理维度发生了质的变化。很快我就再次得到晋升。从此一路到全国总经理，管理 6 000 多人的铁军，中间再无波动。可以说，我能做到全国总经理跟我写这么多 PPT 不无关系。

在阿里，我们称这种总结为“Review”。我在前面提到，每个月我们都会做一些深度的 Review。通过 Review，无论是管理者还是员工都会得到更多的信息和成长。本节我们就来谈一谈如何做一场有质量的 Review。

什么是“Review”？英文直译就是“重新考虑，回顾，反思，评价”。在阿里，我们更喜欢将其翻译成“时光倒流”。就是在月底的时候，管理者和员工以及 HR 在一起，围绕本月的结果，设想回到月初，再来一遍的话，有哪些事可以做得更好，过程中我们有哪些可以复制的好经验，有哪些做得不够好，有哪些需要提升的地方，我们的心态怎么样，我们的价值观有没有得到很好的贯彻。这样，一方面，管理者不仅可以及时掌握业务的进展情况，发现过程中的问题，还可以了解团队的整体情况，员工能力和心态跟当前的业务是否匹配，有哪些可以提升的地方，从而制订改进方案，推进下一阶段的业务发展。另一方面，在这个过程中，员工对于业务执行和价值观也会有新的理解和认知，掌握新的策略方法，获得成长。

什么是有质量的 Review 呢？质量的评判标准是什么？这就要谈谈阿里 Review 的终极目的——借事修人，通过对事情的剖析发现问题，总结经验，让员工、管理者、公司共同获得成长。阿里 Review 区别于其他公司的一点在于不仅仅 Review 上一阶段具体的行为动作，更会深入分析行为背后的思维方式和最底层的心态、价值观。也就是说，一场 Review 剖析得越深，总结的经验越多，获得的成长越大，质量也就越高。当一场高质量的 Review 结束后，心力被激活，脑力被打通，参与者会有一种豁然开朗的舒畅感，接下来的动作也会更有体系和力量。这就是阿里 Review 的魅力所在。

很多同学问我为什么他们公司的 Review 没有效果，还会被员工和管理者厌烦。原因就在于，在 Review 过程中，只停留在表面，走流水账，缺乏深度碰撞，也没有总结出可落实的经验。

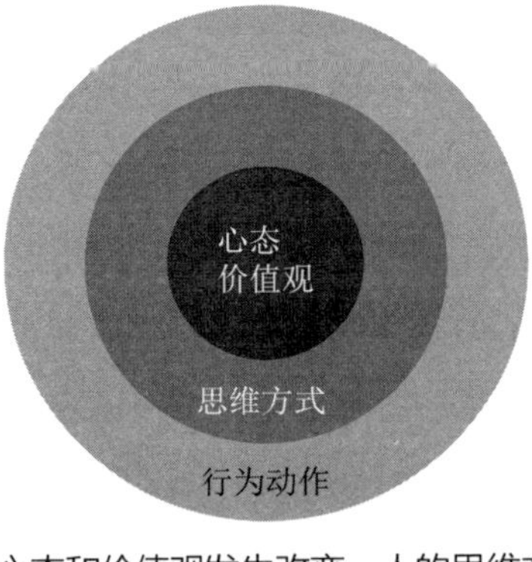

对应“心脑体”，只有当心态和价值观发生改变，人的思维方式和行为动作才会改变

如何做到深度碰撞，总结出更多的经验，这就是本节的重点。

我们来梳理一下阿里是如何做的。

Review 分成两种，一种是正式的 Review，另一种是随时随地的 Review。

先说正式的 Review，所谓正式就是有固定的时间周期，由专业的小组进行 Review。时间周期上，一般前线（业务端）的 Review 是按照月度来做的，原因是业务变化比较快，所以要及时掌握员工的个人成长和市场情况。中台通常以一个项目结束为周期做 Review，我们起了个中文名——追思会。这里延伸一下，Review 和绩效考核形式上比较接近，但有三个重大区别，相比绩效考核，Review 周期短，不打分，是为绩效考核做铺垫。

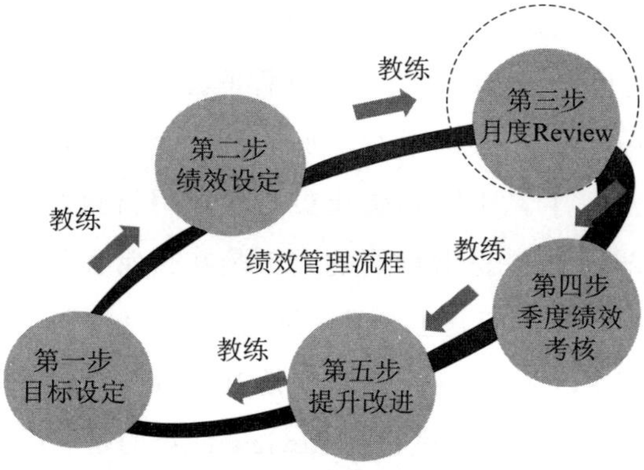

正式的 Review 要贯穿绩效管理流程

参与 Review 的人员，除了被 Review 的人员，还有被 Review 人员的上级、上级的上级、HR。在对高层管理者的 Review 中还会有财务、相关业务的负责人一起参与，比如市场部、销售运营部等。这些人会从不同维度对员工这一阶段的执行过程进行剖析，就像医院里的核磁共振一样做一个全方位诊断。在分工上，主要由直接管理者和员工进行沟通碰撞，HR 在旁记录和促成高质量的对话。所谓高质量的对话就是让对话双方保持在一个较高的维度上，不拘泥于自己和当下，不让对话陷在某一个点上。上级的上级大多数是在观察，过程中除非谈话偏了或者卡壳了，一般不过多干涉，最后做一下总结性发言。财务或者相关业务负责人则会从他们的视角进行复盘，帮助被 Review 的人看到更多细节。这是正式的 Review，通常一个人做完大概要两个小时，遇到特殊问题时间还会更长。我曾经在 Review 一个下属的时候创下单人 8 个小时的纪录。

然后是随时随地的 Review，也就是在日常工作中，当管理者发现问题的时候可以随时进行 Review。比如主管陪访完后，就可以跟销售一起对刚刚的过程进行 Review，及时调整。通常有三个小场景。一是在业务中，比如主管陪访结束后的总结。二是在每天的日报、周报里，对员工的经验总结、业务疑问，我们的回复也都是一个 Review 场景。所以每天的日报、周报，也是很有必要的。为什么有些员工不愿意写周报？很多情况下是因为他写了之后并没有得到管理者的及时回复。他提的问题、写的总结，领导可能连看都不看，那他当然会觉得这个工作就是在做样子，就不愿意写了。所以要想让员工养成写日报和周报的习惯，管理者的及时辅导反馈也是很重要的。三是在日常类似于裸心会、团队建设这种沟通中，发现问题也要及时辅导。

无论是正式 Review，还是随时随地 Review，其实都是为了对员工进行辅导并给出反馈。只不过正式 Review 针对的是一段时间内的工作，剖析得会比较深。随时随地 Review 则可能针对某一件事，程度上会浅一些。

接下来跟大家分享一下正式 Review 的步骤，分为 Review 前、Review 中和 Review 后。

Review 前的准备工作可分为两部分，一是管理者要准备的，主要包括时间、地点、参与人员、过往业绩数据和本次 Review 的基调。

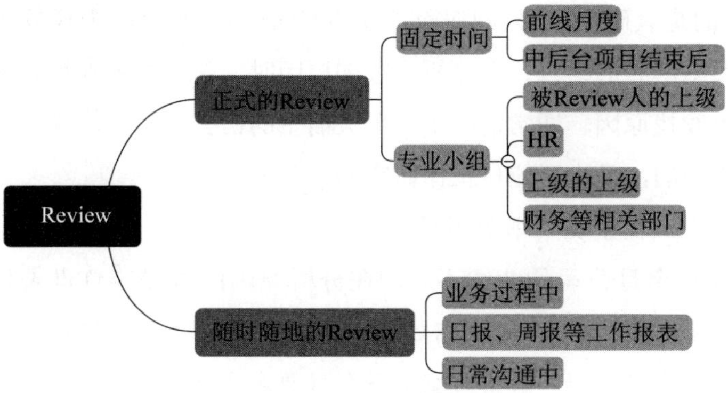

Review 的分类

时间上，Review 通常放在月初，一方面是对上个月做个总结，另一方面对新一个月的工作鼓鼓气。地点并不拘泥于总部的办公室，跨区域的可以放到业绩最好的区域，当作精神鼓励。在业绩超额完成的情况下，我们甚至还去过三亚、马尔代夫等景区 Review，算是鼓励，虽然几乎没有时间欣赏风景。

过往业绩数据，不仅要有最终的结果数据，还要有过程数据，例如，拜访量、转化率等。只有通过过程数据才能看到更多细节，看出问题的本质。公司看到的需要拿出来讨论的案例也要做一些准备。此外很重要的还要确定本次 Review 的基调。是对上个月业务的复盘，还是下个月的策略制定，抑或高潜力人员的选拔？不同基调的谈话重心不同。

二是被 Review 人要准备的，主要就是 Review 的报告材料。材料里要有数据的呈现（同样也要有结果和过程数据）、实施的策略、总结的经验、需要改进的地方和下个月的计划。维度上分成业务和业务背后的策略、团队的成长、价值观和自己的心态、价值观与文化三个层面，员工可以围绕这三点进行总结。

数据要实事求是，不能伪造数据，不能避重就轻，分析一定要有深度。如何看员工准备得用不用心，可以看看他在总结经验和分析需要改进的地方时，用的是大而空、放之四海而皆准的书面语言，还是具备场景、颗粒度，能真正实施落实的语言；在分析失败的原因时，是客观原因比较多，还是从自我出发找原因。通常情况下，用大而空的语言，只找客观原因的准备是没有走心的，是为了应付工作而写的。

什么是大而空呢？举个例子。

比如上个月公司的业绩不好，在分析原因的时候，负责人列了很多原因，像刚刚进入这个市场、对这个市场还不了解，员工的心态不好，对市场的预测出了错误。解决方案是下个月要多找几个客户聊天，多跟员工谈心。这些都属于大而空，看起来没毛病，也分析了自己的问题，但问题是这些原因、解决方案太空了，没有落实到具体工作上。通常下个月再看，就会发现这些问题还会存在，因为上个月提到的解决方案是没有办法具体落实的。

什么是客观原因？比如客户突然改变主意、某些软件系统出了问题、其他部门的支持不够，这些都是客观原因。因为 Review 的目的是帮助被 Review 的人成长。如果他提了很多客观原因，就没办法帮他成长。

所以无论是大而空的，还是客观的原因，都不能真正帮员工提升，而且很多时候员工写这些是用来应付上级的。作为上级，一定要警惕这类情况。如何解决这类情况呢？就要提升追问的能力。对于大而空的表述要不断地追问颗粒度，比如跟员工谈心，那就要问跟谁谈、谈什么问题、在什么场景下进行谈心、通过这次谈心要解决什么问题。要通过这样的追问一直问到可执行的颗粒度。对于客观原因，追问的方向就要紧扣“你在这件事情中做出了哪些努力”，比如别的部门不配合，那你问过对方为什么不配合吗？是哪些原因导致的？有没有做过什么改变这种情况？效果怎么样？只有问到他自己的层面才能帮他解决问题。

接下来谈谈 Review 中的流程。

当 Review 双方坐定之后，第一步，管理者开口，进行简单寒暄，明确面谈的目的和意义，同步谈话基调。

这一般是刚开始使用 Review 的部门或公司需要做的。在阿里，我们对 Review 都习以为常了，会直接开始。这一步的作用是建立一个互相信任、同频的场域。有些公司因为采取了错误的 Review 方式和出发点，员工会认为公司 Review 是为了挑毛病，想扣钱。一旦员工有了这个想法后，就会有防备心理，整个 Review 过程就会很紧张，也难以挖掘经验和改进点。如果 Review 还没有形成习惯，开场要先寒暄，肯定这一段时间员工的工作，特别是对于跨区域、很久没见的同事，这有利于消除员工的紧张感，然后明确目的，即 Review 是用来帮助大家一起成长的。最后要同步谈话基调，明确这次 Review 的核心和方向是什么。这样，管理者和员工会处于一个放松、同频、互相信任的场域，工作才能往下推进。

第二步，员工进行自我总结，管理者适当回应和探讨。

这一步主要由员工进行总结陈述，说一说这段时间的成果，过程中的一些策略和背后的心态、价值观，管理者可以适当回应和探讨，主要以员工为主。有些管理者在做 Review 的时候很喜欢发表自己的看法，甚至直接打断员工的发言，开始长篇大论。其实这是不可取的，因为 Review 的目的首先是帮助员工成长，所以主角一定是员工，而不是管理者。当员工说话的时候，我们只能适当回应。如果有需要长时间探讨的内容，我们可以先记下来，等员工讲完之后再进行深入探讨。

当员工把要讲的东西讲完之后，接下来就进入第三步——双方深度沟通，充分挖掘细节和内心。

员工所说的内容像一条横线，主要是对上个月工作的整体总结，对细节点的纵深挖掘相对要少一些。所以在这个步骤，管理者要与员工一起进行深度的细节挖掘和探讨，挖掘这个过程中的困难、激情、内心的波动、自我成长和行为背后的价值观与做事理念，探讨事务背后的真正原因，还有哪些改进的地方，还可以形成哪些经验。

这个就像病人看病一样，病人说自己头疼，但其实未必是头的问题，所以医生会进行一系列追问，才能发现最终的病因。所以在做 Review 的时候，员工所提的问题，不一定是本质原因，我们需要不断追问、探讨，才能发现问题的本质，并给出解决方案。这个步骤一般需要一个小时以上，甚至更长。同时，这一步也最容易起冲突，因为当我们试图挖掘细节问题的时候，员工一方面可能在回避这些追问，因为追问会把自己没有做好的事情暴露出来，让人比较难堪。或者我们的提问方法不对，员工认为我们在找碴儿，就会不自觉地进行防御、抵抗。另外，当我们的挖掘方式不恰当或者观点跟员工不一致的时候也容易起冲突。

通常 Review 的过程中会有以下 4 重心态，需要大家注意。

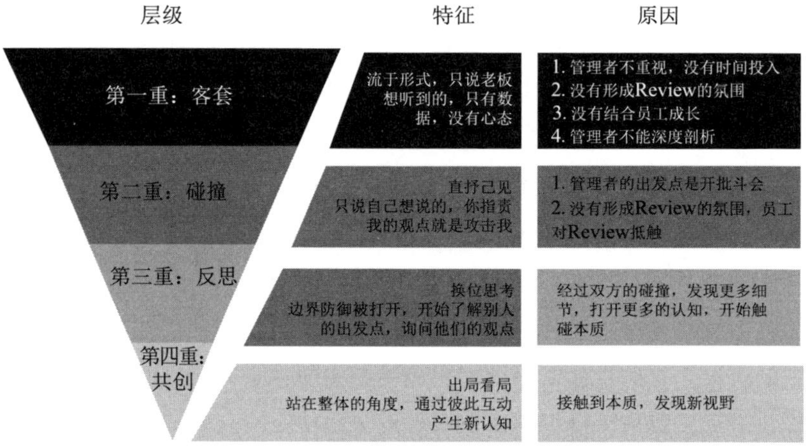

Review 的 4 重心态

客套

所谓客套也就是都说对方想听的话，这说明 Review 双方对 Review 不重视，走过场，并不期望通过 Review 拿到什么结果。比如员工在分析数据的时候，只说好的部分，不好的避而不谈。在总结原因的时候，多说客观原因，不断甩锅。管理者在点评的时候也只说一些“干得不错”“再努力一下”“还需要磨炼一下”这种不能实际落实的客套话。整个流程可能半个小时就完了，最后你好我好大家好，笑呵呵地走出会议室。这样的 Review 没有任何效果，持续下去大家都会疲惫。

这种心态的原因主要是出在公司层面或者管理者。其一，公司层面不够重视，没有把 Review 放在重要的位置，员工就会认为 Review 只是走个形式，自然不会重视。其二，管理者本身不够重视，没有把充足的时间、精力放在 Review 上。连管理者都不重视，员工自然也会放松，以应付的心态面对 Review。我曾经看到一家上市公司的年底总结排期表，每 40 分钟一个人，通常一个 PPT 念完就要 20 分钟，很难想象这种总结可以得到什么好结果。其三，管理者没有掌握方法，不能挖掘到深层次的东西，也不能让员工得到成长。员工就会认为 Review 只不过是走形式，耗时耗力，简单应付一下得了。如何避免客套？一方面，公司层要足够重视，营造 Review 的氛围，管理者要付出时间，每个员工的 Review 起码要保证两个小时的时间。我在担任总经理期间每月都会花至少三天用在 Review 上，这个时间一定要保证。另一方面，管理者要炼就一双慧眼，在日常工作过程中就要发现员工身上的细节和案例，在 Review 的时候通过员工陈述和自己看到的事实之间的对比发现隐藏的细节，进行深度剖析，帮助员工成长。做到这两点之后，员工经历了两次 Review，内心就会知道 Review 的重要性，也知道了如何准备 Review，就会避免客套的情况。

碰撞

碰撞是 Review 过程中必不可少的环节。这个环节的特征是直抒己见。因为双方的视角不同、信息量不同，所以对于同一件事情会有不同的思维方式。当不同的思维方式相遇时，就会产生碰撞。正是这种碰撞，可以让我们看到多角度、多层次的视野盲区。我们在第 1 章第 1 节提到的案例其实就是一个 Review 的场景。那个员工认为他是用心在追过程，也会跟组员盯进度，又跟合作商沟通任务，但是员工不配合，没有按时完成任务，合作商也没有提前把会遇到的问题暴露出来，导致进度被拖延。但我认为他在任务执行的过程中没有用心，没有每天盯员工的进度，跟合作商的沟通方法也没有体系，没有跟上级汇报问题，最终导致进度拖延。事实上，我们的话都有道理，只不过是站在不同的视角而已。通过这种碰撞，我们都看到了自己没看到的事情。我知道了整个项目组配合的问题、合作商的一些问题。员工知道了可以更频繁地紧盯小组成员完成进度，实在不行，可以寻求上级的帮助。有了这些信息，我们就认识到了整个项目的真相，并且开始思考如何从自我的角度让工作做得更好，此时就进入下一种心态——反思。

在碰撞的过程中，管理者跟 HR 经理要把握度，本着“冲突的和谐”原则，通过事分析人，做评价要有充足的案例依据，不能依靠主观印象进行评价攻击，不然员工就会认为你在找碴儿，在越过事针对他，在开批斗会。为了证明自己没有错，员工会举例，甚至还会针对你，两人就会争吵得面红耳赤，最终脾气大的老板会动用管理者权威强行评价。这样员工往往会不服气，管理者和员工之间的信任也就没有了。

反思

到了反思这一步，Review 就进入了佳境，我们不再站在自己的角度思考，开始敞开胸怀，接受对方的信息，然后反思这个过程中自己有哪些没做好的事情。员工也会明白管理者是在帮自己解决问题，而非找碴儿。这时，因为管理者的经验比员工更丰富，所以通常是管理者引导员工往更深处思考，思考自己的思维方式和心态，开始逐渐触碰事物的本质。当这个深度到达一定程度时，被 Review 的人心中的某个隔阂会被消除，纠结的地方会被化解，整个人就会豁然开朗，很多事情一下子就想通了。此时，开始进入第四种心态——共创。

共创

此时 Review 双方，你不是站在你的角度，我也不是站在我的角度。我们抛开自己的利益、位置、视角，出局看局，站在整体的角度看问题，发散思维，思考更好的解决方式。我们会举一反三，把经验推导到更多可复制的地方，不再局限于当下和某一件事。通常有了共创心态，整个 Review 就比较完美了。

接下来，管理者要进行总结，给予员工评价和改进方案，提出期待，并跟员工达成共识。必要的时候，可以形成文本，签署改进计划书。这样员工在下一阶段的工作中会有更好的工作方法和心态。整个业务执行，从定目标开始到搭班子、追过程、拿结果是一个循环向上的过程，而 Review 则是我们对于员工整个过程的全面系统的梳理。

Review 中有个小技巧——三明治沟通法。有些比较强势的管理者担心一直挑问题，会打压员工的信心，所以可以采用这种沟通法，就是当员工说完之后可以先表扬一下，肯定他在这段时间的努力。人都爱听好话，说完好话再指出不足，提点意见，最后再次对其进行肯定。这是一种屡试不爽的方法。

这是 Review 中的步骤，但 Review 完了并不代表整个过程就结束了，还要有事后的监督和辅导。通过每天、每周、每月监督员工的状态，看看他们是否真的在改进，在必要的时候随时随地 Review。

以上就是 Review 的三大环节和具体步骤，当然要想做好 Review，还要有几个核心注意点。

1. 产出和时间永远成正比，千万不要走形式。一个 Review 要围绕业绩过程和价值观一条条剖析，才能得到结果，才有效用。所以一个 Review 的正常时间起码要一个小时，我们通常会用三个小时，甚至一整天。只有花这么长时间，才能把事情聊透，而我们重视了，团队也会重视，会认真对待这个事情。

2. 拒绝划水，Review 要进入深水区。我们提到 Review 要通过事成就人，最终通过人成就事，拿到最终结果，所以 Review 不能停留在念 PPT 和结果上，要深入过程。通过对过程细节案例的剖析，发现问题，探讨问题，深入挖掘细节和背后的价值观、做事理念，做到人事合一，借事修人，最终解决问题，让个人和组织共同成长。

所以我们一定要深入细节，在细节上剖析过程和过程背后的价值观。

3. 行有不得，反求诸己，Review 要多从自我出发。团队中会有一些喜欢当评论家的员工，他们能把事情分析得头头是道。比如因为一些客观因素导致结果不好，比如执行过程中团队中的某个同事犯了错误导致整体受到影响。于是他就能围绕犯错的同事或客观因素进行深度分析，洋洋洒洒，由表及里，从头到尾，把这些事情分析得很到位。看似提出了很多经验，是一个高质量的 Review，但其实并不是。因为 Review 中有一个很重要的法则，就是面对这些失误与问题，要思考“我”可以做什么，“我”有哪些可以改进、成长的地方，而不是对其他人或者大环境进行批判。对这些客观因素哪怕分析出一本书来，对我们自己的成长也没有太多帮助。所以“行有不得，反求诸己”，Review 一定要多从自我出发，复盘人要更多地思考“我”在这个过程中如何做得更好。

4. 要避免请一屋子不相关的人。什么是一屋子不相关的人？有的公司在做 Review 时，希望把一个人的经验及时复制到团队其他成员身上，所以当一个人在做 Review 时，会让团队成员或者其他组的成员旁听，希望他们能及时汲取经验。实际上，当有这么多人旁观时，被 Review 的人其实不愿意谈太有深度的东西。所以在阿里，我们的 Review 会分成个人 Review 和群体 Review。当有很多经验可以分享时，用的是群体 Review，大家可以一起学习。如果要讨论个人层面或者一些很敏感、比较私密的话题，管理者就会让其他人离开，只留下当事人进行深入探讨。

5. No Surprise。有些管理者喜欢秋后算账，就是在日常工作中发现员工的问题不及时指正，而是拿小本子记下来，继续乐呵呵地跟员工沟通，但到了 Review 时，把旧账一翻，把记录的问题都抛出来，并且据此进行最终评价。管理者内心可能觉得自己明察秋毫，但其实这种行为相当于给员工判死刑，因为这时再为员工指正，他是没时间改进的。所以员工内心就会波涛汹涌，心想：“你怎么早不说，这个时候才提出来，分明是对我有意见，针对我。”员工对于管理者的信任值就直接降到零了。这个行为是不可取的，管理重在平常，发现问题要及时反馈。

6. 重在行动，事后有监督辅导。职场上有句话叫作“凡事有交代，件件有着落，事事有回音”，做到这三点的人才算靠谱。Review 也是这样，当 Review 结束之后很重要的还是要有事后的监督与辅导，避免好不容易总结的经验落实不下去。所以 Review 要形成记录和改进计划，计划要有时间节点和改进标准，事后管理者和 HR 要定期监督检查，让经验能够真正落实，人和事都能做到循环向上前进。

本节笔记

追过程最后一步，通过 Review 促进业务成长：

Review 的终极目的：借事育人，通过对事情的剖析发现问题，总结经验，员工、管理者、公司共同获得成长

阿里的两种 Review

- 正式的 Review：有固定周期，由专业小组进行
- 随时随地的 Review：一发现问题就及时进行

Review 的步骤

- Review 前
    - 管理者：时间、地点、参与人员、过往业绩数据、本次 Review 的基调
    - 被 Review 人：Review 的报告材料，包括结果和过程数据呈现、实施的策略、总结的经验、需要改进的地方和下个月的计划
- Review 中
    - 步骤
        - 管理者开口，明确面谈的目的和意义，同步谈话基调
        - 员工进行自我总结，管理者适当回应和探讨
        - 双方深度沟通，充分挖掘细节和内心
        - 管理者进行总结，给予评价和改进方案，并跟员工达成共识
        - 给出下一步的改进计划和期待
    - 过程中的四重心态
        - 客套

        - 碰撞
        - 反思
        - 共创
    - Review 后
        - 监督和辅导
        - 必要时随时随地 Review

Review 的核心注意点

- 产出和时间永远成正比，千万不要走形式
- 拒绝划水，Review 要进入深水区
- 行有不得，反求诸己，Review 要多从自我出发
- 避免请一屋子不相关的人
- No Surprise
- 重在行动，事后有监督辅导

7

育强将：
打破业务增长的边界

现实中很多企业的业绩会阶段性暴涨，不断拿到好结果，但这种状态往往难以持续，通常增长一两年就会遇到瓶颈，很难突破。原因就在于，在业绩增长过程中，人的能力没有相应提升，人均产能也没有明显增长。所以当外部环境不再利好，竞争加剧，内部的管理幅度也达到边界时，业绩增长自然就会遇到瓶颈。因此，要想业绩持续增长，就必须提升人的能力。本章会从如何辅导员工、如何激活老员工、怎样培养接班人，以及制定用人制度等方面为大家分享如何提升人的能力。

01 员工能力上不去，十六字方针搞定员工辅导

员工的成长是管理者的主要工作之一，只有员工成长了，我们的工作才能轻松，业绩才能做好。

在中供发展的过程中，为了让新员工快速成长，独立跑业务，我们不仅有标准的业务流程、系统的入职培训，还有专门的辅导方法，我们称之为辅导十六字方针——我干你看，我说你听，你干我看，你说我听。这套辅导方针在阿里人才、技能的复制上起到了很大作用，时至今日依然是阿里辅导员工最有效的方法之一。本节主要分析探讨一下辅导十六字方针及其应用心法。

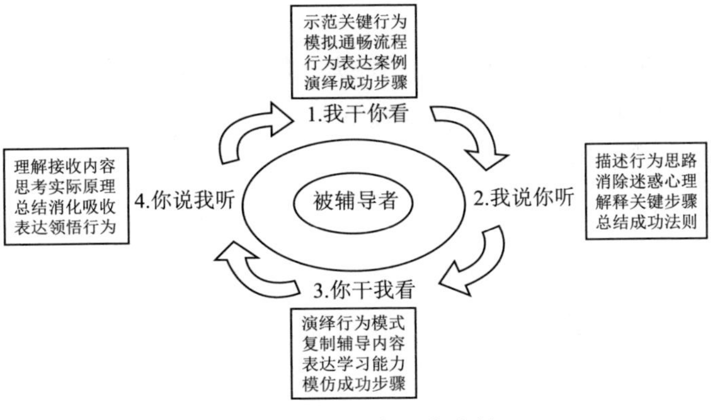

阿里铁军辅导十六字方针

我干你看

管理者要先把工作为员工干一遍，员工在旁边细心观察。

为什么要先干而不是先说呢？首先，在大多数状况下，人是因为看见所以相信的，也就是必须要让他看到结果，他才会信服你，才会觉得你

说得对。其次，如果没有实际经历过，说得太多，员工脑子里其实没有场景化，他不知道为什么要这么做，就很难有深刻的理解。

因此，一定是先干了再说。干了，拿到结果了，员工脑子里才会有感觉，才会觉得这个老大是优秀的，这个方法是对的，才愿意学。

在这一步中，管理者要把辅导内容的完整流程演绎一遍，让员工看到全部流程，不能漏掉关键步骤。如果步骤不全，员工自己在做的时候遇到这些遗漏的步骤就不知道怎么做了。在过程中的关键点上要着重示范，加深被辅导人的印象。最后，整个流程要拿到最终结果，只有拿到结果，整个流程才完整，只有拿到结果，员工才会有信心。不然员工就会有疑问："连老板都做不成的事，我怎么可能做到？"

当然有同学会问："高管也要这样做吗？跨领域或自己不懂的板块也要这样做吗？"答案是肯定的。只不过不一定要实际去做，而是采用训练模拟的方式，上级管理者把自己认为可能出现的问题提出来，通过场景代入，模拟真实场景，带员工走一遍。我们提出干的步骤和方法，并解释其中可能出现的问题，就像诸葛亮的锦囊一样，碰到什么样的问题就拿出相应的锦囊。因为作为上级你会看到员工看不到的地方，了解他不知道的事情，需要通过这样的场景模拟让员工真实地看到这些盲区。

做完之后再让员工重复一下我们的方法，并提出自己的思考。这个步骤必须有。不要觉得大家都在点头，就都懂了，只有让他重复，我们才能知道他到底有没有理解。这就是我们通常所说的"味道对了"。最后，我们根据他的表述和理解给出反馈。

讲到这里，有人会问："基层辅导可以这样做，对高管的辅导可能不行吧？因为没有这么多机会。"其实对高管的辅导也是这样，只不过，在对高管的辅导里，并不是实地去干，而需要模拟一个场景，我们在场景中提出干的步骤和方法。

为什么是我干你看，不是我做你看呢？因为干更通俗，更接地气，更有力度。

我说你听

管理者要结合刚才干的事情，对其中的思路和关键点进行总结解释，消除员工的疑惑。

因为员工在观察的过程中，会有很多疑惑，比如为什么老板在讲话的时候，客户会认真听，我讲的时候客户就不耐烦？老板为什么大多数时间都在唠闲嗑，很少介绍产品，却能成交，而自己很详细地介绍产品，客户却很烦？

这些都是新员工在现场会出现的困惑和疑问，这些都是需要管理者解决的，也就是管理者要解决员工的疑惑。当然还有一些员工注意不到，但却能左右客户成交的关键或细节也需要管理者为员工总结，让员工以后自己在做的时候要注意。这一步一定要快，要趁热打铁，比如拜访客户，一出客户的大门就要立即开始。因为这个时候是印象最深、体感最强的时候，过了一会儿体感没了，再做就晚了，员工就会没有感觉，也想不起来之前的疑问了。

你干我看

简单来说就是当管理者自己干一遍，并进行总结和解惑，员工明确了流程、关键点和注意事项后，就需要让他自己干一遍。很多时候，脑子学会了，身体还不会，所以必须要让他自己动手干一遍，把管理者辅导的步骤、动作实践一下，检验一下自己是不是真的学会了。只有干了，拿到结果了，才能证明学会了。

员工在干的时候，管理者要在旁边观察和记录，他做得好的、不好的都要进行记录。

你说我听

等员工自己干完一遍之后，经历过实际应用，他会有新的感受和疑惑。这时，就需要让员工把自己的感悟和管理者的辅导内容进行对比，想想这次实践中有什么新的理解和顿悟，取得了什么效果，还有哪些内容是不大明白的。管理者除了解决员工不明白的地方外，还要把刚刚记录的内容反馈给员工，让他明白在这个过程中自己真实的样子，有哪些值得肯定的地方，有哪些做得不对的地方，背后的原因是什么，应该如何提升。通过这样的总结与反馈，最终除了让员工学会这些流程与动作外，更重要的是要让他们明白工作背后的原理是什么，只有明白原理，才能举一反三，应对业务过程中的各种变化。

当然这些辅导内容与总结最好让员工以文字的形式写进日报。

阿里的这个辅导十六字方针，在一线业务中有一个具体的制度——陪访制度，也被称为“Double Call”。我们规定，主管每周至少要陪一名销售拜访客户（主管本身只管团队，不跑业绩），在实战中帮助员工解决疑难问题，使其快速成长。

陪访制度分成以下 4 步。第一步，先陪访。主管要亲身示范，和客户沟通一遍，员工在旁边看着。第二步，拜访结束之后，主管结合陪访过程，把跟客户沟通的方法和注意事项告诉员工。有了实际陪访之后，再进行总结，员工就容易恍然大悟，明白其中的道理。第三步，再陪访。主管充当观察者，观察员工在跟客户沟通时的动作，哪些动作被遗忘了，哪些动作需要改善，哪些动作值得表扬，主管要把这些一一记录下来。等客户拜访结束之后，从客户那里一出来，就立马需要进行第四步——再总结。这次是让员工先进行自我总结，把刚刚跑客户的真实体感告诉管理者，比如员工可能不知道如何挖掘客户的需求，如何切入产品介绍，对产品的理解还不够，不能很好地向客户进行宣导。这时，主管要结合员工的自我总结和在第三步记录的重点内容，对员工的总结进行反馈，帮他指出提升的关键点在哪里，应该怎么解决。如果员工本身学习能力还可以，通过这样几次循环以后，很快就可以把他培养成一个成熟的员工。

以上就是辅导的十六字方针——我干你看，我说你听，你干我看，你说我听，以及具体应用。看起来很简单，但每次我在跟学员分享时，学员都表示理解，回去落实的时候很多都做不好。后来我分析了一下，背后的原因是他们没有领会其中的心法，执行过程中没有走心。下面，我总结了十六字方针在落实时常用的5个心法，分享给大家。

心法一：辅导不能只停留在表面，要深入细节

有些管理者在辅导员工的时候也会采用陪访的方式，自己先做一遍，或演示一遍流程，其实大致的流程在前期培训的时候员工就已经知道了。管理者的演示除了示范流程之外，更重要的是补充流程中的细节。

比如我们在销售过程中，会发现同样的话术，有的人说出来可以得到客户的认可，有的人说出来却不能得到客户的认可。同样的话术，不同的人说，为什么会出现不一样的结果呢？原因又是什么呢？

如何让客户信任我们的产品和我们自己，这就需要管理者为员工剖析其中的细节。第一，面部表情。如果我们的面部表情没有配合我们的话术，是没有感染力的。第二，语音语调。通过我们的声音高低突出重点。第三，手势动作。从生理上，人的注意力会更集中于动的东西上。所以有效的手势动作可以集中人的注意力，突出重点。大家想想在演讲过程中，好的演讲者是一定会用手势的。第四，感情。我们在讲解过程中，有没有感情，有没有站在客户的角度诠释我们的产品，有没有诠释我们公司的理念，这些其实是很重要的。当然，话术也很重要，可是我们要把话术放到最后。

销售精英在讲解的时候会激发客户的感情，让整个介绍更生动，所以更容易获得客户的信任。新销售在讲解产品的时候通常没有这些感情、语音语调的变化，都是照本宣科地背稿子，自然得不到客户的信任。

要想让新员工快速成长，除了通常的流程、话术之外，还要深入关键细节，只有这样，才能快速帮助员工成长。

心法二：在深入细节的过程中要触碰原理

很多管理者在辅导新员工或者在编撰说明书时，往往只说具体的操

作方法，但很少会说背后的原理。业务场景是千变万化的，如果只学了具体方法，不知道背后的原理，那么当场景发生变化时，员工还会遇到问题。

比如演讲中之所以需要手势，是因为手势可以集中听众的注意力。但如果不告诉演讲者这个原理，只说演讲的时候要有手势动作，那他很可能会在不必要的地方用手势，效果反而不好。所以，在辅导的过程中，除了细节和操作之外，我们要在“我说你听”和“你说我听”环节，直接讲解和引导员工发现技能背后的原理，让他们能够做到举一反三。

心法三：辅导要沉得住气，不能发飙

有些管理者辅导员工的时候容易心急，当员工学习速度慢的时候就会批评他们。或者在客户那里陪访的时候，客户突然问了一个疑难问题，员工在回答时有些磕绊，也会打断员工发言，抢着回答。其实，无论是在现场，还是在公司，员工在学习新事物的时候内心多多少少都是有些不自信的。如果我们急于批评或打断他们，会挫伤他们的信心，造成负面影响，所以在辅导员工的时候一定不能着急。

如果是在公司里，我们可以先了解我们跟员工之间的认知差在哪里，很多时候，员工学习得慢，是因为我们跟员工之间有一定的认知差，他们无法理解我们的话，所以要先解决认知差再进行下一步的辅导。

如果是在客户那里，当客户提问时，不管员工回答得如何，哪怕特别糟糕，我们也要沉住气，不要抢着发言，要等到员工发言结束，和客户谈到一个节点时再介入，对员工的发言进行总结，提炼纠偏并查漏补缺，比如可以说：“×× 总，我总结一下刚刚 ×× 的发言，主要是这几点……主要想表达的意思是这样的……除此之外，还有这几点……”这样客户就不会觉得我们的员工有问题，只不过是理解的问题。员工在没被挫伤心态的前提下，还能认识到正确的表达方式应是什么样的。

当然，很多员工之所以会在客户面前说错话，是因为紧张。事实上，很多时候员工之所以紧张，是因为员工对工作不熟悉。管理者要让员工不

断练习，提高熟练度，最终达到熟能生巧。

心法四：辅导要因人而异、因材施教

刚刚我们讲到管理者和员工之间存在认知差，所谓的认知差，是由于我们跟员工的过去经历、思维方式、内心想法不同而产生的。同样一句话，不同的人会有不同的理解，这样辅导效果自然会降低。所以我们在辅导的时候，要了解员工的思维方式和认知水平，要用他们的语言说出解决方案，避免说他们不知道的词语（部分管理者喜欢用一些别人没听过的词语显示自己的专业，这是不对的），这样员工就比较容易理解。当然，我们也要让员工了解我们的风格，这样我们在交流的时候就不会因为说重了，引起情绪上的冲突，说轻了又引不起足够的重视。管理者在做辅导时，也要关注彼此之间的信任程度，不是对所有员工都能说重话，或直接批评。

心法五：避免信息衰减，管理者要送一程（时刻盯着）

在辅导过程中，假设已经教会了某一个人，但是这个人在教其他人的过程中，还可能出错，这种就是信息的衰减，这会导致信息出现偏差。

所以在做辅导的时候，管理者要在旁边盯着，盯辅导过程的每一个细节，这样才能避免信息衰减。我在做阿里铁军全国总经理的时候已经很忙了，但每个月还是要抽时间去一线看看实际情况。

最后，辅导成功与否百分之八十取决于辅导者本身而不是被辅导者。员工是组织最大的财富，只有辅导员工，让员工成长，组织的效率才会提升，管理者才能更高效地拿到结果。这是一个正向循环过程，大家一定要重视，无论多忙，都要留一部分时间用于辅导员工。

本节笔记

辅导十六字方针

我干你看

我说你听

你干我看

你说我听

十六字方针的一线应用：陪访制度

先陪访，主管亲身示范

做总结，主管就客户沟通方法和注意事项进行总结

再陪访，主管观察并记录员工的表现

再总结，让员工自我总结，主管根据记录给予反馈

十六字方针落实的 5 个心法

辅导不能只停留在表面，要深入细节

在深入细节的过程中触碰原理

辅导要沉住气，不能发飙

辅导要因人而异，因材施教

避免信息衰减，管理者要送一程（时刻盯着）

02 老员工失去激情，如何带他突破天花板

想必很多人都听过一个词——“成长天花板”，就是人在成长过程中，到了一定阶段，因为心力、体力等原因，成长速度会变得缓慢，甚至停滞，仿佛头上有一块无形的天花板挡住了上升空间，难以突破。

很多企业在成立一段时间后，也许是因为长时间的心力消耗，也许是收入达到了自己的要求，部分曾经一起打天下的老员工会出现工作状态下降、成长速度变慢、不愿意接受新挑战的现象。如果这种现象得不到改善，就会快速蔓延。久而久之，整个团队的激情就会下降，变成缺乏生机的“沼泽地”或养老院。这自然不是管理者想看到的。老员工一方面为公司立下过汗马功劳，另一方面也是公司文化的见证者和传承者，公司自然不希望他们离开，所以激活老员工就很重要，本节就对此问题进行探讨。

我们先来分析一下老员工失去激情的几个现象。

1. 心力到了天花板，就是心里产生了倦怠感。这个情况分成两种。一是因为长期的高压作战和 PK 比拼。高强度的作战虽然有利于业绩的不断提高，但同时也很容易消耗掉人的心力和体力，员工的心态就会很容易疲惫。二是因为太过熟悉产生的得过且过的心理。当员工在一家公司待得时间长了，对公司的业务流程、规章制度和管理者的习性已非常熟悉，所以心里就会认为只要把自己的事做完就可以了，没必要抢任务，自找麻烦，这有点混日子的感觉。这种心态持续的时间长了，员工就会对公司的新目标、新业务产生抵触心理，对于那些爱挑战任务的同事也会冷嘲热讽，就会表现出开业务启动会的时候不自觉地坐在后面、不爱看战报、不爱听别人分享成功经验等行为。

2. 眼界到了天花板。这也有两种情况。一是出现在原本的销售精英

身上。就是当一个员工持续拿到不错的成绩，而且长期没有遇到能冲击他的挑战者，其内心就可能会失去方向感，觉得现在的业务不能给他成就感，就会把注意力转移到其他地方去。二是一些对自我要求不高、心态上小富即安的销售，他们原本的目标就是过上太平日子就可以了。通过一段时间的努力，现有的收入能够让他们过上理想中的小康生活了，就会停止拼搏。

3. 技能到了天花板。时代是不断变化的，会不断地有新的业务形态和工具出现。如果不及时掌握新技能，旧的工作思路和技能就不能适应新的市场需求，产出就会变得很缓慢。比如现在的直播裂变，通过一天现场直播就能产生几亿元的收入。如果员工还采用旧的销售方式，一个一个拜访，效率就会很低。一些管理者在管理的时候没有形成自己的管理流程，用体力管理，一对一地盯下属，消耗了大量体力。所以当体力消耗到一定程度时，就会心力交瘁，最终会丧失激情。

4. 公司绩效制度的副作用。这一点可能很多人没有联想到，因为表面上这两者没什么关联。实际上，绩效激励作为员工价值产出的指挥棒，是决定员工工作状态的主要因素之一。举个例子，在销售提成里很重要的一点是续签客户的提成比例。有些公司的续签提成与新签提成一样高，但维护老客户的难度要比开发一个新客户容易得多，所以当一个销售工作几年积累了一定量的老客户之后，只需要维护好老客户就能拿到同样的收入，于是心态自然会放松，不想主动开拓新客户，自然就会慢慢失去激情。

知道了这 4 个现象，我们再来谈谈如何解决。这里有一点要注意：大家要做的是点一把火，让员工自己跳出舒适圈，而非我们把他硬拽出舒适圈。不然员工就会有逆反心理，认为公司在针对他们，想把他们开除，这样就不好了。具体操作方法有两种，即心态调整和组织业务调整。

心态调整包括以下三点。

1. 对于那种因为连续高压作战而产生倦怠感的员工要帮其修复一下心态，消除大战后的疲惫感。比如公司可以组织一次户外团队建设，让员工在大自然中沐浴阳光，呼吸新鲜空气，用自然的力量抚慰内心。或者组织一次电影会、音乐会，通过艺术抚慰内心。活动用时不能太长，如果离开工作场景的时间太长，人太舒服就会选择安逸下去，再回到紧张的工作中就会产生抵触心理。

2. 带他去看更高处的风景。这个针对的是眼界到了天花板的员工。对于那种因为已经在本区域长期保持业绩第一，没有挑战者，从而产生傲慢懈怠的员工，我们就要让他认识到山外有山，一山更比一山高。我们要让他认识更优秀的人，比如其他区域或者整个公司的优秀人才。如果他已经是整个公司最牛的人，我们可以去竞争对手公司找。竞争对手也没有，那就跨行业找可以对比的人。在中供早期，一个人累死累活也只能做到一个月 8 万元业绩，后来我们不断打磨策略、技能，做得好的销售一个月可以做到 200 万元业绩。于是我们就沾沾自喜，觉得自己真牛。2005 年，200 万元还是一笔很大的款项。马云就嘲讽我们："你们这帮人就是井底之蛙，没见过大海的宽阔。"他告诉我们，国外的保险行业从业人员一个月做到 200 万美元也不像我们这样嘚瑟。当时我们很羞愧，心想还有这么厉害的人，一个月能做到 200 万美元，我们得加倍努力才行。之后经过不断努力，最终有的销售人员单月做出了千万元业绩。人就是这样，见过更牛的人就会想向他看齐，所以我们在设立目标的时候，还会设置挑战目标，就是这个道理。

还有一种就是"小富即安"的心态，一些员工业绩做得差不多就自我满足了，觉得这样蛮好。我们一方面要告诉他们，所谓的小富并不能安，孩子需不需要更好的教育？老人需不需更好的医疗？所谓的小富即安，其实都是牺牲长远利益换取眼前短暂的安慰罢了。另一方面，要带他们看看更高的生活品质，让他们知道生活还可以更美好。以前在中供，当我们每次懈怠时，主管就会带我们见识更好的生活，住五星级酒店，喝喝高级红酒。一些女孩子的主管就会带她们去奢侈品店里逛逛，看看好的化妆品、好看的包包等。人类对美好生活的渴望是源自本性的，当我们享受更好的生活时，就不会满足于现状了。

当然还有一种特殊情况，如果在金钱上确实无法驱动了，我们就要顺着马斯洛的需求理论挖掘更深层次的原动力，比如在团队里的地位、更大的社会贡献等。

3. 召唤曾经的激情。截至 2008 年，中供诞生已经 9 个年头了，最早一批的铁军也在一起奋斗 9 年了。当时很多老兵的内心其实是很疲惫的，在工作状态上也就懈怠了，甚至有些迷茫。无论在开发新客户还是维护老客户上都有些心不在焉。为解决这个问题，让大家重新焕发活力，我们就一起开了一个会，把所有 5 年以上的老员工召集起来。会上，主持人先讲了这些年中供发生的巨大变化，这些变化的背后是所有老兵不懈努力的成果，老兵身上体现出来的精神是值得所有阿里人学习的。然后放了一段视频，回顾了中供 9 年来的发展历程，从最初的艰苦奋斗、百大培训到主管陪访、激情 PK，再到家人对我们的期盼和事业巅峰，让在座的每一位老兵看到了自己的过去和当前取得的成绩。很多骁勇善战的老兵当时都流下了激动的泪水。在这个视频中，他们看到了自己的过去，那是一段多么难忘的日子。那时并没有像现在这么好的车子、这么宽敞的房子，但是心中有无尽的梦想和动力。一张张的团队生活的留影，以及和家人的合影，抱着孩子的回忆，客户的感谢，这一切都是那么遥远，又是如此亲近，让我们看到了所有人为了一个统一的目标，为了给客户带去更好的服务，拼尽全力。正是那段艰苦的岁月，让我们有了更强的动力，收获了更快的成长，也给客户创造了更多的价值。对比当下，无论哪一方面，我们都有了巨大提升。此时此刻，我们到底拥有什么，又缺少什么，引发了所有人的思考。

在前线打仗时间久了，难免会陷入舒适圈，难免会有一种无力感，会想停下来歇一歇。其实，这些并不是最重要的，最重要的是我们要记得当初自己是为什么而拼搏的，是因为家人的生活、客户的需求，还是自己的成长？我们做到现在的成绩真的够了吗？从 2000 年到 2008 年，中供这支队伍也不过 9 年光景，但是团队通过无数次自我锤炼、努力拼搏，取得了今天的成绩。接下来，我们还会承担更大的责任，为所有需要我们的客户不断努力，做好支持。经过这样一个会议，所有老兵都焕发了激情与斗志，重新回到了让天下没有难做的生意的奋斗状态。

这个会议叫作“老兵回炉”，那个视频叫作《燃情岁月》。

当员工进入舒适圈且停滞不前时，我们不妨策划一场这样的活动。大家一起回顾我们曾携手度过的艰难岁月，回想那些生死时刻，回想在那个状态下我们依然不服输、不放弃、拼命往前跑的心态。再回想客户因为我们的真诚给予我们的信任，因为我们的努力而产生的满意。如果我们今天只顾着自己舒适的心态，还能让客户满意吗？我们对得起客户的信任吗？再想想我们当初定的目标、使命愿景，今天达成了吗？我们如果就此停步不前，那我们当初的豪言壮语就都成浮云了吗？通过这样的回顾与展望，让大家从内心燃起当初的壮志激情。

有了心态上的转变，我们再及时推一些组织业务上的调整，就能重新激发老员工。这里也要注意三点。

1. 给新的挑战。有的人之所以进入舒适圈，是因为一成不变的工作，缺乏挑战，我们就要给他们新的挑战，重燃他们的激情。通常有几种做法。针对管理者就是轮岗。既然是因为每天面对一样的人、一样的事而产生倦怠的，那我们就给他换一个环境，接触不同的工作，做不同的业务。比如给他换个区域，把他从业务岗位调到政委岗位，让他能够多视角地看团队发展。或者把管业务的人调到中后台，如培训岗位。这样一方面可以让后台及时补充前线的知识，另一方面对被轮岗的人来说也是一种成长。或者大轮岗，调到不同的业务线上，如从中供调到淘宝。在阿里，轮岗制度培育了很多优秀人才。我也是在轮岗中不断成长起来的，从销售，到中后台，到政委再到业务管理，经历了中供的大多数岗位，所以我在当中供全国总经理期间才能对下面的情况了如指掌，工作起来也游刃有余。

第二种做法是在原岗位上赋予新的挑战。比如普通员工的业绩遇到瓶颈，但是他的价值观不错，就可以让他做文化的布道者，传播公司文化。或者做新员工的师父，发挥老员工的传帮带作用。还可以给他一个更高的目标，告诉他现在组织有个需要，认为只有他可以完成这个目标，给他充分的荣誉感。“女为悦己者容，士为知己者死”，组织的信任与需要和自我价值的满足会产生强大的原动力，让他重新焕发活力。

2. 给新的知识。上面我们提到当一个人进入舒适圈后，会停止学习新技能。所以当我们做了上面的动作，员工在心态和业务上发生变化时，紧跟着我们就要教给他们新的技能，让他们适应新的变化。这时，就要做一些培训。培训一定要以新技能为主，以能够改变当前的工作思维、提升工作效率为主。

3. 调整绩效考核。绩效考核是激励员工的重要方式之一，所以我们在绩效考核方面要鼓励员工勇于开拓，比如降低续签的提成比例或者在考核内容中增加创新的比重（有些公司的价值观里包含创新或拥抱变化等，也可以采取价值观考核的方式鼓励员工创新）。

本节笔记

老员工失去激情的四种现象

- 心力到了天花板
    - 长期高压作战导致的疲惫感
    - 对业务太过熟悉导致的得过且过
- 眼界到了天花板
    - 无法取得进一步突破的销售精英容易失去方向感
    - 自我要求不高的销售容易产生小富即安心态
- 技能到了天花板
- 绩效制度的副作用

具体操作

- 心态上调整
    - 修复心态
    - 带员工去看更高处的风景
    - 唤起曾经的激情
- 组织业务上调整
    - 给新的挑战
    - 给新的知识
    - 调整绩效考核

03 怕明星员工离职？体系化培养业务接班人

我在给很多CEO或高管团队做辅导的时候，经常会问他们一个问题：“如果你离开公司一个季度，公司运营会受影响吗？”当我问完这个问题时，大多数人都很犹豫，然后回答说：“可能会受很大影响，甚至会倒闭。”只有极少数人会说没有影响。其实这个背后就是管理三大忌之一——没有培养好接班人（另外两个是，管事不管人，不忍心淘汰人）。

培养接班人是管理者的重要工作职责之一。大到整个公司，小到某个关键岗位，都需要培养接班人。

对一家企业来说，能不能实现基业长青，核心就是对接班人的培养。阿里发展到现在，从单一业务发展到今天整个生态体，背后很关键的也是每个岗位都有充足的接班人。马云曾经在谈到交接班时，底气十足地说：“对于阿里巴巴，我最骄傲的不是商业模式，而是今天我们的人才梯队、组织建设还有文化的发展。如果我算第一代，我们现在第五代领导者梯队建设都已经做好了。”那么管理者应如何搭建自己的接班人培养体系呢？

关于接班人我们通常有三个场景：当我们要开辟一个新业务时，发现没有合适的人；当我们要晋升或轮岗到其他地方时，没有可以接班的人；有能力接班的人，却没有接班意愿。

无论是哪种场景，从本质上来说都是一个原因造成的，就是日常中我们缺乏接班人的培养体系和意识，没有做好接班人的储备。当突然要用到接班人的时候却发现“人到用时方恨少”。到最后只能抓壮丁或者从外面招聘一个，结果往往不理想。所以我们要有一套接班人培养计划。阿里的合伙人计划、京东管培生计划、IBM（国际商业机器公司）的长板凳计划，都是比较有名的接班人培养体系。

如何制订接班人培养计划？首先在心态上，培养接班人一定要趁早。

马云有句话叫作“不能等到 80 岁再生孩子”，意思是管理者不要等到自己快离开本岗位的时候才找接班人。一是有交接不畅的风险，二是万一交接的人不够优秀，你也无能为力了。像通用电气著名的 CEO 杰克·韦尔奇提前 7 年就开始培养接班人。国内知名企业方太电器的交接则采用的是“带三年，帮三年，看三年”的方法，提前七八年就开始培养接班人。

在实操过程中，我总结了一个方法——定选训战。

定，就是定标准。我们对接班人的标准是什么，要先理清。一般我们要培养的人才有两种——专业型人才和管理型人才。应围绕不同类型的人员和等级制定相应的接班人标准。接班人的标准可以参考我们之前讲到的岗位胜任力模型，也可以分为能力、价值观和潜力三大部分。管理者要思考每一部分对应的具体行为准则是什么，需要达到多少分才可以成为接班人。

在阿里我们有一个“八字”标准，即聪明、皮实、乐观、自省：聪明是智商与情商双高，专业有两把刷子；皮实是禁得起摔打，禁得起锻炼，不骄傲；乐观是理性了解真实情况，依然充满好奇心；自省是经常自我批评和参与团队 Review。IBM 的长板凳计划要求接班人符合一个领导力模型的要求，其中包括 4 个方面共 11 项优秀素质。在落实到自己公司时，大家可以结合自己公司的业务和价值观制定，明确业务需要什么能力，每一层级人才的能力标准是什么，需要具备什么心态。

有了标准之后，我们就要根据候选人模型筛选相应的候选人。除了在日常工作中发掘候选人外，我们通常还有几个方法进行发掘。比如人才盘点和年度或季度的绩效考评。我们之前讲过人才盘点的目的之一就是识别组织中的高潜力人才。绩效盘点“271”中“2”的部分也是我们重点培养的对象。

这里着重讲讲另一个选人方法——赛马机制。千里马常有，而伯乐不常有，那么如何识别千里马呢？那就拉出来跑跑，是骡子是马拉出来遛遛。公司搭建一个公平竞争的环境，让员工各显才能，从中脱颖而出的就是值得培养的人。

比如阿里的PK机制。在阿里，每年、每季度甚至每月都会开展不同规模的PK。在PK中，一方面，我们的业绩飞快上升，另一方面，团队也涌现出无数黑马。其中，有的是快速成长的销售冠军，有的是善于制定策略、带团队的管理者。后来这些人很多都成为阿里的中流砥柱。关于PK文化的搭建，我们在下一章会详细讲解。

微信也是从赛马中脱颖而出的。当时腾讯内部有三支团队在布局微信的研发：QQ团队、手机QQ团队、QQ邮箱团队（也就是张小龙的团队）。每个团队的设计理念和实现方式都不一样。最终，张小龙（微信）团队以一个多星期的时间优势及轻微产品优势（更受用户青睐）胜出，于是集团让张小龙团队成立了一个独立事业部。其他团队则拆散重构，被吸收进新的团队。同样，研发出《王者荣耀》《QQ飞车》的天美工作室也是从腾讯众多的工作室比拼中脱颖而出的。

当我们选出苗子后，接下来就要进入"养"的阶段，也就是进行大量的培训，让接班人快速成长。在阿里，我们通常有以下几种培训方式。

1. 每月的Review。上级管理者会对下级的工作进行复盘，从业务、团队培养、心态和价值观等方面帮助下级成长。

2. 各层级的培训计划。在阿里，我们针对各层级都有相应的培训计划，其中有名的有合伙人计划和组织部。合伙人计划是阿里接班人计划的重要组成部分，是整个集团高层级的潜在接班人队伍，被视为捍卫阿里核心价值观和文化的最高集体。这个队伍目前有38人，其中著名的有蔡崇信、张勇、彭蕾、井贤栋等，未来阿里的这个合伙人队伍将会扩张到108人。组织部则是阿里将职级达到M5或者P10以上的集团直属管理者打包起来由集团统一培养，马云也会经常参与其中。

3. 师徒制度。在阿里，一直有师徒制传帮带的传统，其中最有名的就是风清扬班和逍遥子班，这两个班是由马云和张勇亲自教授，教授的科目包括经济产业趋势和政治经济洞察，也有西点军校游学及著名案例研讨等。通过领导者的亲身教导，接班人更能体会到公司的文化与业务。

4. 助理制度。这主要适用于高层。就是当集团高层或事业部负责人发现有不错的苗子，会让他当自己的助理。通过每天的耳濡目染、言传身教和贴身训练，让他得到快速成长。经过一段时间的训练后，再把员工放出去负责某一块业务，在业务中加以磨炼。这样他就能得到非常快速的成长，而且对公司的顶层架构与底层业务都会比较熟悉。

5. 引进来和推出去。除了自己内部的教授外，我们可以从外部获取导师，请外部的导师进来或把培训对象送到外部机构学习。在外部机构学习的时候不仅可以学到新的商业知识，还能与其他优秀企业互相交流，借鉴合作。例如酵母商学院每年也会受很多优秀企业委托，对它们的高管进行培训。

在培训过程中要注意不能缺少关于价值观的培训，很多公司在培训的时候往往只注重业务能力的培训，针对价值观的培训却很少。这是培训的一个大忌。这会造成两个后果。一是花大代价培养的人才很可能待不久，学到东西就走了。我跟一些公司的一把手聊过，他们提到的一个担心就是，不给下属培训不行，但花了大代价培训又很怕培训完，下属辞职了，这会造成很大的损失。这个背后就是因为缺少价值观培训。如果员工不认可我们的文化，不认同我们的使命愿景，无论我们花多大代价培训都没有用。二是一个人如果能力很强但价值观不对，他对组织的伤害其实更大。他在拿结果的时候很可能做有损价值观的事。在阿里，我们针对价值观的培训有时候甚至会占到整个培训内容的一半。早期通常由COO（首席运营官）关明生和马云主讲，会对阿里的价值观进行诠释，让员工对公司价值观有更深层次的理解和认知。

只有经历炮火洗礼的士兵才能称得上老兵，所以只培训不行，还要实战。如果只培训，不实战，那就会像三国里面的马谡一样，只会纸上谈兵，最后失守街亭被斩，造成极大损失。对接班人的实战训练有以下三种形式。

1. 日常工作中我们可以通过一些小任务进行培养，比如让候选人做轮值周会主持人，其实通过组织周会我们可以看出一个人的很多能力。

2. 点将制度。也就是当公司有新的业务需要开拓的时候，我们要从接班人队伍中选人，通过新任务磨炼他们。比如酵母商学院在疫情特殊情况下，要从传统线下转型线上。这个过程有很多的新项目都没有储备人选，于是我们选择了很多年轻人让他们负责新项目。最后，他们的工作完成得十分出色。

3. 轮岗制度。流水不腐，在阿里，有潜质的人通常三年就会被轮岗，甚至三年内换过七八个部门、换过五六个领导的员工也大有人在。轮岗既降低人的疲劳感，让组织活化并更具吸引力，不用跳槽就能到不同环境中尝试不同的机会，也为人的自我实现打开新空间，让人得以超越专业、背景，不断跨界成长、创新、突破。

以上是体系化培养接班人的方法。当然，除此之外我们还可以从制度和业务流程本身出发，用制度和流程驱动接班人的产生和培养。

在制度上，阿里规定每级管理者都要培养自己的接班人，培养结果则要与业务同等权重地纳入考核，只有能培育出接班人的人，才能晋升。

在业务流程上，我们要通过对业务流程的优化降低对人的依赖。我们发现有些公司特别依赖某些个体，某部分人的产出占到了总产出的很大比例。如果他们离开，整个业务都会受相当大的影响甚至中断。所以我们要把个人的成功经验进行梳理，并沉淀进标准流程。这样哪怕他离开了，其他人根据流程也可以很快接任，整个流程不会受太大影响。

本节笔记

如何体系化培养业务接班人

定——定标准，理清接班人的标准

- P、M 序列
- 阿里“八字”标准

选——筛选候选人

- 人才盘点和年度或季度绩效考评
- 赛马机制

训——培训

- 每月的 Review
- 各层级的培训计划
- 师徒制度
- 助理制度
- 引进来和推出去

战——实战

- 以小任务培养，如轮值周会主持人
- 点将制度，让接班人开拓新业务
- 轮岗制度

04 管理要有高压线，让员工知道不能做什么

我们常说，国无法不立，家无规不兴，而公司里面也要有相应的规章制度才能保障计划的准确执行。公司的规章制度通常有两种——一般制度和高压线。一般制度通常包括各种汇报与审批、财务报销、考勤制度等日常行为规范，而那些会对公司运营产生巨大负面影响，被公司明令禁止的、一经发现会立马开除的行为则被称作高压线。本节我们就来讲讲团队管理中不可触碰的高压线。

在正式讲之前，我先讲个孙武练兵的故事。春秋时期著名的军事家孙武，也就是我们常说的孙子，来到吴国后，吴王阖闾为了考验他，就从后宫之中传召了 180 名宫女前往演兵场，交由孙武排兵演练。孙武把她们分为两支队伍，任命吴王最宠爱的两名妃子为队长。孙武对她们说："我说'前'，你们就看前方，说'左'就看左边，说'右'就看右边。"他再三重申这个命令，然后又命令人准备了处罚的刑具——斧头。

孙武喊："右！"宫女们你看我，我看你，觉得好玩儿，根本就不服从孙武的命令。孙武说："是我解释得不够明白，命令得不到执行，是指挥官的责任。"就把之前的命令又详细说了一遍。当他再次发出"左"的命令时，宫女们还是笑着不动，吴王也觉得好笑。

这次孙武不再自责，他说："解释、交代得不清楚是将官的责任，交代清楚而不服从命令就是队长和士兵的过错。"于是命令手下把队长推出去砍头。吴王吓得大叫："等等，她们是我的爱妃，将军用兵的才能，我很明白，请不要杀她们。"

孙武回答："将在外，君命有所不受。"他坚决把吴王的两名宠妃砍了头，同时任命另外两位宫女做队长。大家看到此人连吴王最宠爱的妃子都敢杀，无不心下骇然，训练时全神贯注，生怕有所疏漏而被斩首。这

一次再击鼓，众人前后左右相当整齐，跪下站起也丝毫不乱，规矩得可以用绳墨测量，而且没有一个敢出声的。吴王也不得不佩服孙武的才能。

这个故事讲的就是高压线。高压线就是制度中最刚性的那个部分，触之即死。在阿里，触碰了高压线就是直接开除，没有任何情面可言。作为管理者，虽有菩萨心肠，但也要有雷霆手段。只有这样，才能保证组织的长治久安，不偏离轨道。

那么如何制定高压线呢？

1. 发现并界定问题。首先，在管理过程中发现一些对组织造成负面影响的问题。有些问题的影响是显性的，比如挪用公款；有的是隐性的，比如欺瞒客户，虽然现在不会有大问题，但长期放任，终究会酿成大错。当我们发现这些问题后，就要思考这些会对公司造生什么危害。

2. 判断是否具有普遍性。也就是这个问题是不是普遍事件，会不会有其他人也会触犯，如果其他人很可能会犯，我们就要重点对待，必须制定对应的制度。

3. 草拟规定。确定是普遍性问题之后，我们要起草相应的规定，写明如果出现这种问题应怎么处理，是直接开除，还是有缓和的余地。

4. 集体讨论。召集相关人员讨论这个规定的合理性。相关人员包括公司高管、事件高频发生部门或层级的管理者、HR 部门、法务部门等，从不同维度看这个规定是否合理。

5. 初步尝试。当集体讨论输出成文的制度后，要确定制度投放的范围，是全员都如此，还是只针对某些部门。

6. 监督改正。当制度实施后，我们还要监督这个制度的实施，看看实施效果怎么样，有没有需要修改迭代的地方。

这就是高压线的形成流程，在中供，当时我们有 6 条高压线：不能欺骗客户，不能夸大产品效果，不能给客户回扣，不能垫款，不能考试作弊，不能虚假拜访。这里需要注意的是，高压线不能太多，太多的话不仅员工记不住，而且管理者的工作量也会很大。这 6 条是怎么来的呢？我举其中两条的具体案例分享给大家。

一是隐性的虚假拜访，也就是伪造 CRM 中的拜访或回访记录，把未上门拜访或回访记录为上门拜访或回访，或录入的拜访或回访内容与实际不符。在中供，我们规定销售每天要将拜访记录录入 CRM，以便能预测销售业绩，但执行的时候我们发现根据销售的 CRM 记录，预测的销售结果跟实际会有很大差别，且一直都找不到原因。直到有一天，我们在检查中发现一位销售记录里有八家客户，但实际只拜访了一家。这一下，我们就明白了，原来存在虚假拜访的情况。当知道了原因后，我们就开始探讨如何处理，这在当时是有所争论的。一部分管理者认为这些事情还不至于大动干戈，做一些小惩罚就行，另一部分人认为必须严肃处理。

经过一番激烈的争论之后，我们最终决定“凡虚假拜访者必须开除”。原因有两条。第一，从人性上看，虚假拜访是一个普遍情况。很多销售在意识里并不认为这是大错，为了应付主管检查就草草了事。但从结果上，中供数千名销售，就算只有一小部分人伪造，那每天也有上千条虚假记录，对我们的工作来说会是巨大的挑战。第二，从价值观上来看，如果连这么小的动作都不能做到诚信，那在更大的利益面前岂不是会更容易背离价值观吗？小错不纠正，大错就会痛。所以我们最后达成一致，虚假拜访者必须开除，并且起草了相关文件下发到各区。在落实的过程中，我们做出了大量处罚，前后共开除了几百人。最终，这条高压线深入人心。从此，虚假拜访得到极大改善。在这个过程中，不仅我们的业绩预测更加准确了，而且大家对于“诚信”这条价值观有了更深刻的理解。

还有一个显性的案例——不能给客户回扣。记得 2002 年底，公司刚开始赚钱，有两个员工的业绩超过阿里整个销售团队的 60%。后来经查实，这两个人是通过给客户回扣拿下的订单。当时如果开除他们，公司当年就没利润，但不开除他们，阿里规定的高压线“不能给客户回扣”就成了一句空话。其他同事看到了也会有样学样，长此以往，中供的价值观必然随之崩塌，整个公司也将不复存在。最后，当年穷得叮当响的阿里，毅然决然开除了这两人。

这个就是阿里的高压线文化，高压线是阿里铁军文化的一个重要组成部分。可以说，没有高压线，就不可能有令行禁止的阿里铁军。

马云曾在多个公开场合强调："知道自己不要什么，比知道自己要什么更重要。"

阿里巴巴的高压线制度，表面上看是法，是很刚性、冷冰冰的东西，但是往深一层看，它和价值观一样都是组织大爱的体现。它的存在不是为了惩罚，而是为了组织员工的成长，是要告诉大家哪些是不可为的。事实上，正因为阿里真的关注这支团队的成长，真的关心员工的成长，才会狠下心动这个刀子。

当然，这个背后是要将高压线的刚性和价值观的柔性高度结合在一起，因为没有高压线的价值观就是一盘散沙，形不成有效的约束力，风一吹就没了。没有价值观的高压线是一根钢筋，看似强硬，实际上并不能承载高楼的建设，只有将两者结合在一起，形成钢筋混凝土，才能真正支撑组织的建设。阿里的文化之所以能够很好地落实，并推动组织长远发展，很重要的就是高压线的存在。所以要想学阿里的文化，只学价值观是不行的，管理地图上所有的东西都是一脉相承、不可分割的。

高压线的存在是为了员工的长期成长，所以关键是我们要在日常的管理中避免大家触碰高压线，而非触碰了再执行。关于如何避免，在阿里巴巴我们倡导三个著名的理论，现在分享给大家。

1. 破窗理论。有人做过一个实验，找到一个有很多窗户的大楼，并打破其中的一扇窗户，结果没过多久整个大楼的窗户都被砸了。这个故事告诉我们的就是要警惕任何细小的错误，不然小错误不改，很多大错也就来了。在中供，我们要求管理者不能对任何小错放任不管，看到破窗立马补上，该处罚的就处罚，细小的违规管理好了，大的错误就不会触犯。

2. 蟑螂理论。意思是当看到一只蟑螂时，要意识到这只蟑螂背后可能有一窝蟑螂，真实情况可能比表面所见严重得多。在管理上，有些东西是要追根究底的，不能只看表面，要看后面的源头是不是有更重大的问题。如果触碰了高压线，不是开除一个人的问题，也许要开除一群人，虽然这样做对组织而言是一种伤筋动骨的伤害。

3. 远离灰色地带。现实中，很多员工其实是在灰色地带活动的，也就是想通过钻制度的空子，对价值观进行一些“个性化”的解释，从而规避后果。所以管理者在日常工作中就要进行培训，要举很多案例进行教育。而且只有培训还不够，在日常工作中要经常提醒，制度制定出来之后，不是员工可以随意解释的，让他们无法钻制度的空子。要让大家知道最好远离高压线，不要在刀尖上跳舞。

我的上级李琪有一句很经典的话，当时有人在问，什么叫收贿受贿，李琪就说：“收贿受贿 20 元也好，2 000 元也好，20 000 元也好，只要是你感觉拿了别人的东西就要给人家办事，就不行。”意思就是远离高压线，远离灰色地带，别老到灰色地带占点小便宜，因为你一不小心就会出事。

身为管理者，我们应该怎么向员工灌输正向的理念呢？

1. 每周将那些不好的案例，将那些做得不够好的，但还没有触碰高压线的案例告诉员工。这些东西一定要多讲，只有多讲了，大家才知道在这个过程当中哪些事该做，哪些事不该做。这就是预防，叫作敲山震虎。

2. 树立标杆。在遇到利益冲突的状况下，依然能够坚守企业价值观的案例要经常讲，周周讲，月月讲，这些人就是标杆。

其实每个人都有心魔，哪怕平常积极向上的人，在面临巨大利益的刹那也会产生贪念，贪念一上头就想走歪路，通过触碰高压线的方式获得巨大利益，这个就是我们所说的心魔。作为管理者很重要的工作就是在日常过程中多讲反面案例，同时也要树立正面标杆，传导一种理念，即眼前这个巨大的利益是一时的，比起在公司未来几十年的所得，这些眼前的利益都不值一提。这样就能训练出员工的肌肉反应，在面对巨大诱惑时的第一反应是拒绝，而不是想走歪路。

本节笔记

制定高压线的流程：

- 发现并界定问题
- 判断是否普遍
- 草拟规定
- 集体讨论
- 初步尝试
- 监督改正

中供6条高压线：

- 不能欺骗客户
- 不能夸大产品效果
- 不能给客户回扣
- 不能垫款
- 不能考核作弊
- 不能虚假拜访

如何避免员工触碰高压线：

- 破窗理论
- 蟑螂理论
- 远离灰色地带

如何向员工灌输正向的理念：

- 敲山震虎
- 树立标杆

05 学会解聘：如何应对不适合团队的人

管理是一件很有感情色彩的工作，在过程中我们会因员工的不断成长而感到高兴，也会因员工犯错而生气，但员工难免会犯错误。比如不按时写周报、日报，比如业绩不达标，或者违反价值观等。所以当员工犯错误的时候，管理者的处理很重要。本节我们就来探讨一下管理者应如何处理犯错的员工，同时我们也会讲到管理三大忌中的最后一忌——不忍心淘汰人。

首先，作为管理者要有一个心态——员工犯错再正常不过，毕竟每个人的工作能力、工作习惯都不同。所以当团队成员犯错的时候，我们不能反应得太过激烈，不分析原因，就直接发脾气，甚至开除人。

眼睛也会欺骗人，我们看到的未必是事实的真相，也许只是我们的主观看法。比如因为员工的工作习惯跟我们的习惯不一样，我们心里就会不舒服，就会觉得这个人有问题。也许是因为有些事情我们不知道，才认为员工犯了错。所以如果不加分析，没有追溯事实真相就贸然发火，就会错怪员工，挫伤员工的积极性。

这里稍微延伸一下，讲一个心理学上的名词——贴标签。在职场中，管理者往往会根据自己的臆断，自以为是地给员工贴上一个或者几个标签，比如“年少轻狂”“好吃懒做”，并把这些标签通过自己的人脉传播给其他员工。久而久之，每一位员工都成了“行走的标签”。一旦我们给员工贴了标签，其实就给我们自己内心下了套子，以后员工做的很多事情，我们都会在内心进行归类，将它放大，影响我们的客观判断，让我们觉得这个人越来越不靠谱。比如有一位员工穿衣很时尚，有些非主流的打扮，就给他贴了“年少轻狂”的标签，以后无论是开会发言，还是日常做了一些我们不理解的行为，我们都会直接透过“年少轻狂”

的标签看他，会觉得“自己的判断真对，这个人就是年少轻狂，我们要采取行动”。这是不可取的。管理是要发现每个人的优点，进行放大，而不是贴标签。错误的标签会让我们做出很多错误判断。

当我们觉得员工犯错的时候，不能急于批评，因为大多数批评都解决不了问题。正确的步骤是判断这些错误会产生什么影响，然后再做处理。一般我们会从两个维度判断——业绩和价值观，即当员工出现的问题不符合我们价值观，或者影响业绩时，才需要我们处理。

在阿里，我们有一张人才坐标图，横坐标是价值观，纵坐标是业绩。这个坐标图把员工分成五类。第一类价值观好业绩也好，我们称之为明星，需要重点培养。第二类价值观好业绩不好，我们称之为白兔。第三类业绩好价值观不好，我们称之为“野狗”。第四类价值观和业绩都还可以，但不算很突出，我们称之为金牛（“271”序列中“7”的部分）。第五类两个都不好，我们称之为“土狗”。

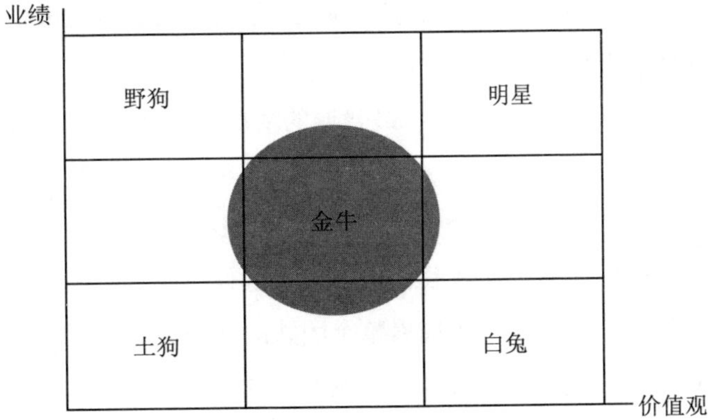

阿里人才坐标

明星的业绩好，价值观也好，是团队的标杆，也是团队潜在的接班人。我们要做的是让更多的人成为明星。

金牛正常来说是团队里的大多数人，所以也是最需要我们花时间的群体。我们要通过不断观察找到他们与明星的差距在哪儿，是在价值观的认知遵守上，还是在业绩的产出上。如果是价值观问题，我们就需要通过一次次 Review、价值观案例会和日常沟通让员工更清晰地认识价值观，明白价值观的意义以及现在哪些做得还不够好。如果是业绩方面的差距，那就加强技能方面的培训，比如每周的培训、明星员工的分享都是不错的方法。

“土狗”跟“野狗”是必须开除的。“土狗”很容易理解，业绩不好、价值观也不好，自然应尽快开除。但“野狗”可能不是很好理解，业绩好还要开除吗？答案是肯定的。因为他做业务的时候会违反价值观，破坏公司的软实力（品牌形象、公司文化氛围等）。比如对外欺瞒客户，夸大产品功效，这无论对客户的利益还是公司声誉，都会造成极大伤害。或者对内不注重团队合作，甚至还会做出恶意抢单等行为，就会造成公司内部的管理混乱，导致团队不和谐。如果不及时制止，其他员工看到了他这种做法也会跟风模仿，久而久之整个公司的价值观也就形同虚设。对于“野狗”，他的业绩越好、在公司和客户端的影响越大，越容易对公司造成伤害，所以一定要尽快将其开除。

白兔的价值观好，业绩不行，最普遍的情况也就是常说的“没有功劳，也有苦劳”，高发于团队的老员工，这也是让很多管理者比较头疼的一群人。开除不行，因为他们也许曾经为公司立下了很多功劳，也许是公司的老员工，在公司的时间比管理者还长。但不开除好像也不行，因为他们的业绩不行，不仅耗费公司资源，还拖累整个团队的业绩。

该如何处理白兔呢？这里要引入两个心法。

1. 分手不是唯一的结果。在很多管理者的潜意识里，说到处理，第一反应就是开除。其实管理是灰度艺术，分手不是唯一的结果。在留与舍之间有很多的尺度是可以拿捏的。员工犯了错误，我们有很多渐进式的处理方法可以使用。比如他今天迟到了或者业务没达标，我们可以先做一个小惩罚，罚他 100 元，罚他做俯卧撑，做检讨。如果再犯，我们就根据公司制度加倍惩罚，比如罚 500 元，做更多的俯卧撑。

2. 痛才能改。处罚的方式有很多种，但处罚有一个原则就是一定要让人痛，痛了才会改。每个人心里对痛的定义与接受程度都不同，比如扣除奖金，一般人可能会心痛，但是有的员工收入很高、家庭条件好或者就想拿到底薪，并不太在乎奖金，所以他不会痛。你就要洞察他的内心，找到让他痛的地方，比如脸皮薄，那就可以罚他当众表演节目。比如平常大大咧咧的员工，就可以罚他打扫公司卫生或者做一些细活。对于不爱看书的员工，就挑一本书让他看，看完了还要在周会上进行分享。总之，方式上可以花样百出，但总原则就是要让他心里痛，这样就能起到相应的作用。这一点对于现在越来越爱玩儿的年轻人十分有用。

当团队中出现白兔的时候可以按照以下步骤进行处理。

1. 思考一下这位员工的价值观是否真的好，大家想一想，他的业绩不好，但价值观真的好吗？在阿里，我们提倡“为结果付酬，为过程鼓掌”，但也会提倡“没有结果的过程是垃圾”。也就是说，他持续业绩不好，自己又不改进，价值观真的好吗？我们在价值观里提倡“敬业、激情”，如果一个人既敬业，对待工作一丝不苟，又富有激情，愿意付出时间和精力，那么这样的一个人的业绩可能差吗？所以当一个人业绩持续不好，但价值观又好的时候，我们就要看看我们的价值观设置是不是有问题，因为价值观的一个重要作用就是通过保障过程获取最终结果。

2. 处理不等于开除，我们可以给他做绩效改进，帮他提升技能和心态。如果再不改，就要根据他的性格进行“痛的处罚”。

3. 如果还不改，就一定要“痛下杀手”。有些管理者到这时就会心软，下不去手，觉得还可以给他机会，但其实不应该这样做。因为你给他机会，谁给你机会？对这个人下不去手，团队里其他人看到了也会有样学样，不好好工作，他们心想：“做得不好没关系，反正老板也不会开除我。”这样整个团队的业绩就会下降，背锅的还是你。

当然说到开除，大家要记得“一日夫妻百日恩”“买卖不成仁义在”。

要学会正确分手，人离职后会说公司的坏话，很多都是公司在开除的时候手法不当造成的。这两年相继爆出的某些巨头在跟员工说分手时，因处理不当产生的负面新闻足以说明这一点。

怎么正确处理呢？我们有个步骤叫“法理情”与“情理法”，即在做决定的时候要“法理情”，实际操作过程中要“情理法”。

我们在处理员工的时候，要先从有没有违背公司制度的角度衡量，再从道理、情感的角度判断处罚合不合情理。

但在处罚谈话的时候就要“情理法”。先讲双方之间的感情，员工和公司的感情，肯定员工对公司的贡献与付出。“今天你做的事情是跟公司的价值观相违背的。不按公司的制度处理的话，别人这么做的时候，要不要处理？当大家都这么做的时候，我们的价值观还要不要？”最后再针对制度做相应的处罚，这样员工会容易接受。我们在做事情的时候大多数冲突源于情绪，员工会有很多不理解和委屈。所以在这个过程中更多的是换位思考，要理解他的情绪。同时告诉他，我们是一家公司，有一些事情可为，有一些事情不可为，这样员工就比较能接受了。

谈完话并不是结束，我们还要迅速“消毒”，因为人在离职的时候是有情绪的，情绪是会传染的。所以在解雇时要快，半小时之内把所有流程走完，把这个人送出公司，降低负面波及程度（因为事先我们做了绩效改进方案，在方案里对处理进行了约定，通常是两次改进还达不到要求，就要开除，所以这个时候开除是符合劳动法的。大多数因开除引发的劳动纠纷是因为没有做绩效改进，突然开除员工造成的。当然，开除与解雇不同，解雇是因为公司业务发生变动，当前不需要这个人，所以进行解雇，会按照法律规定走流程及做出相应赔偿）。然后对团队进行“消毒”：“很遗憾，某某同学离开了我们的团队，他的许多方面表现得很好，跟我们相处得也很好，但能力业绩方面与我们不匹配。为了双方更好地发展，只能做出这个决定。”之后友好话别，虽然半小时把人送出去了，但跟他说好：“今晚送别宴，吃个饭，唱唱歌。”然后团队一起送别他，祝福他，唱歌就唱《朋友》。

半小时就处理好了，看起来很冷血，但还是有温度的。其一，前期就做过相应的改进，大家对今天这个结果不会觉得很意外，只能将其“绳之以法”。其二，和他进行“情理法”的谈话。其三，和他友好话别，大家一起送别。那时，我们齐唱《何日君再来》，即今天不合适，不代表未来几年不合适，公司大门永远向你敞开，你觉得自己适合了再回来，再面试。当然，如果员工是因为违反价值观而被开除，我们是不会安排离别宴的，也不会欢迎再回来。

本节笔记

人才评价维度：

- 业绩
- 价值观

人才坐标图：

- 明星——业绩好，价值观也好
- 白兔——业绩不好，价值观好
- 野狗——业绩好，价值观不好
- 土狗——业绩和价值观都不好
- 金牛——业绩和价值观都还行，但不突出

如何应对五类人才：

- 明星→作为潜在接班人
- 金牛→观察与明星的差距，有针对性培养
- 野狗、土狗→必须开除
- 白兔
    - 两个心法：分手不是唯一的结果，痛才能改
    - 具体步骤：思考其价值观是否真的好；进行绩效改进，帮助提升技能和心态，进行“痛的处罚”；依旧不改，则要立即开除

具体处理方法：

- 做决定→法理情
- 实际操作→情理法
- 迅速“消毒”

8

建团队：

带团队就是带人心

阿里有句话叫作“一面旗、一块铁、一个家”：一面旗就是指共同的方向和目标，一块铁就是铁的纪律和执行力，一个家就是家一样的情谊。

只有玩在一起，才能战斗在一起。一个具有强大战斗力的团队，他们的心一定是在一起的，所以管理者要想带好团队，一定要带好人心。中供之所以在早年那样艰苦的环境中还能团结一心，所向披靡，战无不胜，背后最重要的原因就是我们的心是在一起的，我们拥有最真挚的兄弟情。因为兄弟情，我们不抛弃，不放弃；因为兄弟情，我们可以背靠背一起奋斗。这份兄弟情也是阿里日后被世人熟知的文化价值观的雏形。本章将从如何处理管理者与员工、新老员工、员工之间的关系来谈谈如何经营好团队的人心。

01 信任是管理的基础

著名管理大师德鲁克有句话:“管理是要建立在信任的基础上的。”也就是说，我们要做好管理，就必须建立与员工间的信任，信任是所有管理工作的基础。比如在批评员工的时候，为什么对于有些管理者的批评，员工会虚心接受，有些就会让员工十分抵触。在布置高目标的时候，有些管理者布置之后员工都会接受，有些管理者布置就会有人反对。背后的原因之一就在于信任。因为信任，员工知道我们是真的为他好，自然就会接受我们的批评。因为信任，员工知道无论目标多高，只要听从我们的指挥就一定可以完成。因此，管理很重要的工作就是建立与员工的信任。

要建立信任关系，我们就要知道日常工作过程中哪些因素会导致彼此之间不信任。我总结了导致不信任的 4 个原因。

1. 不了解。我们与员工之间没有足够的了解，不知道彼此的生活习惯、文化习俗等。比如在语言上，可能有些我们觉得很正常的词语，在来自有些地域的员工看来就带有污蔑的意味。或者在信仰上，有些员工信仰不杀生、不吃荤，我们在日常聚会的时候就要注意。

2. 没沟通。这也是不了解的一个原因，跟员工沟通太少，或者因为信息衰变，我们表达的跟员工听到的未必一样，特别是在跨级或跨区域管理上，见面沟通的机会比较少，更容易出现这种问题。

3. 没结果。管理者给不了员工想要的东西。

4. 没方法。对员工往往只要结果，不给方法，把员工当成业绩工具，没有做到“视人为人”,“君以国士待我，我当以国士报之！君以路人待我，我以路人报之！”当管理者没有正确对待员工，那就不要期望员工有太好的反馈。

这 4 个问题都会导致员工对我们的不信任。

如何解决这些问题？接下来我给大家分享一下我梳理的4条经验——信任建立的四要素。

1. 管理者要有胸怀，这是获得信任的总纲和基础。胸怀是阿里价值观十分重要的一部分，是每个领导者都必须具备和践行的价值观。这是我们跟员工相处的总纲，无论做什么，我们都要有足够的胸怀。所谓领导者就是要为常人之所不能为，忍常人之所不能忍，宰相肚里能撑船。

所谓胸怀，有以下三层含义。

（1）领导者是寂寞的。领导者越往上走就会越寂寞。因为作为团队的管理者，会有不同的视角，身上担负着不同于普通员工的责任，高处不胜寒，所以做的一些决定的出发点也不一样，有时候很难得到大家的认同、认可。比如马云在2008年就要创立阿里云，而且决心每年投入10亿元，但之后好多年阿里云的模式一直没跑通，一直处于亏损状态，而且看不到成功的希望。当时公司里就有很多反对的声音，甚至辱骂。连阿里云内部的员工都快撑不住了，好多人离职，但马云还是依然下决心做阿里云。他相信阿里云一定是有巨大价值的。后来阿里云的模式跑通了，向全世界证明了自己的价值，大家才明白马云眼光的准确性。

作为领导者，我们需要做很多不被员工理解，需要力排众议才能落实的决定，所谓的寂寞一定是常态。关键在于我们要学会在寂寞中找到不寂寞的东西，学会耐得住寂寞，自得其乐，并且坚持下去，因为作为管理者我们背负的是更大的使命。

（2）胸怀是被冤枉撑大的。作为领导者一定会有被冤枉、被员工错怪的时候。没有经历过一点冤枉，没有经历过一点波折，就肯定长不大，难以让更多的人信任和依靠，因此也很难成事，所以有句话叫“欲戴王冠，必承辎重”，就是这个道理。层级越高的管理者，受的冤枉就越大。老大老大，不是老子最大，而是老得快，麻烦大，责任大。

（3）心态开放，能倾听，善于换位思考。管理者最高的境界是上善若水，能够包容不同文化、不同背景的人，要包容就需要善于倾听与换位思考。阿里有个内网，阿里的员工可以在里面畅所欲言，给公司提建议，公司对于这些建议也很重视。比如早期我们的报销过万元就需要上报CEO。当时人比较少，并不会耽误事情，但到2008年中供规模已经很大了，层级也比较多，审批流程就比较慢，耽误了很多事情。后来有一位同事就把这个情况通过邮件告知马云，很快这个问题就得到了解决，我们的审批流程效率快了很多。

有胸怀是管理者获得信任的基础。刚刚我们提到，管理者经常会做一些不被员工理解的决策，这是无法避免的，因为管理者跟员工的视野不一样，但我们可以通过增加了解，做到哪怕员工不理解我们，也会相信我们的决策。

2. 彼此要有了解。信任是管理的基础，了解是信任的基础。通常情况下，我们会信任一个不了解的人吗？在管理上，如果双方不了解，不知道对方的意图，工作起来肯定没有默契。比如有的管理者日常过程中喜欢损人，如果是熟悉了解的人肯定觉得没有什么，还会哈哈大笑，会反损回来，我们称之为“损友”。如果是刚接触还没有了解，而且有些内向的员工，他可能就会觉得管理者在攻击针对他，内心会给管理者贴上一个标签——“老板不喜欢我”，以后对于管理者的每句话，他都会觉得在针对他，距离就这么产生了。所以管理者要和员工建立信任，必须互相了解。要与员工多接触，日常生活中一定要有一些吃饭、喝茶、谈心的活动，了解彼此的工作经历、生活习惯、兴趣爱好与工作的原动力等，这样我们以后在相处的时候就有了谱，能拿捏好度。在阿里，新员工入职时都会进行小组破冰，大家会互相提一些问题，增加了解。有了了解我们以后做出的动作与下达的任务，员工就会容易理解与认可。

这里我们着重讲一下了解过程中的沟通。

有些管理者有一种心态，就是距离产生美，故意跟员工保持一定的距离能够显示领导的神秘与威严，所以故意不与员工主动沟通。这是不可取的。沟通是管理者的一个基本能力，不会沟通的管理者绝对不是一个好管理者。

为什么这么说，原因有以下三点。

（1）员工是直面客户的，他们最了解客户的动向，如果我们不跟员工沟通，就无法了解客户端的变化，做出的市场决策无异于纸上谈兵，难以符合市场现状。

（2）管理者需要通过员工拿结果，再好的想法、再完善的计划，离开了与员工的沟通都是无法实现的。因为作为执行者，员工需要知道你的真实意图、你的实施路径和理想目标，否则最终拿到的结果可能出乎你的意料。

（3）如果管理者不与员工经常沟通，对内就无法知道员工的真实状态，不知道他们的真实需求和可以提升的地方，何谈员工成长或者组织发展？

所以管理者一定要与员工保持沟通，在沟通中我们要注意以下 4 点。

（1）频率。沟通跟业务一样，首先要有量，要保证沟通的次数，不能说半年才沟通一次。有的管理者也想进行高频沟通，但在工作过程中觉得有很多“重要”的事务，优先级大于跟员工的沟通，所以沟通就被无限期延后。如何解决这个问题呢？在中供，我们会把沟通列入管理者必做的工作清单，每天三个会：早启动，午沟通，晚分享。在三个每日例会上需要沟通业务，每周的周会则沟通策略目标。另外，管理者每周要与一位下属进行深度沟通，了解团队成员的心态和生活。当沟通的频率有了保障之后，团队的氛围就会得到提升。把需要做的“正确的事”安排进工作清单甚至制度考核，可以有效地改善管理者的习惯。

（2）内容和深度。当有了足够的次数之后，我们还要追深度，做到有深度的沟通。有些管理者日常也在跟员工进行沟通，但只会聊业务，而且只会聊业务表层的数字，结果聊着聊着就聊不下去了，变成尬聊，不仅浪费时间，还没有效果，员工也比较厌烦。

如何正确沟通呢？第一，要有明确的目的，即通过沟通要解决什么问题，达到什么结果。是帮员工解决技能问题？挖掘原动力？还是做心理建设？或者做策略的共创？有了明确的目标，我们才能有对应的结果。第二，内容不能仅限于工作，还要关注技能问题和情感问题，因为往往生活和成长方面的事情比较能加深感情。第三，要能帮员工获得内容和成长，也就是说通过这次沟通员工要有收获，如学到新技能、听到新信息（比如行业的一些信息），又如明确了自己的初心或者原动力甚至知道了管理者的某段经历，重新认识了管理者，从而拉近了两个人的关系。有了收获之后，下一次员工还会愿意跟你聊天，而非拒绝。“愿意参与有收获的事情”也是人性的一点。

当然如果员工不肯讲，不愿意跟我们深度沟通，那代表我们之间的信任度还不够，就要在日常多开裸心会，做破冰，通过团队的力量增进双方的了解和信任。

（3）语气。我们在第 1 章也提到过，沟通时的感情也很重要，不能用冷冰冰的语气或对方不习惯的感情表达方式。很多时候就算道理是对的，如果我们在表达的时候情绪不对，也是不能被员工理解的。

（4）避免失真。沟通过程中会经历一个信息衰变的过程，就是管理者认为自己讲清楚了，但员工不一定明白，因为信息是会衰变的。一般的沟通过程有 8 个步骤：我知道的，我想说的，我所说的，员工想听的，员工听到的，员工理解的，员工接受的，员工记住的。在这个过程中，我们想表达的跟表达出来的未必一致，会经历一个衰变的过程。

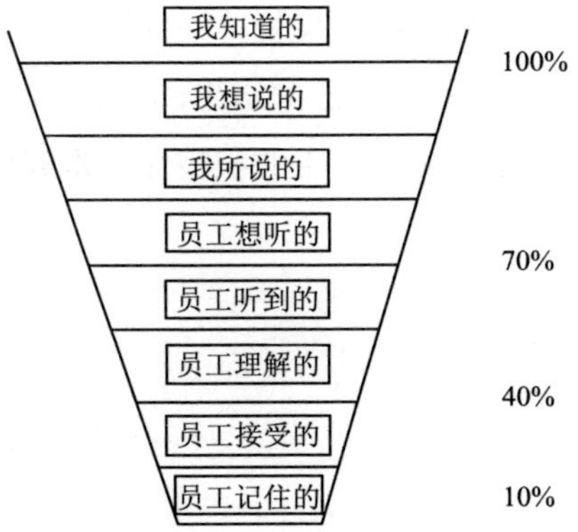

交流漏斗

员工想听到的和实际听到的又是两码事。这样一个信息从我知道的是100%，到最后员工记住的可能只有10%。所以我们在沟通的时候要确保过程中信息不失真。如何确保？我们之前也提到过，我们讲完之后可以让员工重复一次，以及让他讲一讲在这个过程中自己的想法，看看我们的沟通是否失真了。

3. 工作要有结果。这一点很重要。就是员工愿不愿信任我们的一个核心因素就是，他跟着我们干，能不能得到想要的东西。员工到公司来，一般有三个目的，即学到更多的东西、开心和拿到更多的钱。如果我们不能满足这三个需求，他们肯定不愿意跟着我们长期干。大家想想管理者为什么要“雌雄合体”，因为我们既要带他们赚钱，又要关心他们的生活。如何拿到结果？我们可以通过一场小的战役，在战役中展露自己的能力，证明我们能够带领他们过上幸福生活。打仗的过程也是彼此信任增加的过程，一起同过窗、一起扛过枪的友谊是比较铁的。

4. 辅导要有方法。很多管理者只会布置任务，但却不教方法。我们在前文提到过，很多我们认为简单的事员工未必觉得简单，甚至一些我们觉得简单，员工也认为简单的事情，一旦操作也会变得复杂无比。所以很重要的是，我们在日常工作中要教员工方法。如何教？就是要对比之前业务流程图里提到的从销售线索开发一直到成交过程中的技能，有哪些是员工不具备或不熟练的，我们要给予反复的辅导训练，让他们熟能生巧。

还有一类服务型管理者，自己拿结果的能力不是特别强，但是能通过辅导团队，教员工方法，调动员工的积极性，拿到更好的结果，他们也会获得员工的信任。

本节笔记

导致不信任的 4 个原因：

- 没了解
- 没沟通
- 没结果
- 没方法

建立信任的 4 要素：

- 管理者要有胸怀→三层含义
    - 领导者是寂寞的，在不被理解时需要力排众议
    - 领导者容易被冤枉
    - 领导者需要心态开放，能倾听，善于换位思考
- 彼此要有了解→沟通时注意 4 点
    - 频率
    - 内容和深度
    - 语气
    - 避免失真
- 工作要有结果→员工的三个需求
    - 学到更多的东西
    - 开心
    - 拿到更多的钱
- 辅导要有方法

02 如何解决团队里的利益纠纷

俗话说，有人的地方就有江湖，有江湖就有恩怨纠纷。公司也一样，再好的公司也难免存在一些纠纷，其中以利益纠纷居多。如果不能及时处理，团队成员就会因此互生嫌隙，甚至互相使绊子，反目成仇。作为团队的管理者应如何处理这些利益纠纷呢？

通常团队里的利益纠纷分成三种：上下级之间的利益纠纷，主要是主管与员工之间的；平级之间，也就是员工之间的纠纷；以及个人与公司之间的利益纠纷。接下来围绕这三类纠纷，我们分别讲一下如何解决。

上下级之间的利益纠纷主要有三个小场景。一是主管在分配资源时没有公平、公正、公开的制度，暗箱操作，好的客户资源只分配给自己喜欢的下属。二是公司制度上规定好的客户资源分配给业绩好的销售，但这样对于业绩处于中下游但比较勤奋努力的员工来说就比较不公平。三是主管不脱产，主管一边带团队，一边做业绩。这样就会导致两个结果：第一，主管会利用职权把好的资源留给自己；第二，主管为了提高收入，会把精力放在自己签单上，而不是放在带团队上，员工的成长就会很慢。

当我们深入研究之后，可以发现上下级的利益纠纷主要是制度造成的，所以就要从制度入手。同时，一个管理者应具备以下两个心态。

一是公平、公正、公开。作为管理者，不能因为自己喜欢谁就偏向谁，尤其是在分配资源的时候要秉着公平、公正、公开的态度，这样就会避免下级因为不理解、不知情而产生不必要的纠纷。

二是胸怀，处理纠纷会很烦琐，我们不能因此发脾气，而是要先理解这些事情，人有私心都是正常的，大家都是为了谋求利益，我们要在理解人性的基础上处理纠纷。

当我们有了这样的心态以后，就可以做一些工作。面对上下级的纠纷，最根本的是制定一个公正的制度。

如何制定合理公正的制度？一个有效的方法就是管理者可以召集相关员工进行头脑风暴，一起探讨一个可执行、能让员工感受到公正并接受的制度。有了讨论的过程，首先能确保这个制度符合大多数人的利益。哪怕对有些人会不公平，他也会接受，因为这是他参与的，而且制度本身只能满足大多数而非全部人的利益。

有了一个公正的制度，接着就要公开执行。也就是说，主管在分配的时候要把分配结果以日报或者其他报表的形式公布给员工，大家一起监督制度的执行就能避免暗箱操作。

这里延伸一下，优质的客户资源怎么分呢？

在决定分配机制的时候有一个很重要的逻辑，就是团队培养的是小部分人，还是一群人。

实际场景中很多公司好不容易获得一个优质资源，为了保证转化率，就会把资源分配给业绩好的销售人员。

经过实践，我们发现这种制度最终培养的是温室里的花朵，不利于员工的长期发展。因为把优质资源放在一些人手上，虽然会让这些人的业绩飞速上升，但因为他的客户资源是公司给的，所以会缺乏开发客户技能的磨炼，不利于长期发展。同时业绩很容易上去，他就容易骄纵，觉得自己很牛，忘了公司对他的培养。一旦他离职，对于公司来说就是一种损失。

如果培养一群人，把客户资源放在一群人身上，这一群人都会很珍惜资源，就会培养团队的良性竞争，创造互相分享、互相成长的氛围，产出的结果也会比较好。在大家资源都一样的良性竞争环境中，跑出来的业务大拿才会具有真正的生命力。这就叫赛马机制。

对于第三个小场景，主管不脱产的情况，又该如何破解呢？

我们在前文讲过，管理者要把精力放在辅导员工上，必须脱产，只拿自己的工资和团队奖金，不拿个人提成。同时如果人员比较少，考虑到企业的成本情况，给大家的建议是，如果在人数不多的情况下，比如低于

5 个人就不用成立小组。

以上就是处理上下级利益纠纷的方法。接下来，我们讲一讲如何解决平级之间的纠纷。

平级之间的利益纠纷同样也有几个小场景。一是两个员工同时跟进一个客户，也就是撞单的现象，这个场景最普遍。二是在一个区域内，不同小组之间为争夺客户产生的利益纠纷现象。三是一个组里面出现了小团队现象，当出现冲突或纠纷时，小团队里的成员出于情面，不看道理，只帮自己小团队的人，也就是所谓的帮情不帮理。

当出现这三种状态时，我们应如何处理呢？

1. 未雨绸缪。我们在制度上要先有判单的规则。比如判单的时候如果有 CRM 系统，以谁先把客户录入 CRM 作为依据。如果没有 CRM 可以用客户报备系统的录入作为依据。

当然我们对应的还有一个高压线就是严禁虚假拜访，没拜访就直接录进去了，这种情况一经发现直接开除。我们在判单的时候要有一个先决条件，就是要在没签单的时候就要判单，否则在签单之后就谁都不肯让步了。

2. 功夫在平常。我们在日常工作过程中就要做好价值观的宣导，比如客户第一，没有客户，也就没有公司。小组之间为客户起冲突时，首先要考虑客户第一，服务客户才是本质。比如要求团队合作，大家彼此合作才能拿到更好的结果。比如要诚实，不能恶意抢单。

有了这两条，我们在判单的时候就有情理可循了。先按照制度看看是谁先录入 CRM 的。如果这一条不能判定，那就本着价值观的原则进行。有时候也需要两者结合。

在判单的过程中有以下 4 个核心注意点。

1. 管理者的胸怀与心态很重要，不能盲目判单，要懂得客户第一。

2. 当出现两个员工撞单的时候，两个当事人都要在场，避免只听一方的意见。

3. 在处理事情的时候，我们要先按照法理情的顺序思考判单结果，但当我们具体和当事人宣布判单结果的时候，我们需要按照情理法的顺序，先在情感上理解他们的做法，并在道理上讲清楚判单的理由，要拿出公司的规定，说明我们是怎么判的。这样的顺序比较容易让双方理解。在这个过程中要有奖惩，要让团队知道，哪些做得好，哪些做得不好。

4. 判完了要总结，要看事情具不具备普遍性，具备普遍性的要全员宣导。

最后一种类型是公司利益与个人利益的纠纷，也分为几个小场景。

1. 团队的员工为了拿高提成串单，把单子集中到一个人身上，冲击高提成，然后私下分钱。

2. 小部分人为让自己能拿到更多的利益而钻公司制度的空子。比如有的公司的提成点数是按照阶梯划分的，业绩越高，提成越高。在这种制度下，有的员工觉得当月业绩达不到下一个阶梯，提成不高，于是就将快要成交的单子压到下一个月，冲击下个月的高提成。这种情况一方面会影响公司业绩的平稳，另一方面，很可能到了下一个月单子会黄掉，这对公司来说就是一种损失。

3. 因为公司政策的变动带来的纠纷。比如随着公司发展，会做出政策上的调整，而政策调整是会损害小部分人的利益的，就会出现纠纷。

如何应对？

对于第一种，我们要有高压线，如果发现串单，立刻开除。

对于第二种，就要和员工谈心，要让他内心有安全感，本月的单子本月要签掉，拖到下个月可能会毁单。还要告诉他，只有不断刷新纪录，才能不断创造奇迹，这样才能激发自己的潜力。在沟通时一定要举日常生活中的案例，告诉员工，让员工明白这两个道理。

对于第三种，就需要我们在政策宣导的时候做一些工作，简称为“一吹、二宣、三通、四结果”。

一吹，就是政策宣导前要有吹风会。很多公司在政策变动的时候（通常是管理层做出决议后），会直接开全体大会宣布新政策或发一封邮件了事。这时，就会有一些被新制度影响既得利益的人提出反对意见。如果他还是团队里的KOL（关键意见领袖），比较有影响力，就会引发混乱。这时，如果管理者没有做好准备，就会引发冲突，以致影响这个制度的落实。所以在宣导会之前就要开吹风会，由管理者与HR召集团队中的KOL进行沟通，把将要落实的政策及背后的原因讲清楚。让KOL真正知道新政策背后的原因，从而理解配合。在这个过程中，我们可以了解制度的漏洞以及不足的地方，也可以做一个预判，如果政策推出，会有哪些反对意见和不足。这可以让我们的政策宣导会准备得更加充分，会议的进程更加稳妥、顺利。

二宣，就是做好宣导会。在宣导会上，讲明白新政策的具体事项和背后用意，并给予团队成员在新政策下做事的方法，把业务流程梳理出来，把资源盘点一遍，解决大家对于在新政策下应如何开展业务的困惑。

三通，就是沟通。如果政策宣导会后还有一些同事有意见，我们就要判定一下这个意见是不是个别意见，如果是，我们就要私下与他多沟通，直到解决困惑。

四结果，管理者要帮团队在新政策下拿到结果，结果拿到了，一切纠纷就会烟消云散。

这里举一个案例，方便大家理解。

我之前提到阿里的销售激励体系“金银铜牌制度”。一开始我们只要做到月销售额10万元就是金牌，这个制度实行了很久。大概在2006年，我们发现很多员工的业绩长期停留在10万元左右，上不去了。为了打破这个舒适圈，让员工有更好的发展，我们需要提高金牌级别对应的业绩。显而易见，这个政策在每月业绩为10万元左右的员工看来是一种伤害。如果在政策下放的同时，没有提前沟通，就会出现负面影响和情绪。鉴于此，当时公司组织了多次和主管及销售的沟通，并根据以往各种数据分析、市场资源盘点和员工状态，拿出最终的解决方案，把金牌级别从10万元提升到15万元。并且在政策公布之后做了一些市场活动，帮助员工突破自己的业绩瓶颈，得到更高的成果，从而让他的收入也大幅提升。当他拿到更多的钱之后，也就接受了这个政策。

本节笔记

如何解决团队里的利益纠纷

上下级之间的利益纠纷

- 三种小场景
  - 主管在分配资源时没有公平、公正、公开的制度，暗箱操作，好的客户资源只分配给自己喜欢的下属
  - 公司制度上规定好的客户资源分配给业绩好的销售，但这样对于业绩处于中下游但比较勤奋努力的员工来说就不公平了
  - 主管不脱产，一边带团队，一边做业绩
- 如何应对
  - 具备两个心态
    - 公平、公正、公开
    - 胸怀
  - 制定合理的制度
    - 召集相关员工进行头脑风暴，一起探讨一个可执行、能让员工感受到公正并接受的制度
    - 明确团队培养的是小部分人，还是一群人，再决定分配机制
  - 管理者要把精力放在辅导员工上，必须脱产

平级之间的利益纠纷

- 三种常见的小场景
  - 撞单，即两个员工同时跟进一个客户

        - 在一个区域内，不同小组之间为客户冲突产生的利益纠纷现象
        - 一个组里面出现了小团队现象，当出现冲突或纠纷时，小团队里的成员帮情不帮理
    - 如何应对
        - 未雨绸缪，在制度上确立判单的规则
        - 功夫在平常，在日常做好价值观宣导
        - 判单注意点
            - 管理者的胸怀与心态很重要，不能盲目判单，要懂得客户第一
            - 当出现两个销售员撞单时，两个当事人都要在场，避免只听一方的意见
            - 在处理事情时，我们要先按照法理情的顺序思考判单结果，当具体和当事人宣布判单结果时，需要按照情理法的顺序
            - 判完了要总结，要看事情具不具备普遍性，具备普遍性的要全员宣导

个人与公司之间的利益纠纷

- 三种小场景
    - 团队的成员为了拿高提成串单，把单子集中到一人身上，冲击高提成，然后私下分钱
    - 小部分人为了让自己拿到更多的利益而钻公司制度的空子
    - 公司政策的变动带来的纠纷
- 如何应对
    - 要有高压线
    - 和员工谈心

- 一吹、二宣、三通、四结果
  - 一吹，政策宣导前要有吹风会
  - 二宣，做好宣导会
  - 三通，在出现不同意见时要及时做好充分沟通
  - 四结果，要帮团队在新政策下得到更好的成果

03 让新老员工快速融合

最近有位学员问我："我最近新开拓了一个业务，招了一批人，但是不知道怎么回事，新员工跟老员工之间总是面和心不和，很难在一起工作。我该怎么办？"

其实，很多公司都会出现这个问题。企业成长需要新鲜血液的注入，而在新血液与老血液融合的时候，彼此的文化气息、工作习惯、价值观念就会发生碰撞。此时，如果缺乏足够的缓冲地带，双方直接撞在一起，就会发生冲突。最终新老员工之间就会产生隔阂，降低组织效率。我称之为"新老融合难"。即使组织能力强大的阿里，也出现过这样的问题。

如何解决新老融合的问题呢？我在多年的管理中，招进来很多人，并把他们顺利融合进团队，由此总结了一些经验，共有6点，简称为"融合六要"：要有共同的目标，要有新人的融合场景，要有对老员工的关怀，要提升管理者的能力，要及时迭代公司的文化，要有相应的制度。

1. 要有共同的目标，有能够鼓舞人的使命愿景。有了共同的目标之后，团队才能够互相合作、互相融合，不会有别的心思。什么是共同的目标呢？比如三年内公司要上市、我们要抢占行业的首位等。当有了具体的共同目标时，大家就会为这个目标共同努力，就不会有太多别的想法了。

2. 要有新员工的融合场景。也就是说，公司层面要给新员工创造融合的环境，让新员工顺利落实。这一点，我们在第4章第4节讲过，这里简单回顾一下。

融合场景有人和业务两个层面。在人的层面，要帮新员工消除孤独情绪，帮他了解团队的人情世故。具体做法可以是带新员工拜码头、开迎新会、拜师傅、高管参与入职培训等。

在业务层面，很多新员工的流失是因为不能快速熟悉业务，进入业务状态。所以公司层面要梳理三套系统帮新员工快速进入业务，这三套系统分别是业务流程系统、工作系统和个人进化系统。我在前文重点讲过，这里结合员工融合再分析一下。

业务流程系统：从获取客户信息，到客户成交，再到后期服务，整个业务流程是怎么样的，每个流程节点，我们的量有多少，要学习哪些技能，要注意哪些心态，我们都要梳理成册，传授给新员工，管理者和师父要在过程中及时辅导。当新员工对于每一个流程都熟悉了，就能快速上手了。

工作系统：要帮新员工养成良好的工作习惯，让他知道每天、每周、每月必须要做什么。当他对公司整体还不了解时，先按部就班地做这些事比较有效。在上下一致的工作系统中，新员工也能快速与团队同频。

个人进化系统：狂跑、狂问、狂总结、狂训练、狂分享。在不断跑业务的过程中，发现问题，向团队、客户询问问题的答案，将其总结成自己的知识体系。有了自己的这种知识体系以后，要去实际工作中训练，训练完了，还要分享，因为最好的分享就是最好的学习，经过“五狂”的锻炼，新员工会对业务产生自己的认知，而询问与分享的过程也是团队互相熟悉的过程。

3. 要有对老员工的关怀。有了新员工的场景，相对应地，老员工也要有对应的措施。当团队中有大量的新员工进来的时候，对老员工来说，内心也会有些不安。当他不安了，就可能会有意无意排斥新员工。就像在生活中，有些家庭在生二胎的时候，家里的老大会有些应激反应。因为老大担心老二以后会抢他的玩具、零食和父母的关爱，于是会做一些调皮的事情以确立在家庭的地位。公司也是一样，新员工进来的时候，老员工会担心他们会对自己的地位、既得利益带来冲击。所以当新员工入职的时候，管理者不能忽视老员工的感受。

如果团队的老员工出现这种问题，我们要安抚，肯定老员工过去创造的价值。然后从文化价值观的角度进行开导：“当初你进来的时候，还不是我一步步把你拉扯大的？现在你成精了，就不管你的下一代了？”要把传帮带的价值告知老员工。紧接着就是给他指明新的方向和挑战，让他有新的台阶进步。

举个例子，以前我在做区域经理的时候，我下面有个城市，只有两个人负责，做得也不错。后来我觉得这个城市还有很大潜力，就往里面送新员工。一开始是一个一个送的，但送一个死一个，因为那两个人配合得太好了，新员工融不进去。所以后来，我就把其中一个人提升为主管，然后一次性送进去三个新员工，让另一个老员工配合主管带新员工。这样果然新员工就留了下来，而且没过多久，这个城市的业绩就有了大幅提升。原本排外的老员工也觉得还是众人拾柴火焰高，大家一起做才有力量。所以当新员工进来的时候，给老员工新的发展方向，让他能更好地发挥价值也是不错的方式。这也是“老员工做新事，新员工做老事”的道理所在。

4. 要提升管理者的管理能力。在实际工作中，员工最大的离职原因是他的直接管理者。在很多快速成长的公司里，组织的发展速度是慢于业务的发展速度的，特别是管理者的能力成长。比如一个管理者原先只管三四个人，还可以一对一辅导。但当新员工快速扩充，一下子增加到 10 个人，再像原先一样靠体力的管理方式就不一定能管得过来了。

另外就是有的管理者对业务十分理解，但对于人的理解还很欠缺，在日常工作中缺少人文关怀，新员工进来之后，只关心对业务熟不熟悉，对产品有没有了解，但对于人却关心不足，也没有询问他在新团队感觉怎么样，有没有兴趣相投的同事等。都说管事先管人，如果新员工落实的时候只与他谈业务，不谈情感，那么这个员工内心孤独的情绪就难以消解，积累到一定程度就会爆发。

破解新员工流失问题，管理者的能力要及时提升，一是增加一对多的管理能力，二是提升对人的理解能力。如何提升？首先，公司需要定期对管理者进行培训。这个培训可以有固定的时间和主题，也可以在业务中随时进行。在阿里，上级管理者会随时看看业务的数据变化，如果发现问题，就会随时辅导。每个月，我们都会进行 Review，在策略、团队和价值观方面帮助管理者提升。

其次，新晋管理者本身也要建立自己的三套系统，梳理自己的业务流程，养成自己的工作习惯，并且要善于总结经验，通过总结发现团队中的普遍问题，形成业务流和解决方案，从而提升自己的管理能力，形成新的习惯和技能。如何总结提升能力呢？一是多写 PPT，通过 PPT 梳理自己的工作。二是可以做一段时间的培训。在阿里，管理者在晋升前，我们也会让他到“百大”（阿里百年大计，是阿里巴巴首个自行设计的培训体系，对阿里巴巴的发展发挥了很大作用）去当一届班主任，培养他一对多的能力。

5. 要及时迭代公司文化。新员工进入一家新公司的时候，他身上会有原先工作环境中的文化和沟通语言。老员工之前经过长期相处，他们身上也有一套文化习惯和语言。当两者在一起时，就会缺乏统一的语言和文化习惯，互相就会有一定隔阂。如果时间一长还形不成统一的语言，这个隔阂就无法消除，新员工就会选择离开。

大概在 2004 年，阿里进入超速发展期，开始引入很多外部高管。彼时的阿里文化还比较直接粗暴，而且排斥性又比较强。比如当时员工在沟通会中会说很多土话和段子，而新的高管很有文化，会随口说一些专业词语和英文单词。这些不同文化的冲突对新老团队的融合产生了很大的负面影响，导致很多新高管离开。后来集团就开始把公司文化从早期的“很黄很暴力”过渡到 FUN 文化（有趣好玩，在这个文化的影响下，内部开始根据兴趣爱好组建阿里十派以及各种有意思的晚会）。通过文化的迭代，不仅提升了公司的包容性，同时也推动了生产力的提升。在这个过程中，很重要的是领导者要引导这样的文化氛围，形成共同的认知系统、行为方式、心理契约，这些东西的外在表现就是统一的行为准则和思想理念。

如果公司出现新员工大量流失的问题，就要考虑是不是文化需要迭代，以适应新的生产力和生产关系。如果文化不及时迭代，很可能会成为企业发展的障碍。比如微软的第三任 CEO 萨提亚 · 纳德拉就是通过对微软的文化改革给微软带来了新生，让微软再次快速发展。而阿里，从湖畔花园的十八罗汉到如今遍布全国的员工，文化上也从早期的校园文化到新六脉神剑，一直在不断迭代，以适应新环境。所以，当一家公司发现了新的业务增长点，必须有第二条隐形的文化曲线，去支撑这条新增的业务曲线。关于如何进行文化迭代，我将在最后一章具体展开。

6. 要有相应的制度。也就是说，要有一些制度上的东西帮助新老融合。举个例子，“助手制度”在阿里快速发展的过程中起到了很大作用。如果团队中有连续两个季度都能够达到公司业务指标的销售精英，那么公司就会给他配一两名助手形成小团队。这名助手可能刚刚毕业，没有太多的销售经验，但是具有销售人员的基本素质，浑身也充满干劲。助手的收入由底薪 + 提成组成，底薪由公司出，业绩提成会按照这个小团队业绩的 2% 计算，从老员工的奖金里抽出来。助手和销售组建团队之后，就由新员工配合老员工做一些业务，老员工也会去带新员工学习所有的业务技能。这样经历 6 个月，由于每天跟着业务精英学习，助手就会成为新的业务骨干，可以选择到一个新的区域独立成为一名新销售。我们当时通过这样一个制度培养了很多新的业务精英，老员工也创造了新的价值。这也消除了新老员工之间的嫌隙。

本节笔记

如何让新老员工快速融合

融合六要

- 要有共同的目标，能够鼓舞人的使命愿景
- 要给新员工创造融合的环境
  - 人
    - 先帮新员工，消除他的孤独情绪，了解团队的人情世故。可以带新员工拜码头、开迎新会、拜师傅和高管参与的入职培训等方式进行
  - 业务
    - 梳理出三套系统帮新员工快速进入业务（业务流程系统、工作系统和个人进化系统）
- 要有对老员工的关怀
- 要提升管理者的管理能力
  - 两种能力
    - 一对多的管理能力
    - 对人的理解能力
  - 如何解决
    - 公司要定期培训
    - 管理者自身要建立自己的三套系统
- 要及时迭代公司的文化
- 要有相应的制度

04 做好团队建设

公司在运营过程中，出于员工福利也好，出于业务需要也好，每年都会组织很多次团队建设活动。有些公司在组织团队建设的时候发现花费了大把的时间、物力，却没有效果，甚至还会引起员工反感，好好的一场走心团队建设变成了闹心之事。如何做一场好的团队建设呢？

首先我们要知道团队建设到底要建什么。提起团队建设大多数人会想，不就是吃吃饭、喝喝酒，增进一下感情嘛。其实这只是团队建设表面上的作用。团队建设真正的目的有三个：情感上凝聚，思想上统一，目标上一致。

情感上凝聚，指的是只有玩在一起，才能战斗在一起。团队建设就是要通过各种形式建立一个共同经历的场域，让场域中的团队处于一种情感同频状态，比如一场大汗淋漓的户外越野、一次触动人心的电影会。当大家情感同频的时候，就容易放下自己的心理防备，愿意展现自己和接纳他人。这时，做相互了解与沟通，容易让大家心连心。当心连接起来了，团队彼此之间的信任、默契就会大幅增加。

思想上统一。团队建设不仅要建立成员之间的连接，还要建立成员与公司的连接。将我们的价值观植入一场场活动，在活动中将公司的使命愿景传递给大家，带领大家畅想未来，在这种情感同频的场域中，更易于员工理解公司的价值观。

目标上要一致。当有了情感凝聚、思想统一之后，整个团队关系都通透了，紧密联结在一起。这个时候就需要一个目标释放我们高昂的情绪，加深我们的联结，最好就是打一场胜仗，在胜仗中加深团队的协作和感情，因为最好的团队建设就是打一场胜仗。

如何实现这样的目的呢？这就需要策划团队上场了。

策划前，要仔细调研，了解大家的需求和团队状态，明确团队建设的目的，形式上要有一定的创新，且大家乐于接受，不能一成不变，仅是吃吃饭、喝喝酒。

在流程中，要有节奏，一场好的团队建设要做到开头有铺垫，中间有高潮，结尾有闭环。开头的活动要留足时间，通过肢体上的接触建立情感上的联结，创造一个同频的场域，这样大家才能敞开心扉。中间必须有一个高潮，把大家的情感释放到极致，这样才能让大家记住。到了结尾不能戛然而止，一定要有闭环。闭环可以是总结发言，可以是共同唱一首歌，或者画一幅画。通过这个动作，提炼收获，加深记忆，凝聚情感。

我看过很多公司的团队建设活动，过程中做得都很好，员工也很舒服，情绪也很高涨，但做完了就直接散场，员工觉得意犹未尽，这就比较可惜了。

接下来，我通过自己经历的一个案例深入讲解一下团队建设流程。

我在过去的管理生涯中组织、召开过无数次大大小小的会议和活动，给我印象最深的是一次轻松愉悦的交流会。

有一段时间，公司整个业务推进得非常快，接连打了很多战役，也取得了不错的结果，但是团队也有一些疲劳感，大家往往都是以工作开头，以工作结尾，彼此都不愿意交流了。为了缓解大家过于紧张的情绪，改善团队的氛围，我和几个管理者决定开一场跨级别的会议。

决定之后，人事部门发出了会议通知，所有人都集中到酒店。白天开正常的业务会议，谈谈业务进展，明显感觉大家十分疲惫，不在状态。到了晚上，吃完晚饭，大家就回到会议室，准备继续开会。一进会议室，大家发现会议室的桌子都已撤掉，地板上用蜡烛围成了一个心形，每个蜡烛背后都放了一杯红酒，看起来十分温馨。当时我作为主持人引导大家进入会议室，并围成一圈席地而坐。首先，我请大家端起红酒互相干杯，为最近一段时间彼此取得的工作进展庆祝，同时为当天这个特别的环境共同祝愿。然后，我说明晚上的活动，只谈感情，不谈工作，忘掉最近的工作，聊聊生活和心态。此时，背景音乐缓缓响起，是《天空之城》的钢琴曲。氛围一下子就起来了，大家很快就融入了，彼此抢着发言，抒发自己的情感和心里话。有人说了最难忘的一次工作经历，有人表达了对家人的感谢，有人描述了记忆犹新的工作趣事，也有人说了曾经在职业生涯中的一次委屈，有人说自己在工作中不小心伤害了同事，想说一声对不起。

我在每个人发言后都做了积极的点评并给予肯定。在所有人发言结束之后，我做了总结，感谢每一位带给我们委屈和伤害的人，他们扩大了我们的胸怀，也感谢每一位真心带给我们学习成长的员工，我们一定不会辜负他们的期望等。总结之后，大家互相拥抱，互道晚安，回到各自的房间。第二天再做工作汇报的时候，我明显发现大家的状态不一样了，往日的激情重新回到大家的脸上。

这个活动为什么成功了？首先，这个活动的目的很明确，即改善大家紧张疲劳的心态。其次，在流程中，我们很有节奏。先用白天的会议作为铺垫，让大家在一个场域里。晚上通过烛光、红酒、音乐舒缓大家的情绪，通过大家的心里话，把情绪引到高潮，在彼此交流中，很多同事之间的隔阂误会、工作上的不理解，都在这种场合烟消云散了。我作为主持人给了这个活动一个完整的结尾。

这类活动，在阿里被称为裸心会。裸心会的本质是让大家敞开心扉，以真诚的心态互相交流情感。这是共识共创的开放、坦诚和沟通，也是相互审视的真心话大冒险，更是彼此内心最深处灵魂的触碰。

我再给大家举一个生日会的案例。

相信很多公司都会给员工过生日，也都会给员工买生日礼物，但却没有效果，原因是很多时候生日会只是由行政部门筹备和落实，往往流于形式，只做到了走“身”，而没有做到走“心”。其实，员工需要的是一份牵挂和尊重，需要真正的关心。

在一次非常重要的年底业绩冲刺动员会上，当时的业绩指标压得大家透不过气，所有人都非常紧张，整个氛围十分沉闷。在会议进入结尾的时候，有三四名当月过生日的员工被请到了主席台上，灯关了，会场很安静，战友们将一个插满蜡烛的大生日蛋糕，从会场的后方缓缓推到会议室中间，这时响起了生日祝福的歌。大屏幕上播放着来自这几位员工的父母、爱人、孩子、好朋友以及上级主管、客户的祝福视频。上级主管手捧鲜花送到自己亲密的员工面前，一个深深的拥抱让员工充满力量。许愿的时候，这几位员工在台上喊出必须拿下的年度目标，他们眼神中的点点泪花感动了所有人。

同样是生日会的形式，在这种场景下更显示对员工的关爱。我们往往从理性角度抓目标、抓过程、抓业绩，而很多时候，更需要真情流露，更需要感性的力量迸发，激发员工对于目标的坚定以及对美好生活的憧憬。团队建设工作离不开对人性的理解。激情的延续不仅仅源于工作，也源于生活。

本节笔记

团队建设真正的目的：

- 情感上凝聚
- 思想上统一
- 目标上一致

如何实现团队建设的目的：

- 策划前，要仔细调研，了解大家的需求和团队的动态
- 流程中，要有节奏，做到开头有铺垫、中间有高潮、结尾有闭环

两个案例：

- 裸心会
- 生日会

9

炼文化：业务管理的最高境界

世界上优秀的公司很多，但卓越的公司却很少。优秀和卓越的差距就在于公司有没有自己的价值观念，有没有自己的信仰，也就是公司有没有自己的文化体系。一个好的文化体系可以引导公司未来的发展方向，可以提升公司的组织活力，可以帮助公司度过生死危机。这一点在阿里 20 年的发展历程中被反复验证。

那么如何建立自己的文化体系呢？本书最后一章将从文化的重要性、文化从何而来、文化如何提炼等维度，为大家讲解如何建立与落实团队价值观。

01 企业文化：卓越公司与优秀公司之间的天堑

有句话叫作“十亿企业靠销售，百亿企业靠产品，千亿企业靠文化”。讲的就是企业发展到不同阶段，需要不同的竞争优势。到了最高境界，比拼的就是文化了。

在实践中，我们会发现企业发展到一定阶段、团队在达到一定人数之后，无论怎么定目标、追过程，业务也很难获得突破性发展，业绩会停滞不前，甚至有所下降。我们称这个现象为企业成长的天花板，多出现在企业发展的中后期。该如何打破这层天花板呢？这就需要企业在基础管理制度之上形成整个团队共同的价值观念和使命愿景。用使命愿景驱动组织发展。从“正确地做事”转化到“做正确的事”。这些价值观念、使命愿景就是我们常说的企业文化。

从本节开始我们将围绕文化的起源、提炼、落实与应用为大家讲解一下管理的最高境界——文化管理。本节先从文化的起源说起。

文化是从哪里来的？很多公司在建立自己的企业文化价值观时，往往都是企业领导者自己或者拉上几个高管一起拍脑袋决定，说要提倡艰苦朴素的文化，要提倡乐观积极的文化，或者看到其他大公司的文化很好，就照搬过来，但这种做法往往很难落实，因为文化的落实，需要群众基础。高管拍脑袋定下的文化往往只存在于高管自己的脑子里，不能被广大员工理解，员工不理解就很难接受，自然很难落实。

文化并不是源于管理者拍脑袋的决定或者照搬外部的案例，而是源于支撑企业发展的文化基因。

什么是文化基因？企业无论大小，只要存在，它在发展过程中就一定存在一些值得纪念的记忆，一些欢笑与泪水、胜利和失败。这些东西都是企业文化的基因。那些支撑企业走过每一个坎坷，并让企业活下来的不断发展的精神都是文化的精髓和核心要义。一个新文化的形成对于企业来说不是推翻过去，重新建造，而更多的是从过去这些年的艰辛、坎坷和奋斗中提炼企业的基因并加以升华。

比如当年在阿里中供，早期业务还没起色的时候，大部分员工的家庭条件都比较差，所以我们的生活条件也不会很好，吃的也都是最便宜的快餐。当大家坚持不下去的时候，我们会做一件事情：拉上几个人一起坐在一个高档餐厅的门口，看那里的人来人往、山珍海味。然后畅想等我们下个月签了单，赚了钱，就要进去大吃一顿。或者我们会去4S店，想象着等我们以后有钱了，要买一辆豪车。当我们畅想这些事情时，心中就特别充满动力，转过头就能气势高昂地拜访客户。

这些东西提炼出来，其实就是我们价值观里面经常说的乐观向上。等到多年以后，我们跟当年的一些老员工一起坐下喝茶，聊这些事情的时候，它还是一种美好的回忆。

- 每个企业都有自己的文化基因：那些曾经的欢笑、泪水、艰辛、拼搏、团结、胜利和失败都是你的企业文化的DNA。
- 那些支持你的企业活下来并不断发展的精神都是文化的精髓。
- 新文化的形成对于企业来说，不完全是推翻重建，更多的是找寻、提炼和升华。

企业新文化的来源、精髓和形成

我在前文也说过，阿里不仅会为结果付酬，也会为过程鼓掌。也就是说，当我们认可一个新员工的努力和心态，但是他却还没有出单，即将被淘汰时，我们整个团队会帮他签单，会跟他一起拜访客户。比如当年我们有过十几个销售陪一个新员工拜访客户的经历，连客户都震惊了：“你们这个区域到底有多少位主管？”最后，客户为我们的真情打动，签了一单，这位员工得以留了下来。他在之后的几个月，业绩一直保持飞速增长，用事实证明了自己的实力。这个案例提炼出来，就叫作价值观里面的团结合作。

所以，当中供发展非常好的时候，很多企业会来我们这里挖人，但基本挖不走，因为我们有兄弟情。当一个企业挖我们的员工时，我们其他同事会问："你好意思走吗？忘了当年的那些经历了吗？还要不要做兄弟了？"那个时候他会怎么做？"兄弟们，我不走了，不走了，投降了，安心，安心。"

企业在留人的时候，过去的经历也会发挥很大作用，这些东西就是文化，这个叫作软环境。所以，那时很多人想来挖我们的人但根本挖不动，因为员工通常走不掉。有的人会说自己的爸妈身体不好，需要回去照顾，我们的兄弟真的会冲到他们家看望并轮流帮他照顾家人。如果发现没有这种事，他在说谎，就回来修理他，这也让大家养成了不说谎的习惯。所以，这些事情的背后就是企业文化的基因在发挥作用。有了基因，文化的传承就有了。所以企业在发展过程中一定要保留艰苦时期的照片，让后来的员工看到最艰苦的时候大家是怎么熬过来的，是怎么坚持下来的，从中可以提炼出很多适合这家企业的价值观。

这里提一个管理上的要点，请大家记住，即新上任的领导者千万不要说上一任的坏话，更多的是找寻、挖掘、提炼有价值的东西，只有这样，才能够让每一个接力棒都能够接得住，才能够让优秀的基因持续和继承下来。

文化的形成也有 4 个关键因素：一是极度的理想主义和极度的现实主义要融合；二是让员工实现他的目标或者看到实现目标的希望；三是企业文化需要从业务、基层员工当中长出来，这样才有生命力；四是文化需要进化到企业的前方，引领企业往更高的境界发展。

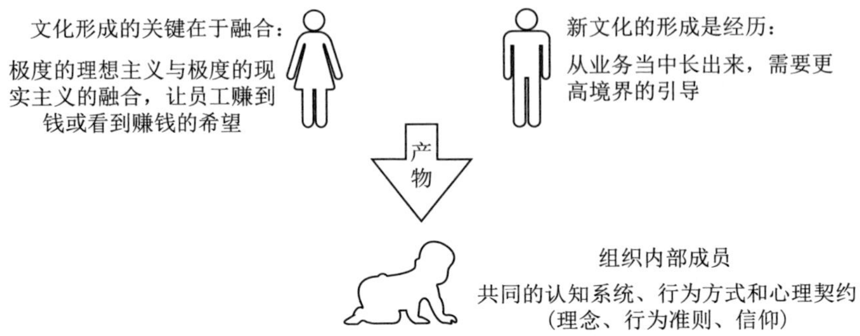

文化形成的要素与产物

第一，极度的理想主义和极度的现实主义要融合。很多人都在谈理想，谈情怀，但是太过理想化的人通常死得快，因为他活在乌托邦里，没有想清楚如何从现在走到未来。马云有一句话："今天很残酷，明天很残酷，后天很美好，但是大多数人死在了明天晚上。"这就是因为没有做到理想主义要与现实主义相融合，没有想好怎么走到后天。

我们当时说淘宝从来不在乎赚钱。我们是为了服务更多的商家，但是同时我们也想好了如何能够维持自己的利润与生存。空谈理想就像在谈恋爱，谈的是风花雪月。现实主义就是要结婚，要考虑柴米油盐。一个企业要发展，不能只谈恋爱，不结婚，不以赢利为目的的企业经营都是在耍流氓。

第二，让员工实现他的目标或看到实现目标的希望，因为员工如果能在你这里实现他的目标，他才会更有动力地持续付出。阿里价值观一直得到践行的一个原因是企业发展的同时，也会让每一个努力的员工实现他的目标。当员工为了他的目标而努力工作时，企业也会发展得更快。企业发展快了，员工也会获得更多。这是一个正向循环。

第三，企业文化需要从业务、基层员工当中长出来，这样的企业文化才有生命力。实际业务与基层员工的苦与乐，才是企业运营中最普遍的场景。从这些苦与乐中提炼出来的文化才具有群众基础，能引起大多数员工的共鸣，并让大家践行。管理者定的文化往往存在于他们的理想主义之中，缺乏群众基础和具体场景，缺乏生命力。

第四，文化需要进化到企业的前方，引领企业往更高的境界发展。企业要发展，需要引领思想，需要文化超前我们的业务一步探索未来，支撑企业下一步的发展。文化一方面源于企业过去的经历，另一方面也要结合未来的发展。也就是说，当企业遇到业务瓶颈，需要建立第二条业务线时，支撑企业从第一条线跨越到第二条线的就是文化。比如阿里的业务，从中国供应商开始，到淘宝、天猫，再到菜鸟、支付宝、阿里云，都是围绕“让天下没有难做的生意”这一使命进行的。所谓经济基础决定上层建筑，上层建筑反作用于经济发展，企业也一样。有时，我们发现文化无法引领企业发展了，那就需要进行文化迭代。

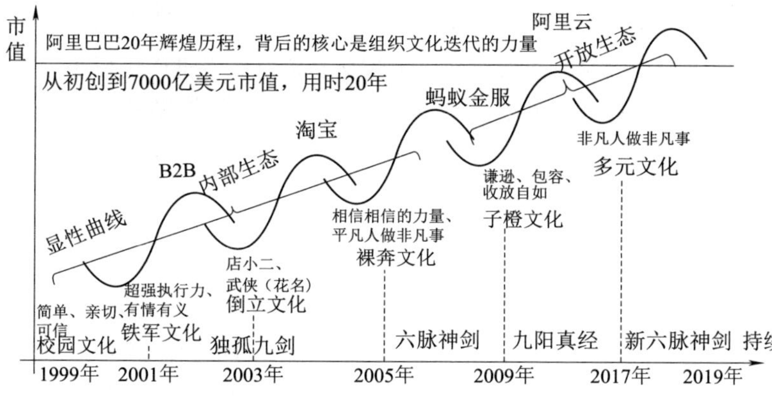

阿里文化迭代史

比如，1999 年阿里巴巴创立，当时的十八罗汉很多都是马云的同事、学生，本身有很浓厚的校园色彩，所以提倡的文化就是简单、亲切、可信。

2000 年，公司有了成熟的产品，需要快速销售、快速扩张，团队人员也快速增加。再用简单、亲切、可信，就不能支撑业务发展了，此时就需要能拼能干的超强执行力和团队凝聚力，因此催生了有情有义的铁军文化。

2003 年，淘宝跟亚马逊、eBay 展开了市场的争夺。当时的亚马逊、eBay 规模比较大，有更多的资源、资金，可以通过资金、资源封锁淘宝的发展。比如拿两倍甚至三倍的费用跟主流网站签订排他协议，不给淘宝做广告等。这在当时导致淘宝连续几个月极度缺乏流量。当时，如果再用正常的策略、打法肯定会死，所以就需要反其道而行之。这时，马云带头，要求淘宝所有人都要学会“靠墙倒立”，俗称“拿大顶”。男生要保持 30 秒，女生保持 10 秒。表面上是在锻炼身体，其实是在训练员工换个角度看问题的思维。因为人一倒立，就能体验到头重脚轻的倒空感，看世界、想问题的角度也不同了。

通过“倒立文化”，团队拓宽了思考问题的角度，很快就找到了破局的出路。当时 eBay 上主要是大的品牌商，通过收取交易费赢利，所以淘宝就采取了以中小商家为主要客户，免收交易费，广告推广则以小门户及线下为主的策略。最终，淘宝取得了胜利。

本节笔记

文化的概念：文化源于支撑企业发展的文化基因

文化形成的 4 个关键因素

- 极度的理想主义和极度的现实主义要融合
- 让员工实现他的目标或看到实现目标的希望
- 企业文化需要从业务、基层员工当中长出来，这样才是有生命力的
- 文化需要进化到企业的前方，引领企业往更高的境界发展

02 文化萃取：4 个步骤提炼你的团队文化

上一节我们讲到了文化源于企业内部的文化基因，是从业务和基层中长出来的。也就是说，每个企业在建立的时候就都有自己的文化。那为什么有时候企业文化没有发挥相应的作用，甚至在发展的过程中管理者越来越觉得自己的企业好像没什么文化呢？其中很重要的一点就是没有将文化提炼出来。企业早期文化的传承主要依靠以老带新、言传身教、耳濡目染。但当很多新员工加入的时候，老员工不够用了，再依靠耳濡目染，文化的传承就跟不上了，因此文化就会被冲击、稀释。这时，我们必须把文化提炼成可以快速传播的文字。

如何提炼自己的文化体系？共有 4 步：绘心声、立行为、找故事、成手册。

1. 绘心声，即围绕满足客户需求和员工想要的工作氛围，写出员工认为最重要的价值观。

价值观是一家公司内部的行为准则，也可以说是游戏规则。自公司诞生起，价值观就存在于公司，随着业务的发展、新员工的加入，行为准则也会相应变化。这些都是存在于员工内心的，要想发挥价值观的作用，第一步就要把它从员工心里提炼出来，写成可传播的文字。

怎么提炼？很重要的是一定要让广大员工积极参与。规模小的企业，可以把大家叫到一起讨论；规模很大的企业，就需要各层级派出代表，特别是一线必须派人。

为什么各个层级都要有人？首先，文化价值观是属于全体员工的，每一个员工都有权利和义务制定与维护价值观。其次，这会让员工有参与感，有参与感才会有主人翁意识。在落实的时候，员工会觉得这个文化价值观是我定的，我必须遵守。这样文化价值观在落实的时候每一层级都有了第一批用户和群众基础。如果有案例发生在他们身边，他们就会主动解释其中的深层含义。

群体讨论的时候可以共同探讨三个问题：我们想要什么样的团队文化，为了能提供这样的团队文化我们理想的工作氛围是怎样的，为了营造这样的氛围需要有哪些行为方式。要把这些东西写出来。

举个例子，我曾经有位有外企工作经验的员工，一次，他跟我说之前公司的氛围让人很不舒服。员工每天上班都要带两把刀，一把刀用来防止别人害自己，另一把刀为了争取利益，害别人。时间长了，整个人都没有工作状态了，很难有好结果。现在他很喜欢阿里的工作氛围，同事之间的关系很简单，既富有激情，又很安全，能发挥自己的想法与创意，很开心。这个就是员工想要的工作氛围和状态。

当所有员工都写完后，我们要做归纳与提炼，把大家提出的词语归纳成精练的文字。每个人的想法和行为定义都是不一样的，我们要在所有条例里提出共同点和精华点。最后的总条数不能过多，因为如果价值观太多，员工就记不住，记不住，就得不到很好的遵守。在这个过程中要有取舍，有提炼，有升华。一般价值观最好有 6~9 条。

2. 立行为。也就是确立价值观背后的行为标准，即提倡什么行为，反对什么行为。

为什么要确立这些东西，因为对于我们刚刚提炼出的价值观，参与这个过程或者共同奋斗的成员了解价值观背后的意义，所以知道日常过程中做什么是符合价值观的。但是其他人，特别是新员工，没有经历过那些事，单纯告诉他价值观是什么，他不会理解，或者即使理解了理念，在行为方式上也不知道如何遵守，不知道遵守与否的界限在哪里。所以必须明确告诉他哪些事可以做，哪些事不能做。他可能在一开始不明白价值观的意义，但在遵守的过程中遇到具体场景就会豁然开朗了。

很多公司在发展过程中都会出现文化稀释的情况，原因之一就在于当团队人数比较少的时候，大家心里都明白要遵守价值观，不会触犯，互相之间也会监督提醒。但当人一多，进来很多新员工的时候，没有人告诉他们老员工心里的那些行为准则，他们就会按照自己之前的思想理念和打法工作，文化就稀释了。

举个例子，我们在团队合作中倡导“共享共担，平凡人做非凡事，团队因我而骄傲，我因团队而自豪”的理念，为了达到这个状态，我们会提倡在业务过程中员工之间“积极主动分享业务知识和经验，同事需要帮助要主动给予同事必要的帮助，遇到问题时善于利用团队的力量解决问题和难题”。我们反对的是“在团队内部拉帮结伙，诋毁同事，搬弄是非，阳奉阴违，决策前不参与，决策后不执行”。这样当新员工进来时，告诉他这些东西，他就知道如何遵守价值观了。

3. 找故事。也就是搜集行为背后的经典故事。明确了行为标准，我们就要思考如何广泛、通俗易懂地传播它。

很多公司在设计文化体系的时候，为了显得高大上，会弄一堆很优美的语句来描绘，比如以人为本、效益优先、造福社会等。前文说过，管理者要用员工能听懂的话沟通，而不要用书面化的语言，不然在传播过程中解释的成本就会很高，最终让价值观的落实大打折扣。故事要通俗易懂，一看就明白。比如什么是忠，我们可以讲苏武牧羊、《出师表》；什么是兄弟义气，我们可以讲桃园三结义。故事的传播性是很强的，解释成本也很低。我们在选故事的时候要注意这个故事首先要符合我们倡导的理念，然后要发生在组织内部，这样才能引起大家的共鸣，让大家知道这些事就发生在组织内部，别人能做到，我们也能。

想必很多人都有过这样的经历，在购买一个产品后需要售后服务就打客服电话。结果电话打过去，对方并不能解决问题，好一点的员工会帮你转到相关部门，差一点的员工就给你一个电话号码，让你打过去。最终，你浪费了大量时间，也没解决问题。

在阿里，我们有个经典案例叫作“保安都能接电话”。也就是，你打电话到阿里咨询业务，无论是谁接到电话都能解决你的问题，哪怕他是跟业务毫无关系的保安人员。

这就是因为我们在“客户第一”里面提到的“注重客户的感受”，我们提倡的行为是在客户有需求的时候，找到你，如果这件事不是你的责任，但是客户不清楚其间的安排，你也应该帮助客户寻找正确的渠道和资源。

4. 成手册。也就是制定价值观考核细则与标准，形成文化手册。

当我们提炼出价值观，确定好行为特征和传播的经典故事后，接下来就要把它们编辑成手册，输出体系化的东西，以便实际落实。文化手册应包含以下三个元素。

（1）要把提炼出来的使命愿景、价值观以及背后的意义与经典故事写进去。

（2）高压线制度，明确价值观里有哪些红线，一经触碰，立马开除。

（3）考核标准。价值观也要被考核。马云有句话：“再好的文化，也是要被训练和考核的，不训练、不考核是没有用的！”所以在阿里，我们实行的是业绩与价值观双轨考核。如果一个员工价值观不合格，业绩做得再好也不会得到晋升。考核标准包括价值观的评分体系（总共有几分）、评分标准（每个等级都要有符合标准的理念）、具体的行为方式（倡导什么，反对什么），这样员工才能知道如何遵守。

考核内容	价值倡导	底线
客户第一	◆ 客户是衣食父母 ◆ 客户虐我千百遍，我待客户如初恋	◆ 为谋一己之私，欺骗客户 ◆ 不尊重客户，利用职权威胁客户 ◆ 为了自身或团队业绩目标或利益，损害客户利益 ◆ 在工作要求和职责范围之内，对客户的需求消极不作为，造成客户实质性的损失
拥抱变化	◆ 迎接变化，勇于创新 ◆ 世上本没有路，尝试多了也便有了路	不设底线
团队合作	◆ 共享共担，平凡人做非凡事 ◆ 团队因我而骄傲，我因团队而自豪	◆ 在团队内部，拉帮结伙，诋毁同事，搬弄是非 ◆ 阳奉阴违，决策前不参与，决策后不执行
诚信	◆ 诚实正直，言行坦荡 ◆ 一句真话，抵得过整个世界	◆ 弄虚作假 ◆ 故意隐瞒或者歪曲事实
激情	◆ 乐观向上，永不放弃 ◆ 与其混，与其熬，不如二，不如飙	◆ 经常毫无理由地给团队泼冷水，只是打击讽刺，没有具体的观点和建议，无中生有地传播团队的负面信息
敬业	◆ 专业执着，精益求精 ◆ 有这个精钢钻，才能揽瓷器活	◆ 不作为，混日子，消极怠工

阿里的价值观考核细则

本节笔记

4 个步骤，提炼出你的团队文化：

绘心声，围绕满足客户需求和员工想要的工作氛围，写出员工认为最重要的价值观

立行为，确立价值观背后的行为标准，即提倡什么，反对什么

找故事，搜集行为背后的故事

成手册，制定价值观考核细则与标准，形成文化手册

03 文化落实：4 个阶段把文化种到员工心里

本章前两节谈到文化的起源与提炼，提炼完之后就到了文化建设过程中最需要谨慎小心的环节——新文化的落实。因为起源和提炼环节都是在口头或纸面上的，到了落实就要付诸实际行动，并花费时间精力，甚至会触碰老员工的利益，引发一系列动荡。稍有不慎，就会功亏一篑。我在阿里的 13 年里经历了多次文化价值观的迭代，总结了一些关于新文化如何平稳落实的经验。

植树需要松土、栽树苗、施肥和修剪枝叶等工作，其实新文化的落实跟植树很像，就是把一颗种子种植在员工的心里，所以我用植树的方法做个比喻讲解新文化落实，即用植一棵树的方式种文化。

文化落实有三个心法。

1. 春天种树。有句话叫作："春天种树活，夏天种树死，冬天种树像做梦。"也就是说，春天，天气回暖，春雨如酥，阳光足且不晒，树苗种下去很容易活。到了夏天太阳太晒，树苗就容易干死。冬天太过严寒，树苗难以生存。所以，文化落实也要在企业的春天进行。

企业的春天就是发展比较稳定，还没遇到业绩瓶颈或危机的时候。这个时候进行新文化的落实，员工的信心就比较足，上级颁布命令往往容易执行。如果在竞争激烈的夏天或是经济寒冬时期进行变革，业绩压力摆在那里，为了应对业绩压力就会消耗很多精力，几乎没有时间做这个事，员工的心态也容易不稳定。特别是在业绩不好的时候进行文化变革，员工很容易认为公司要动刀子，搞事情，心态会更不稳，整个局面就会混乱，所以一定要在春天种树。

2. 切勿揠苗助长。文化的落实是一个渐进过程，不是一蹴而就的。所以在进行文化变革的时候动作要轻，治大国若烹小鲜，要一步步来，不能贪功冒进，急于求成。可以从小事开始改变，从细节开始纠正。变革是要流血的，动作太大就会出现极端情况，像法国大革命等，是要付出巨大代价的。企业的发展要稳定，最好不要出现这样大的动荡，所以在进行文化落实的时候不能贪功冒进，要有节奏，开着飞机换引擎，一步步来。最好的状态是“蓦然回首，那人却在灯火阑珊处”。在过程中大家都没有什么不舒服的感觉，等两年一过却发现公司的文化已经完全不一样了（文化落实的时间跟公司的规模成正比，公司越大，掉头越慢，通常要一两年）。

3. 虚事实做。核心是领导力、文化、员工成长的体验是虚的，必须通过实实在在的事情将人的内在体验落实，在业务中沉淀宝贵的体验与感受。主要体现在两个层面：一是文化落实一定要跟业务相结合。没有业务场景的文化都是空的，我们在下一节会讲到促进业务发展的战斗文化打造。二是文化落实要跟实实在在的利益挂钩。我们多次提到阿里的价值观是要被考核的，跟员工的晋升、奖金、荣誉挂钩，只有跟这些实际的东西挂钩，价值观才能落实下去。

掌握了这三个心法之后，我们就可以进行具体的落实动作。文化落实分为 4 个阶段，即松土阶段、认知阶段、尝试阶段和习惯阶段。

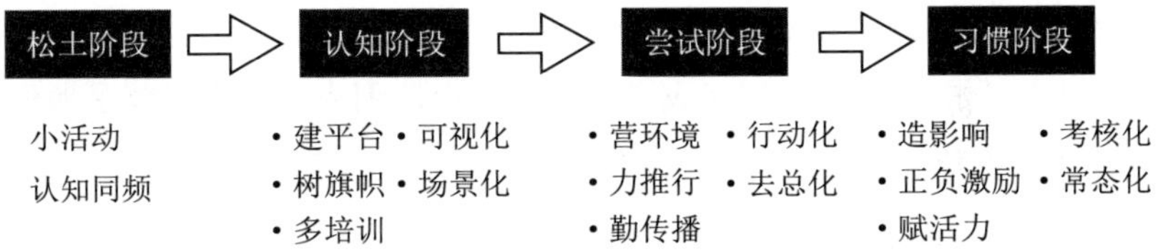

新文化落实的 4 个步骤

大家都知道种树的第一步是翻土，把土弄松软（挖树坑）。因为老的土壤太结实，很硬，得先把土弄松软了，树苗才可以活。

文化落实也是一样，要先松土，消除团队里僵硬的老思想、老气息，这样新的东西才能被吸收进来。这里需要一些娱乐化、生活化、非工作性质的小动作进行文化松土，比如发动大家共同学习某一本书，看同一部影视剧。一方面，生活化的东西更容易让人接受，有感触。另一方面，大家共同做过这些事，就有了共同的经历和理念，以后在交流的时候语言上就能同频。像阿里之前推行政委制度的时候就是先组织大家看《亮剑》和《历史的天空》，学习里面团长和政委之间的搭配，然后再推行政委制度。同样，松土阶段也不能急于求成，一定要等大家的认知到位了才能进行下一阶段的工作。我们在组织看《历史的天空》时也看了两遍。第一遍看完，公司就召集大家在一起讨论收获。一开始大家的感觉跟总结都没有到位，只停留在剧情上。于是公司告诉大家需要学习的是里面政委跟团长的搭配，于是再让大家看一遍。第二遍，大家能总结出政委工作的一些精髓了，才开始真正落实政委工作。阿里在推行政委制度时就是这样循序渐进推行的，前后一共用了三年时间，才将政委制度落实。

土壤松动了之后，我们就可以栽树苗了。此时可以进行一些文化落实的尝试，把树苗种进员工的心里，让员工形成对新文化的认知。我们称此为认知阶段，认知阶段的工作有以下三个步骤。

1. 发动员工广泛参与，建立一个交流平台，提升员工的积极性和主人翁意识。有了这一步以后，文化在正式推行的时候就有了群众基础，就像小米手机在研发阶段就有一个设计论坛，很多人会讨论手机应该怎么做，等手机上市的时候他们就成了第一批用户，因为这个手机就是他们参与设计的。文化建设也一样。

2. 广泛传播经典标杆故事，树立榜样力量，让员工树立正确的文化观念。

3. 培训。在阿里，新员工都需要经过一个培训期，我们会邀请公司高管、业绩好价值观也好的老员工分享。早期只有 5 000 多人的时候，马云每次都会来，总共要 20 多天，我们称之为百年大计，有 2/3 的时间都在讲文化理念。需要注意的是，在认知阶段，创始人一定要加入，因为只有创始人重视且动起来，文化才能向前发展。

经过经典故事传播和培训之后，新文化已经开始落实，员工开始认识到新文化的重要性且希望实践。这时，我们就进入第三阶段——尝试阶段，正式推行新的文化理念，落实生根。

尝试阶段就是要通过各种各样的活动和仪式，营造氛围，让全员参与并行动起来，这一点很重要。大家在去寺庙时会发现无论外面多么吵闹，只要一走进寺庙，人就会立马安静下来。这就是氛围的作用，它会让人很自然地沉浸进去。

落实到公司里，就需要有固定的活动和仪式不断地加深对价值观的认知。比如，我们规定每个管理者每个月收集一个价值观案例，无论是正面的还是负面的，都可以。然后召集员工开一次价值观案例会，每月的 Review 里也都会对员工的价值观遵守情况进行复盘，每年公司都会评选出价值观非常好的明星，进行公开奖励。只有通过这样一次次的实际行动，才能营造价值观的氛围。

在这个过程中，管理者要发挥作用，以身作则，不能把推行文化的事情甩给 HR，因为大多数公司的 HR 本身没有实权，肯定推行不了。在公司内部，管理者就是公司的明星，一言一行都会被团队关注，然后放大，你的团队有多少人，就会被放大多少倍。如果管理者在推动新文化的时候不够坚定，言行不一致，员工肯定就会懈怠。从人性来讲，员工不仅会听管理者怎么讲，更会看管理者到底怎么做。兵熊熊一个，将熊熊一窝，就是如此。

文化落实的最后一个阶段是习惯阶段，即对于新文化员工都习以为常了。绝大多数成员逐渐开始自然地、无意识地按照新的共有价值观做事，制度约定已深入人心，形成心理契约。这个阶段就像是一棵树苗已经扎根，它自己可以汲取养分了，并具备了一些抵抗风雨的能力，不需要太操心，剩下的只要定时浇水，除虫子，修剪枝叶，做些常态化的工作就行了。比如要持续地发现模范案例，做常态化的仪式活动，持续升温。比如要有绩效考核、Review、高压线与正负激励，让遵守的人得到相应的奖励，让违背的人受到相应的处罚。还要有效赋权，因为人越来越多了，管理者自己管不过来，所以要适当授权，让下面的人实施。

本节笔记

新文化如何落实

掌握三个心法

- 春天种树
- 切勿揠苗助长
- 虚事实做

文化落实的四个阶段

- 松土
  - 消除团队里僵硬的老思想、老气息，这样新的东西才能被吸收
- 认知
  - 发动员工广泛参与，建立一个交流平台，提升员工的积极性和主人翁意识
  - 广泛传播经典标杆故事，树立榜样力量，让员工树立正确的文化观念
  - 做培训
- 尝试
  - 通过各种各样的活动和仪式，营造氛围，让全员参与并行动起来
  - 管理者在这个过程中要发挥作用，以身作则
- 习惯
  - 绝大多数成员逐渐开始自然、无意识地按照新的共有价值观做事，制度约定已深入人心，形成心理契约

04 文化应用：打造战斗文化

我们在前几节依次讲到了文化的起源、提取与落实，本节我们来聊一聊文化的一个应用场景，即如何打造战斗文化。

什么是战斗文化呢？企业中的战斗文化就是一家企业内，部门之间、员工之间建立的一种良性竞争氛围和机制。通过战斗文化的打造可以起到三个作用。

1. 让业绩增速。通过战斗文化的落实，可以加强组织和员工的忧患意识，消除惰性心理，积极向前，从而把业绩推向新高，让企业在激烈的竞争环境中存活下来。

2. 让组织发展。战场是最好的练兵场，对于个体来说，相马不如赛马，通过组织内的 PK，形成赛马机制，练精兵，育良将，让更多的好苗子跑出来，让所有员工的能力得到最真实的锤炼。跑一次客户胜过十次场景演练，对于组织来说，只有经历激烈紧张的大战，制度、流程、产品才能得到验证，才有可能发现其中的问题，得到迭代与提升。只有这样，组织能力才能得到快速提升，打造一支战无不胜的铁军。

3. 让文化落实。我们在上一节提到文化落实需要“虚事实做”，最好的“实做”场景就是战斗，将文化融入战斗，在战斗中共同经历艰苦，在艰苦中见到最真实的彼此。只有这样，兄弟情才能出来，文化才能真正落实。在艰苦的环境中还能被遵守的文化才是真正的企业文化。

在中供铁军 20 年的发展历程中，业绩屡创新高，个人月度销售业绩纪录从 2000 年的 8 万元变为 2019 年的近 3 000 万元。20 年时间，近 400 倍的业绩增长，背后正是因为战斗文化的打造与传承。可以说战斗文化是业绩裂变的核心方法之一。

所以战斗文化对一家想要快速扩张的公司来说是必不可少的，而在实践中很多企业也都在建立战斗文化，但往往会遇到理想与现实的巨大反差，没有实现既定的目标。

实践多年，我分析总结了一些会影响企业建立战斗文化的因素。我认为战斗文化落实失败有三个原因。其一，很多公司在PK的时候往往是以冲业绩为主，忽略了团队成长的层面，没有做到借假修真，但团队的成长才是战斗文化的本质。其二，在落实的过程中缺少体系和方法论，前期不知如何筹备，过程中的动作也不清晰，导致参与的员工不明就里，不知所措；同时也缺少花样，同类型的PK与激励过于频繁，会让员工失去兴趣。其三，打完仗没有进行善后，输的一方就会容易消沉，从而对PK产生抗拒心理。

要解决这些问题，就需要一套完整的体系。一套完整的体系由五大要素、三大环节、启动四宝、督战五法构成。接下来，我就以阿里的战斗文化为例，还原如何构建完整的PK体系。

五大要素，即搭建PK系统组织结构、搭建保障机制、业务资源盘点、搭建战斗场景、视觉与状态传递。

1. 搭建PK系统组织结构主要分为两块，一是战斗部门，二是筹备委员会。

对于战斗部门（在阿里也就是销售部门），要建立类似军队编制一样的组织，在保证人均产出和人员成本的基础上，尽可能多地设置小组。一线销售上面是M0，M0上面是M1，M1上面是M1.5，M1.5上面是M2。根据企业业务实际需求可以分为大区域、小区域，最后统一归事业部负责人或者总经理管理。这样的设置便于形成作战单元，有助于启动内部竞赛。当然在大仗中，设置M0也是从基层员工中培养管理者最有效的方法之一。

另一个就是筹备委员会。只有委员会内部做好分工，才能把效果真正做出来，明确谁是此次战役的总指挥官、谁是后勤保障、谁负责氛围营造等，同时要有数据团队确保进展数据随时汇总，便于根据现状决策下一步的行动。

2. 搭建保障机制。这个环节主要就是设计好“全员激励制度”和“客户促销政策”。

重赏之下，必有勇夫。既然要打大仗，那么激励制度就必须和平时不太一样，结合财务部门和年度指标的完成情况，建立专项激励池。有条件的话，提前准备现金、实物、活动奖励，还有荣誉奖杯、奖章等采购工作的落实。激励制度是一种销售节奏的把控，是销售目标的分解鼓点，比如要完成一亿元业绩，那么第一周就起码要达到 2 000 万元，如果由 50 个人完成，平均每人就需要 40 万元业绩。这时，就比较适合奖励率先突破 50 万元业绩的人，而且必须重奖，这样大家就能看到希望，从而引发群体效应。如果大仗是鼓励大客单价或更多的客户数，就要侧重于大客单价或高客户数的奖励，激励制度是 PK 中的指挥棒，能够鼓舞士气，引导行动方向。

从奖项设置上划分，可以分个人与团队，个人主要围绕大单、客户数、速度和个人总业绩、创历史新高，团队围绕破蛋率、业绩同比提升、团队总业绩、创历史新高人均产能等。激励必须先宣布，后实行，而且越快兑现，效果越佳。这些都是激励之道，非常重要。

保障机制的另一块是客户促销政策。要拿到更高的业绩，没有特殊的政策，客户就没有动力，员工也没有信心。所以此时此刻，我们的战士需要弹药支持，不仅仅是口头上的，还要有比平时更大力度的活动促销刺激市场。在促销政策的制定上最重要的三点是：一句话讲清楚方案，能加大翻牌率（加大客户拜访量），方法要可复制。

3. 业务资源盘点。打仗时，兵马未动，粮草先行。企业 PK 也一样，PK 之前要先盘点资源。这件事情一般至少提前一个月准备，否则巧妇难为无米之炊，没有资源，只靠喊杀是没有意义和价值的，而资源的盘点应遵循以下三个原则。

（1）先易后难。老客户翻牌是重点，先把能够搞定的客户铺垫好，等到大战一开始，马上就可以有一个开门红。这不仅会增加员工的自信，也会提升整个团队的信心。

（2）先主后次。先收割那些对业绩完成有核心影响力的客户，千万不要把时间浪费在那些有意愿而没有条件的客户身上，这是大忌。

（3）先近后远。时间是大战期间最宝贵的，从最近的地方获得战斗成果，而不要浪费时间搞定那些过远的客户。这里需要管理者按照签单时间的节点和客户等级，将所有客户都盘点出来。比如员工的目标是 50 万元，那就要盘点出至少 100 万元的客户资源。

4. 搭建战斗场景。一场大仗分为战前、战中、战后三个场景，场景的搭建主要有策略筹备会、战斗启动会、阶段性复盘总结会、英雄授勋颁奖庆功会等。

作战前要有策略筹备会，根据业务目标进行拆解，结合销售政策形成业务策略，将能够参与的成员采用虚拟项目组的方式进行分工、定岗、定责。虽然每个人来自不同岗位，都有本职工作，但本着“聚是一团火，散是满天星”的共同认知，参与者组成类似阿米巴的组织模式，每个人都承担重要的使命与职责。战前准备工作要提前做，尽可能把时间留给准备阶段，各项后勤保障制度需要在策略筹备会上充分沟通。

作战中要有战斗启动大会，所有的团队与个人的目标誓词、军令状、战鼓、条幅、海报、展架等一应俱全，我们在下文的“视觉与状态传递”中会具体讲解。阶段性复盘会议也是非常重要的，一定不能忽略，因为打仗往往有三个阶段，一而盛，再而衰，三而竭，往往重要的战役都要历经一个月之久，甚至更长。员工在这期间不可能一直保持高度亢奋的状态，在战斗过程中，只有根据整个作战周期分为两三个节点，做临时总结、复盘、梳理和策略调整，才能继续让员工向目标冲锋，让整体保持战斗状态。

作战后要有庆功会、总结会，通过数据部门整理出最终结果，论功行赏，公示天下，举行轰轰烈烈的英雄授勋颁奖庆功会。

5. 视觉与状态传递。从第一枪打响到整个活动取得最终胜利，用于氛围营造的各种道具都要进行系统筹备。例如，在视觉刺激上，要形成墙报、条幅、标语贴、袖标，甚至形成活动主题的标识、图腾、签名墙，让 PK 战役极具仪式感。视觉传递是最直接的方式，所以需要布置一些物品，传递“赢”的状态，比如有气势的横幅、梦想业绩墙、英雄榜、战斗日志、邮件签名、挑战书等，这类物品可以刺激团队发挥创造力。我们在冲刺的最后阶段，会在公司摆放锣鼓。当天成功签单的员工回来，就会敲一声锣。等到晚上大家都回来的时候，公司就会锣鼓喧天，非常有仪式感，也很振奋人心。

说完 PK 文化的五大要素，下面我们就从大战前、大战中、大战后三个阶段完整揭秘一名优秀的指挥官如何带领麾下的士兵打一场胜仗。

大战前，需要详细策划和准备大战的各个环节，召开各种各样的筹备会议。以每年最后一个月的年度大战为例，我们会从 10 月开始筹划，11 月中旬就开始启动。首先是事业部总的目标任务通过大区经理会议分解到每个大区，紧接着再到 11 月下旬大区的管理会议，最后到 11 月全国近百个城市分别落实的“百万英雄启动会”，这些分层会议的召开最重要的就是通过任务指标的下达和必胜信念的传递，让团队的所有人能够共同看见“赢”的目标。这是大战前的重点，我们一定要通过各种会议、各种信息渠道让团队共同看见未来成功的样子。

重头戏就是接下来近百个城市片区要在不同时刻召开“百万英雄启动会”，同时要求每个管理者带领团队，将会议的精彩留影形成海报，在全国交流群中宣传，互相激励，互相促进。启动会怎么开？这里就需要“启动四宝”了。

1. 心灵扳机。我们讲过很多关于心态和原动力的内容，在大战来临时，非常时刻要有非凡心态，管理者一定要能够扣动组员的心灵扳机，要让团队伙伴发自内心地拿下这场战役。拿下目标，可能为了自己，可能为了家人，也可能为了团队的集体荣誉。常用的方法是看激励视频，请家属助力，做拓展活动，分解目标，锁定荣誉，给予力量的加持。

2. 夯实信心。一定要给伙伴足够的信心，最好的方式就是找到和其同类型的伙伴，现身说法，亲自传授，例如，让曾经做过单月百万元业绩的伙伴给他们做最真实的分享，可以采取本地和异地整合的方式，让以往的标杆英雄在更大的舞台上进行展示，把影响力发挥到最大。

3. 灌输技能。除了激发内心的动力和坚定信心之外，一定要有可落实的方法为战友们做支撑。我们要给大家能够实现目标的体系化能力，包括最新产品的功能讲解、产品的专业度话术、促销的深度分析、客户的紧密匹配等，一定要扎扎实实。这就是我们常说的“一米宽要打百米深，一把钢尺一定要量到底”，确保每个伙伴在战场上武器是精良的，子弹是充足的。

4. 氛围营造。在大战启动的时候，一定要把氛围推到极致，促进同级别刺激与攀比，勇于突破。中供铁军在这一点上有很多方法是可以参考的，像公众宣誓报目标、两两 PK、上下级对赌、团队集体授旗、核心管理层立军令状等。一定要有真真正正的仪式感，让大家在这种仪式感中把状态调至最高点。状态是彼此感染和传递的，当战役开始时，并不见得所有人都能马上全情投入，大概会有 20% 的先行者、70% 的观望者、10% 的懈怠者。如何尽快让观望者快速加入战斗，非常重要。当启动会的这种氛围营造出来时，伙伴们就会马上进入状态，血脉偾张，极具激情。

这些就是战役打响之前要做的“启动四宝”。

然后是大战中，战斗正式拉开帷幕后，伙伴们在前线冲杀，作为管理者同样不能掉以轻心。在大战进行过程中管理者要做哪些工作呢？

在中供铁军，管理干部在战斗中常用的是“督战五法”。

1. 带动节奏。也就是把节奏感打出来，这就需要有明确的激励方向和方法，比如开始第一天就签单是非常能振奋人心的，所以我们对于“第一快枪手”（第一个签单成功的人）是有比较大的奖励的，刺激大家快速行动，迅速把气氛拉向高潮。当然管理者也要提前做好储备，保证有足够的客户资源做到快速破蛋。有了头炮之后，接下来就要拼“全员破蛋”

和“核弹”。“全员破蛋”就是每个小组成员都产生了订单，我们也会有相应的激励，让组员意识到他们是一个集体，要发挥集体的力量。“核弹”就是超级大单，比如30万元以上的订单，这是比较能鼓舞团队士气的。所以当发现可能产生大单的线索时，管理者要给予足够的重视，帮组员引爆“核弹”。

2. 监督检查。管理者要时时刻刻关注各个战区、城市、团队的进展，观察实时的数据播报，盯住进度慢的团队，亲自过问进展，及时复盘总结经验。我们PK的时候，盯进度不是以周、天为节点，而是以小时为单位，每个小时都要汇报一次进度。

3. 树立标杆。对于进展快的团队、个人，要第一时间将其整理成线下线上的标杆海报、采访软文，形成铺天盖地的互动效果，及时在全国进行分享直播，千方百计地把标杆树立起来。

4. 员工关怀。我们刚要刚到骨子里，柔要柔到内心去，前线拼死而搏，管理者在后方要关怀得无微不至。尤其是通过重要节日，例如生日会、圣诞节、冬至，或者第一场大雪、第一个全员破蛋日等节点，及时送上可口的美食、温馨的小礼物，在炮火连天的战斗中也要有快乐和温馨的元素，让战友在紧张的战斗期间内，有一个短暂的放松机会。除了组织内部之外，我们还会开家属动员会，跟员工的家属一起办一些活动，因为后方稳得住，前面才跑得快。

5. 文化护体。管理者越是在大战的过程中，越要有一双发现美丽和丑陋的眼睛，发现和弘扬大战里的美丽，而发现影响“客户原则”、影响员工团结、影响公司利益的行为都要及时干预、制止和引导。

最后是大战后的英雄表彰大会，荣誉一定要及时兑现，而且要轰轰烈烈，全员皆知。

在整个大战结束后，一定要找一个酒店，铺红地毯，从酒店的签到台到会场内，处处是在此次战役中取得优秀成绩的英雄的海报，会场大屏幕反复播放的是英雄团队的专访、家人的温馨采访、感人至深的战斗故事、客户感谢反馈的视频等，安排授勋的战士站到舞台中央，头顶有聚光灯，营造万众瞩目的效果。下面的观众也不仅仅有战友，还有父母、爱人、孩子。在这一刻，把英雄威名所能体现的目标感、执行力和激情全部释放出来，感染每一个人，让伙伴们感受到至高无上的仪式感和荣耀感。每个城市、片区的杰出代表都应亲赴总部，接受更加隆重的集团表彰。

既然是战斗，就会有胜利方，有失败方，胜利方得到鲜花、掌声、荣誉、奖励，而失败方呢？他们会不会因为输掉了这场 PK，成为一个失败者，而变得消沉和一蹶不振？在阿里是不会的，因为只要是成熟的管理者，就会第一时间和团队就结果做复盘总结。一方面，在失败中找到团队不足的地方，作为下一阶段的重要提升点；另一方面，也会与以往团队、个人的历史数据进行对比，发现同比数据提升的闪光点，在团队内进行点对点的鼓励和肯定。毕竟，我们要的是成长和提升，从胜利中找标杆，从失败中总结方法，这就是铁军精神中的皮实、抗造、不矫情。对待第一次经历战役的新员工，或者叫新兵，尤其要在心理上给予正确的引导，因为他们年轻，在这种大战中往往很看重结果，而忽略本身正处在成长阶段，其实更应该看重的是在这场战役中自身的技能有没有获得锤炼。不妨找个合适的时间，在茶楼或者户外，边团队建设，边聊天，用心灵按摩的方法开导他们。

在本节开头，我提到战斗文化之所以无法形成，主要是因为不懂借假修真，缺少体系和方法，没有善后。以上就是一场战役的完整过程，展现了一个管理者在带领团队打仗时，需要在大战前、大战中、大战后做的工作，回答了如何解决缺少体系和方法且没有善后的问题。回答完这两个问题之后，我们来谈一谈战斗文化落实失败的主要原因——没有做到借假修真。

什么是借假修真？在这里有三重含义：第一，借打仗的“假”修业绩的“真”；第二，借取得业绩的“假”修团队成长的“真”；第三，借团队成长的“假”修个人成长的“真”。可以归纳为借假修真、借事修人、借人修己。这也对应了我们在开篇提到的战斗文化的三个作用——业绩增长，组织发展，文化落实。

（1）借打仗的“假”修业绩的“真”。这一点大家应该比较清晰明白，也是大多数企业都在做的。这里就不多讲了。

（2）借取得业绩的“假”修团队成长的“真”。这一条只有部分管理者能够意识到。

我们要借着业绩的完成，实现团队的哪些目标呢？所谓团队的“真”也有几层意思。

第一，形成完善的机制与流程。这一点在前文也提到过，只有经过检验的流程机制才是靠谱的。

第二，干部储备。在大战中往往比较容易发现团队里的高潜力人才，从战斗中脱颖而出的人才是我们要注重培养的。

第三，兄弟情。在这种艰苦战役中我们的情感才会更真挚，铁军之所以这么有情有义，就是因为我们共同经历过这些艰苦的岁月。我们这一帮兄弟，在一场战役中发生了哪些故事、创造了什么传奇，又拥有了什么值得珍藏一生的回忆，这些都是宝贵的财富。

第四，文化价值观。虽然平时我们会把团队合作、利他精神等品质天天挂在嘴边，但这些都停留在口头，只有在这种大战过程中，才能发现文化价值观有没有得到遵守。在巨大的利益诱惑与业绩压力面前，会不会出现恶意抢单，会不会出现夸大产品价值、虚假拜访客户的情况，有没有真正做到团队合作？管理者只有在这种状态下进行观察与思考，才能真的看出文化价值观有没有深入人心。这就需要管理者有一双慧眼，善于发现过程中的经典案例，并且能够对全员进行宣导。在这种状态下，大家是有体感的，更能真正理解价值观。

比如曾经有两个小组 PK，而且 PK 的赌注比较大。到了最后一天的下午，两个小组的业绩还是不相上下。这时，A 组有个客户意向非常高，一定要签单，但其实我们的产品并不能真正帮到他。签了，A 组就能获胜，不签就会失败，整组都会接受失败的惩罚。在这种巨大的压力下，作为A组的成员跟A组的管理者应该如何选择？这就是文化价值观层面的抉择，也是最艰难的选择。

3. 借团队成长的“假”修个人成长的“真”。这是PK文化的关键，遗憾的是，这是大多数公司没有注意到的，但它是战斗文化能不能持续落实的决定性因素。原因有两个：首先，如果在战斗中员工的能力没有提升，那当下一次PK目标更高时，团队是不可能完成的；其次，除了能力提升外，我们说过管理要做到上下同欲。在这场战斗中公司获得了业绩，组织能力得到了提升，员工获得了什么？有没有足够的回报？有没有获得荣誉？心态上有没有得到升华？原动力、个人目标有没有完成？只有员工得到了满足，或者看到满足的希望，他才会乐意参加下一次PK，哪怕这次失败了。

一个团队其实应该是一个道场，这个道场要真真正正地支持员工的成长。只有让员工感受到自身的成长，他们才能够全身心地投入一次又一次的战斗。

这一点对应到流程中，管理者需要考虑的是在这次战役中员工能获得什么，奖金激励、荣誉激励如何，应该注重开展哪些技能培训。无论是否成功，事后一定要带着大家进行复盘，弄清通过这次战役收获了什么，有哪些经验是可以复制的，兄弟情有没有加深，内心有没有新的体悟和感触。这些都是一场战役最宝贵的财富，阿里铁军的军魂也是这样在一次次战役中锤炼出来的。

当然，多年的经历告诉我，战斗文化需要经年累月打仗才能落实成功，不是一两次简单的投入就能做好。阿里巴巴走到今天，是打了20年的战役才做到的。管理者需要不断重复，不断实践，不断总结，才能掌握其中的精髓。

本节笔记

如何打造战斗文化

打造战斗文化的三个作用

- 让业绩增速
- 让组织发展
- 让文化落实

战斗文化重要性的三个体现

- 在外部市场上，企业本身就处于激烈竞争的大环境中，如果企业内部没有形成竞争意识，就很容易在激烈的市场竞争中死去
- 在内部组织上，战斗文化能够加强部门和员工的忧患意识，消除员工的惰性心理，从而提升工作积极性、工作效率以及业绩产出
- 战斗文化也是检验企业发展过程中战略执行、部门协同和个人表现的重要手段，通过组织内的PK，形成赛马机制，在奔跑中培精兵、育良将，从而打造一支在高速变化的环境中战无不胜的铁军

影响企业建立战斗文化的因素

- PK时以冲业绩为主，忽略了团队成长的层面
- 在落实过程中缺少体系和方法论，PK与激励缺少花样
- 打完仗，没有进行善后，输的一方就会容易消沉，从而对PK产生抗拒心理

打造战斗文化的完整体系

- 五大要素

- 搭建 PK 系统组织结构
  - 战斗部门，即销售部门
  - 筹备委员会
- 搭建保障机制
  - 全员激励制度
  - 客户促销政策
- 业务资源盘点（三个原则）
  - 先易后难
  - 先主后次
  - 先近后远
- 搭建战斗场景
  - 策略筹备会
  - 战斗启动大会
  - 阶段性复盘总结会
  - 英雄授勋颁奖庆功会
- 视觉与状态传递

- 三个阶段
  - 大战前
    - 详细策划和准备大战的各个环节、各种各样的筹备会议
    - 启动四宝
      - 心灵扳机
      - 夯实信心
      - 灌输技能
      - 氛围营造
  - 大战中
    - 督战五法

                - 带动节奏
                - 监督检查
                - 树立标杆
                - 员工关怀
                - 文化护体
        - 大战后
            - 英雄表彰大会，让荣誉及时兑现
            - 第一时间和团队就不理想的结果进行复盘总结

战斗文化落实失败的主要原因：没有借假修真

- 借假修真的三重含义
    - 借假修真，借打仗的“假”修业绩的“真”
    - 借事修人，借取得业绩的“假”修团队成长的“真”
        - 团队的“真”有4层含义
            - 完善的机制与流程
            - 干部储备
            - 兄弟情
            - 文化价值观
    - 借人修己，借团队成长的“假”修个人成长的“真”